中国满族图录丛书

满族碑石

八旗汉军蒙古卷

李林 主编

上

辽宁民族出版社

民族文字出版专项资金资助项目

图书在版编目（CIP）数据

满族碑石. 八旗汉军蒙古卷：上、下：满文、蒙古文、藏文、汉文 / 李林主编. —沈阳：辽宁民族出版社，2019.10
（中国满族图录丛书）
ISBN 978-7-5497-2057-6

Ⅰ. ①满… Ⅱ. ①李… Ⅲ. ①满族 — 碑刻 — 汇编 — 中国 Ⅳ. ①K877.42

中国版本图书馆CIP数据核字（2019）第125329号

满族碑石. 八旗汉军蒙古卷

MANZU BEISHI. BAQI HANJUN MENGGU JUAN

出版发行者：辽宁民族出版社
地　　址：沈阳市和平区十一纬路25号　邮编：110003
印 刷 者：辽宁新华印务有限公司
幅面尺寸：210mm×285mm
印　　张：42.5
字　　数：440千字
图　　片：920幅
出版时间：2019年10月第1版
印刷时间：2019年10月第1次印刷
责任编辑：吴昕阳
封面设计：杜　江
责任校对：王　荷

标准书号：ISBN 978-7-5497-2057-6
定　　价：960.00元

网　　址：www.lnmzcbs.com　邮购热线：024-23284335
淘宝网店：http://lnmz2013.taobao.com
如有印装质量问题，请与出版社联系调换　联系电话：024-23284340

主　　编 / 李　林

副 主 编 / 吴昕阳

撰 稿 人 / 李　林

图片拍摄 / 李　林

协助拍摄 / 董瑞霞　吴昕阳

碑文整理 / 李　林　吴昕阳　李　璜　杜璐珊

出版说明

所谓少数民族古籍，大体包括三方面内容：一是指用少数民族文字和民族古文字记载的文献典籍和历史文书，还有一些金石铭刻；二是有关少数民族资料的古代汉文文献；三是各民族世代流传下来的具有文化价值的口头传承资料。少数民族古籍，数量浩瀚，价值珍贵，堪称中华民族文化宝藏中的一颗璀璨明珠。它的发掘、整理和利用，为我们提供了新鲜史料，对于民族历史、文化的深入研究，对于中华民族优秀文化的继承和积累，都具有重要的学术价值和现实意义。

辽宁省是祖国多民族省份之一，除汉族外，55个少数民族都有居住。其中发祥于辽宁的满族，还有蒙古族、回族、朝鲜族、锡伯族等世居民族，均有悠久的历史和灿烂的文化，并藏有大量的民族古籍，然而有相当数量的民族古籍散落于民间或流失于国外。因此，抢救、整理和出版少数民族古籍，时间紧迫，任务艰巨。

根据全国少数民族古籍工作的原则和要求，我们已制定出全省少数民族古籍工作规划。经过协商，辽宁省被推选为北京、河北、内蒙古、辽宁、吉林、黑龙江、新疆等七省、直辖市、自治区的满族古籍工作的牵头省。

遵照有关抢救、整理和出版少数民族古籍的指示精神，结合辽宁省少数民族古籍蕴藏丰富、独具特色、弥足珍贵的特点，我们以整理满族古籍为重点，兼顾其他民族古籍，并注意与省内外协调一致，力求少数民族文字和汉文民族古籍整理并重。

按照民族古籍的种类、版本和出版的需要，整理方法分为：少数民族文字采取影印、汉译、译编、原文与汉译合编、汉译与研究等形式；汉文采取影印、缩印、点校、校注、选辑等形式。通过这些不同的形式和方法，对民族古籍进行科学整理，使今人和后人更方便阅读和使用古籍，更好地为各学科领域的研究提供翔实的文献资料，从而实现民族文化资源共享和促进各民族间的文化交流。

对我们的工作，国家和省内外有关部门及专家给予了大力的支持，谨致谢意。由于我们水平有限，缺乏工作经验，粗疏错误之处在所难免，希望读者给予指正。

辽宁省少数民族古籍整理出版规划办公室

总前言

碑石是指刻有文字的石头，简称为碑。在我国，碑石的产生由来已久，东汉时期，碑的形制逐渐规范。历经岁月沧桑，现仍存有数量众多的中国历代碑石。人们将其美誉为写在石头上的书。

一、满族碑石概述

满族碑石是指旗人及与旗人密切相关的碑石。在清朝，由于满族贵族身居统治地位，享有特殊的权利，树碑立传已成为当时的一种时尚。近四百年来，虽然满族碑石损失巨大，但存世数量仍令人叹为观止。这些碑石独具特色，记录了丰富的满族历史信息，极有价值，极为珍贵。满族碑石已经成为中华民族文化遗产的重要组成部分。

（一）碑石的现状

1. 数量众多。以满族贵族为核心的大清帝国统治中国长达二百六十八年之久，是中国历史上最后一个封建专制皇朝。满族在维护多民族国家统一、边疆的开发、文化的继承和发展等方面，都做出了巨大贡献，惠及千秋。由于满族贵族身居统治地位并享有特殊的权利，满族承袭有序的氏族文化，汉族儒家文化的熏陶，盛世之下奢靡之风兴起等因素，促使满族社会立碑之风盛行。加之乾隆皇帝的好大喜功，对碑石更是情有独钟，无疑又起到推波助澜的作用。仅据《雪屐寻碑录》《辽海丛书》《碑传集》《八旗文经》《北京图书馆藏中国石刻拓片》《北京图书馆藏北京石刻拓片目录》《全国满文图书资料联合目录·石刻拓片·满文碑刻目录》中所载，涉及数以万计的清代碑石，其中含有众多的满族碑石。在《雪屐寻碑录》中，就有清末旗人盛昱搜集的北京旗人碑石，仅墓碑就达八百多通。结果是现在在一些地区，例如北京、辽宁、河北，还有江南、泰山、五台山等地与满族相关的碑石林立，仍存有一千五百余通。虽然由于时代的变迁、人为的破坏、自然的风化，满族碑石损失巨大，但存世数量仍然令人惊叹。满族碑石可以用三多来形容：数量多，损失多，存世多。

2. 分布广泛。满族碑石分布极为广泛，遍布中华，乃至境外。分布的重点地区是：

发祥圣地东北地区，京畿要地京津唐地区，避暑山庄承德地区，南巡沿途江浙地区，儒家圣地山东地区，边陲荒漠西北、西南地区。无论是在高山峻岭之上，还是平原沃野之中，无处不在，分布之广无与伦比。

3. 研究成果。近年来对于碑石的研究取得了可喜的成果。北京市文物研究所的《清代园寝志》、冯其利的《京郊清墓探寻》、杨海山的《京郊清代墓碑》、刘小萌的《清代北京石刻中的旗人史料》等书籍和文章中，都记述了北京地区清代碑刻的现状及价值。辽宁、吉林、黑龙江、河北、甘肃、江苏、广东等省及沈阳、鞍山、辽阳、营口、本溪、杭州、武威等市编辑了《碑志》，其中收录了许多与满族有关的碑石。河北少数民族古籍办公室专门组织编辑了《河北满族蒙古族碑刻选编》，收录了河北地域内150余通满族碑石的碑文。其他一些地区也有类似情况。

4. 碑石保存。文物管理部门对碑石的保存力度不断地加强。满族碑石的保存采取集中保管与分散保管相结合的方式。集中保管有的对外开放，一般称为碑林。分散保管是将个别碑石用铁栅栏围起，禁止游人入内。但有许多碑石或立或倒在山林、旷野、农田之中，因存世数量多，文物管理部门难以顾及，一些碑石被砸、被盗现象屡见不鲜，碑石保存的现状令人担忧。

（二）碑石的特点

1. 种类多样。根据碑石的性质、功能，满族碑石的名称不同，有墓碑、神道碑、诰封碑、谕祭碑、墓志铭、谕旨碑、训诫碑、记事碑、纪功碑、德政碑、抒怀碑、诗文碑、题字碑、经文碑、警示碑以及碑帖、石刻线画等。

2. 内容丰富。满族碑石所载内容广泛，有人物、战绩、民族、宗教、文字、书法、风俗、名胜古迹等，涵盖了满族政治、经济、文化等诸多方面。清帝御制诗文碑更是大行其道，其中乾隆帝弘历的诗文碑，数量之多，内容之丰富，可谓一大奇观。

3. 皇帝独尊。由皇帝撰文或书写或下令制作的碑，一般称为御制碑。御制碑数量最多，今存有千余通，约占满族碑石的五分之三。这些碑石规格最高，体量最大，通高有的达六米多。它们多数存于华丽宏伟的碑楼之中，彰显着皇家气派。除诗文碑外，绝大多数御制碑镌刻有多种少数民族文字，既显示对各民族的尊重，又向国人宣示一统天下的威严。在清帝御制碑中“圣德神功”碑最为壮丽威严，可称得是“天下第一碑”。这些御制碑所载内容丰富，涉及治国理念、国家统一、尊孔崇儒、民族宗教、战争纪实、告诫八旗、尚武行围、人物评论、诗词歌赋、书法临摹、石刻线画、城建治河等诸多方面。清帝御制碑体量之大、数量之多、内涵之深、文辞之雅、雕刻之美、制作之精、受众之广、价值之高，历代无可比拟，将碑石文化推向巅峰。

4. 一人多碑。满族贵族的碑石，大多数是一人多碑。其中有的人同时拥有由皇帝或朝廷撰写的祭文镌刻于碑上，并遣官致祭的谕祭碑；朝廷颁发的诰命敕书镌刻于碑上，以示宠贵的诰封碑；记载家世及生平事迹的墓碑；以及神道碑、功德碑等。场面壮观，尽显光宗耀祖与奢侈无度之风气。

5. 多种文字。根据碑中所载内容、所处的地域等不同情况，满族碑石中常镌刻有汉文及多种少数民族文字，其中有满汉文合璧、满蒙汉文合璧、满汉蒙藏文合璧，满汉蒙藏维文合璧，反映出多民族文化的交融，彰显着和谐之美。镌刻多种民族文字无疑对于碑文内容的传播也起到了促进作用。

6. 雕刻精美。满族碑石形制多样，竖立横卧、龟趺透龙、圆首方趺，千姿百态。碑石上雕刻的瑞兽生动逼真，雕刻的花卉争奇斗艳；碑额雕龙栩栩如生，呼之欲出；龟趺庄重威严，气势磅礴，尽显力量。可以说每座满族碑石都是一件绝美的艺术精品。

7. 体量硕大。依照官员等级的高低，碑的大小不等。满族贵族的碑石，竖碑通高达四米多、宽一米左右、厚四十厘米左右；卧碑长度四米、高三米，蔚为壮观。

8. 规制严格。清朝对立碑人、碑的大小、样式，都要按照官员等级，有严格的规定，例如：

宗室王公：顺治九年（1652）规定，凡亲王至辅国公，御祭二次，派遣官员至坟前读祭文致祭。宗人府请赐谥号，撰写碑文。工部负责制碑建亭，贝勒以下碑自建，按爵位赐予不同数额的丧葬费。镇国将军至奉国将军，赐祭二次，祭文一，立碑；对于给予谥号，可临时请旨。奉恩将军赐祭无祭文，不立碑，不给予谥号。

贵族官员：顺治十五年（1658）规定，部、院官员加秩至一、二品，致祭，立碑；三品满三年者如之，未满只祭，不立碑。护军统领、副都统、前锋统领、步军总尉考满视三品，如为男爵，致祭，立碑。参领、前锋参领满三年，致祭，不立碑。四品卿、少卿考满者同，否则不给祭文。阵亡者不论品级，获请恩恤。内大臣、都统、大学士、尚书、护军统领、副都统、前锋统领、侍郎、学士、步军总尉原品级退休者，致祭，立碑同。现任轻车都尉、佐领、骑都尉、郎中、员外郎、主事，致祭，无碑文。承袭公、侯、伯有职者，依职任予恤，否则只给祭品。其后历年有所变动。

碑石形制：公、侯、伯螭首高三尺二寸，碑身高九尺，宽三尺六寸，龟趺高三尺八寸。一品螭首、二品麒麟首、三品天禄辟邪首、四品至七品圆首方趺，尺寸按品级递减。圹志用石二片，一为盖，书某官之墓；另一块为底，书姓名、乡里、三代、生年、卒葬日和子孙墓地。

（三）碑石的价值

1. 文化遗产。满族碑石是中国历代碑石的继承和发展，是中国历代碑石重要的组成部分，是中华民族的宝贵遗产。满族碑石因其民族特征，作为文化遗产，更能展现多民族文化的多彩与融合，增加文化遗产的多样性和厚重感，更具有特殊的意义。御制碑就是其中的代表，成为中华文化史的重要组成部分，是当之无愧的中国与世界文化遗产。这在中国和世界史上都是独一无二的，这一独特的历史现象可以称其为奇迹，令世人刮目相看。

2. 诉说历史。以碑说史，以碑补史，以碑证史。碑石上丰富的信息诉说着满族的历史文化。由于满族碑石种类的多样性以及众多的存世量，其所涉及的内容极为广泛；由于满汉、满蒙汉、满汉蒙藏等文字的合璧，可以通过多种文字相互印证，去伪存真；由于墓碑碑文多由家族或请高官名流私人撰写，有利于对八旗人物的了解和研究；显示身份地位的诰封碑、谕祭碑，可弥补史书不足；满族出身的皇帝碑石数量最多，分布地域最广，内容最丰富，政论、诗刻、题字无所不包，为我们从另一角度观察帝王所思所行，提供了史料；处于满族下层的兵丁碑石，提供了细致入微的史实，史料价值与满族贵族相比毫不逊色。这些碑石折射出同一个朝代、同一个民族，不同时期的社会风貌，可以说每通碑石都是一个故事、一部传记、一段历史的述说。碑石再现的是客观真实、形象生动的满族，对深度感知满族大有裨益。

3. 文化传承。满族碑石矗立于世，不但是在述说历史，它也是一个时代的符号，一个民族的符号，它更是文化的一种传承。这种传承彰显了中华文化的异彩纷呈，这种传承使我们可感知到满族碑石的独特神韵，令人震撼。目睹满族碑石的现状，提示我们应该加大满族碑石的保护力度，更加重视满族文化的传承。

4. 文化交融。满族碑石中满汉、满蒙汉、满蒙汉藏等文字合璧的碑石，在中国历代碑石中独树一帜。它反映出多民族文化的交融，对其他民族的尊重。它易于各民族的阅读，有利于民族融合，从而达到社会和谐、民族和谐、社会稳定。满族碑石承载的如此厚重的满族历史文化，绝无仅有，影响深远。

二、《满族碑石》图录

《满族碑石》图录是《中国满族图录丛书》的一部分，是全国现存满族碑石图片的总汇。它首次全面、系统地展现满族碑石多姿多彩的全貌，运用现代技术，现场拍照，真实、客观地展现每一通碑的实景真容和特点。《满族碑石》分为八旗宗室与八旗官兵碑石和清帝御制碑石两部分，从不同的角度展示出《满族碑石》独特的价值，使得各类读者都可看可读，各取所需，各得其所。

（一）收录历程

早在20世纪80年代，辽宁大学历史系清史研究所编写《满族通史》时，我们即开始进行了满族碑石的收录工作，得到了许多珍贵图片，部分已被《满族通史》采用。同时也在筹划日后将这些图片编辑成书，成为《满族通史》的姊妹篇。可惜由于《满族通史》的主编李燕光先生去世而中断。

2006年，在辽宁省民族事务委员会、辽宁省少数民族古籍整理出版规划办公室、辽宁民族出版社的大力支持下，重新开始进行满族碑石的收录工作。到2016年，历经十余年，行程八万余公里，踏着满族先辈的足迹，西达伊犁，东至江浙，北到黑龙江，南抵两广。2012年，作者曾经自驾行驶八千公里，到达祖国西部边陲新疆伊犁昭苏县格登山，在伊犁哈萨克自治州人大原副主任关伊梅女士和伊犁哈萨克自治州博物馆研究员安英新先生的协助下，考察了乾隆帝御笔《平定准噶尔勒铭格登山之碑》，该碑标志着新疆的统一。此次考察取得了丰硕的成果。目前已收集满族碑石一千五百余通，图片三万余幅。

（二）碑石界定

满族有着悠久的历史，其先世可以追溯到商周时期。满族有记载可考的直系先祖是明代生活在松花江下游依兰地区的女真人。满族是以明代建州女真、海西女真为主体并吸收了黑龙江地区的女真人、许多汉族和蒙古族及其他民族成员，在十六世纪末至十七世纪初，形成的新的民族共同体。他们分别被编入满洲、蒙古、汉军八旗之中，清末总人数已达五百二十六万余人。这些八旗之人后来简称为“旗人”。在四百余年的交往中相互融合，这些人大部分成为今天的满族；即便没有自报满族，也是与满族息息相关。因此《满族碑石》中除收录了八旗满洲的有关碑石图片之外，也收录了八旗汉军、八旗蒙古的有关碑石图片。与此同时，还收录了少量的与满族联系密切的汉族、蒙古等其他少数民族有关碑石图片。另外，为了说明满族形成和发展的过程，满族先世的有关图片也收录其中。

目前学术界对汉军旗人是否是满族持有不同观点。我们认为在现实生活中曾经是汉军的旗人，大多数自报满族，并被国家有关部门依法认定。简而言之，虽然旗人不完全（不能等同于）是现代意义的满族，但现代的满族却都是旗人的后代。因此，碑石图录收录了汉军旗人的碑石。以此方式处理，是为适应当前的民族政策和不同的读者需求，让读者视野更宽广，让《满族碑石》的生命力更长久。

（三）碑石总汇

总汇是《满族碑石》中最鲜明、最突出的特征。它是一项极具开拓性、挑战性的系统文化工程。凸显现存满族碑石的完整性，是碑石总汇的宗旨。到目前为止，仍然没有一部能真实、全面、系统、科学地存储和展示全国现存满族碑石图片总汇的图录，难以见到满族碑石的实景真容和全貌，对于研究或了解满族历史和满族碑石的人带来极大的不便，也不利于碑石文化的传承与发展。这不能不说是一件憾事。《满族碑石》正是为此而做，将真实、全面、系统、科学地存储和展示现存的满族碑石。

《满族碑石》共收录有关满族碑石一千五百余通，图片三万余幅。它将目前分散在全国各地的满族碑石以图片的形式编辑在一起，使读者既能窥视全貌，又能探究每一通碑石，从深度和广度上，把握满族碑石，从而更全面地了解满族历史文化和碑石文化。

（四）完美展现

碑石是由碑体和碑文组合而成的，两者完美地结合才能发挥碑石的功能。碑石的核心是碑文，但作为载体的碑体也至关重要。碑体构建的体量、雕刻、形态都有特定的寓意，无不体现出碑石本身的重要程度以及碑主人的身份地位。不论是庄重、华丽，还是简约、质朴，各有所代表的含义。

《满族碑石》中收录的碑石图片，除个别外，均是现场实物拍照，是现存碑石的真实写照，是实景真容。通过图片可以窥视到每通碑的碑座、碑身、碑首的独特风采及沉淀在碑石上丰富的历史信息和富有时代感的沧桑。图片中的碑石极富寓意的构建，精美的雕刻，多种文字的镌刻，完美地展示出碑石的风采和独特的韵味。《满族碑石》正是满族碑石完美展现的荟萃。

（五）独特价值

《满族碑石》的价值包括两个方面，一是碑石的本身价值，二是《满族碑石》的价值。碑石的价值在“满族碑石概述”中已有所论述，不再赘述。在此着重叙述《满族碑石》的独特价值。

1. 尽显真容。满族碑石的独特魅力，吸引人们的眼球，一览其真容实貌，已成为许多人士的愿望。但是令人遗憾的是，因其分布地域广阔，大江南北，边陲荒漠，无处不在，我们想要目睹其全貌，几乎是不可能的事。《满族碑石》就是将这种不可能变成可能，将现存的满族碑石影像荟萃于一身，从而实现对这些碑石一览无余的夙愿。《满族碑石》将首次全面地、系统地、真实地展现出它的多姿多彩的风貌以及所承载的厚重历史文化，必将成为传承和保护中华民族文化的经典之作。

2. 世代传承。碑石的本身虽具有文化的传承功能，但在历史的长河中，各种原因均能造成碑石的损坏或消失。实景真容的碑石图片收录在《满族碑石》中，不但为了解和研究满族碑石提供了便捷的渠道，还可使碑石影像世代相传，即使碑石消失，仍可使我们能一睹其风采。这对于碑石的传承、碑石文化的发展，无疑是功不可没。《满族碑石》的问世无疑有利于满族碑石的抢救、保护、传承和民族文化的繁荣。

3. 弥补不足。现存碑石拓片有两处不足，一是目前能见到的满族碑石拓片很少，仅能从公开出版的有关拓片的书籍中挑选，例如《北京图书馆藏中国石刻拓片》；二是有些碑石拓片局部模糊不清，或有个别漏字现象。《满族碑石》图片是碑石的真实写照，它既能弥补碑石无拓片之不足，又能以实景图片与拓片相互印证，弥补个别拓片不清楚的缺憾，二者结合，相得益彰。当然如若将无拓片之碑，制作拓片，弥补拓片之不全，则更有意义，图录为此提供了路径。

4. 促进文保。文物保护是每个公民应尽的义务。近年来，满族碑石的保护取得了可喜的成果，但因环境所限和人力、物力的不足，还有许多不尽如人意的地方。《满族碑石》中有时为了展现碑石的全貌，拍摄到的碑石中有的破损卧地，七零八落，有的废弃在建筑物中，有的废弃在垃圾堆中。此举虽是无意，但希望能借此提高我们的保护意识，提醒我们保护满族碑石工作刻不容缓，任重道远。

5. 应用广泛。《满族碑石》具有广泛的适用性。《满族碑石》是满族碑石的总汇，它以其特有的系统性、完整性、客观性，用不同以往的新视角完美地展现了满族的历史文化和中华民族的碑文化发展到顶峰时的盛况。这就决定了《满族碑石》具有特殊的学术价值、收藏价值和应用价值。它不但能满足广大满族同胞了解满族历史及寻根问祖的愿望，也能满足专业人士和一般读者的需求。它可以为文物保护部门、民族事务部门的工作提供参考，更适合各级图书馆的收藏。充分发挥、释放碑石的功能为当代服务，其价值更是无法估量。

（六）科学编排

《满族碑石》以自主图片为主，同时也吸纳了我们难以拍摄的他人图片及前人的研究成果，以期全面客观地展示满族碑石全貌。以碑的内容科学地分类与编排，《满族碑石》分为八旗宗室与八旗官兵碑石和清帝御制碑石两部分，共计十二册。每部分由总前言、前言、编辑说明、致谢单位与个人、目录、引言、碑石、碑文辑录等组成。每通碑由若干幅图片组成，其中有碑体、碑额、碑身、局部、碑座、拓片，以及相关的图片。每通碑均有文字说明。我们先行出版《满族碑石》中的八旗宗室与八旗官兵碑石部分，共计六册，清帝御制碑（六册）将于2021年出版。

在满族碑石图片收集的过程中，承蒙社会各界人士的大力支持和鼎力协助，《满族碑石》才得以问世，在此表示真诚的谢意和深深的敬意。详细名单在“致谢单位与个人”中列出，你们的帮助将永远铭记在心。

前言

八旗宗室与八旗官兵碑石是《满族碑石》的一部分，分为《满族碑石・八旗宗室卷》《满族碑石・八旗满洲卷》《满族碑石・八旗汉军蒙古卷》，共收录现存旗人碑石六百五十通，约占《满族碑石》图录总数的五分之二，涉及八旗人物六百余人，内容丰富，价值巨大。

明万历二十九年（1601）， 努尔哈赤初设四旗，1615年增至八旗，即八旗满洲。旗下设有固山、甲喇、牛录，五牛录为一甲喇，五甲喇为一固山，每牛录有丁三百人，形成严密组织结构。八旗具有军事、行政、生产职能，入则为民，出则为兵。

皇太极即位后，又组建了八旗蒙古、八旗汉军。从此，八旗满洲、八旗蒙古、八旗汉军的八旗制度确立。八旗满洲是八旗制度的核心及中坚力量；八旗蒙古是重要依靠；八旗汉军是辅助力量。八旗制度成为满族社会根本的政治制度，是立族之本，也是清朝立国之基。崇德元年（1636），建立了以满族贵族为核心的清朝，满族出身的皇帝成为清朝最高统治者。八旗制度影响中国社会三百余年，直至清帝退位，八旗制度才宣告终结。该制度延续时间如此之长、影响如此之深，在中国历史上是罕见的。

由于八旗在清朝所处的特殊地位，使得八旗之下的各类人物，尤其是八旗贵族，生前占据要职，地位显赫，财富殷实，有清一代的重要历史事件，无一没有八旗人物的身影。他们死后受到皇帝的恩宠，竞相建墓，树碑立传，光宗耀祖，荫及子孙后代。这些正是八旗人物碑石存世众多及在辽宁、京郊曾经举目皆是的原因之一。

八旗宗室与八旗官兵碑石，主要分布在辽宁、吉林、北京、河北、天津、新疆等地，其中北京、辽宁最多。本书将这些碑石分类编辑为八旗宗室、八旗满洲、八旗汉军、八旗蒙古四部分。这些八旗人物碑石的种类有墓碑、神道碑、诰封碑、谕祭碑、墓志铭、功德碑、题字碑等，涉及八旗的各类人物，既有宗室王公与公主，也有满蒙汉八旗的达官贵族和八旗兵丁；其记载的内容极为丰富；其碑文文字多为满汉合璧；其造型雕刻颇具艺术性。八旗人物碑石的价值就不言而喻了。

其中家族碑群尤为引人注目。家族碑群，即一个家族众多碑石的汇集。家族碑群规制严谨，承袭有序，其中有穆尔哈齐、舒尔哈齐、何和礼、索尼、代善、纳兰性德、图海、海望、傅恒、董德贵、德音、尚可喜、范文程、马鸣佩、高斌、丹津等四十余个家族碑群。每个家族碑群就是一部家族史，为我们研究这些家族提供了难得的史料，有助于判断个体在家族中的地位以及整个家族在社会中的历史地位。家族碑群使得家族的传承性一目了然，可以深入了解八旗的独特承袭制度、承袭有序的氏族文化、满族贵族享有的特殊权利，以及深受汉族儒家文化的熏陶状况。

编辑说明

为便于读者阅读，现将图录编辑中的若干原则和处理方式说明如下：

一、整体结构

八旗宗室与八旗官兵碑石分类编辑为三种六册。第一种八旗宗室卷一册，收录王公、闲散宗室和公主。第二种八旗满洲卷三册，上册收录觉罗、官员；中册收录官员；下册收录官兵；第三种八旗汉军蒙古卷二册，上册收录汉军异姓诸王及后代、汉军官兵；下册收录八旗汉军官兵、八旗蒙古官兵。每册后面附有碑文辑录、参考书目等。

二、排序原则

总体上按立碑年代的先后顺序编排，但又不拘于固定格式。对于同一家族碑石，包括子孙后代，为保持家族的完整性，相对集中在辈分最高者或家族中代表人物名下，依次排列。对于难以判断立碑年代的诰封碑、御祭碑等，参考碑文中记载的年代排序。八旗宗室卷中世系不明者，按立碑时间依次排列在王公后面。八旗满洲驻防兵丁、异姓诸王及后代，因地位特殊，单独编目。对于没有记载具体年代的碑石，先分析、判断所属年号，然后放在年号相同者之后。如康熙年间、乾隆年间。

三、纪年方法

一律以年号纪年，公元纪年放在括号内标注，例如明万历四十三年（1615）、后金天命八年（1623）、天聪五年（1631）。在叙述某一事件时，以事件的主要内容确定选用明朝或后金（或清朝）的年号。1644年之后，以清朝年号纪年。同一年号下的叙事，省略年号，只写某年。

四、碑石名称

原则上以碑石上的碑名为主，并进行编号。如碑石上没有注明碑的种类，将根据碑额或碑文内容分析确定是诰封碑，还是谕祭碑或是墓碑。若没有碑名，作者根据碑文内容确定。宗室王公及公主碑名以所封爵位为主。官员碑名中的官职以碑文中记载的相关职务为主。图片说明中的碑名只写名字和碑的种类，如图海诰封碑、凯音布谕祭碑、徐元梦墓碑。

五、一碑多名

同一碑面刻有两种不同碑文内容，以右侧碑文所载内容确定碑名，左侧碑名放于右侧碑名之后的括号内。如巴图碑，右侧是诰封文，左侧是谕祭文，故称此碑名为“巴图诰封碑（左为谕祭碑）”。同一通碑，碑阳、碑阴均有内容，以碑阳内容为碑名，碑阴碑名放于碑阳碑名之后的括号内。如博博尔代碑，碑阳为诰封碑，碑阴为墓碑，故称此碑为“博博尔代诰封碑（碑阴为墓碑）”。

六、多人题名

一通碑石多人题名，首次作为碑名的人物，将展现完整碑石图片。碑中的其他人作为碑名，为避免图片重复则采用局部图片。如哈格、绵洵等捐资重建玉皇庙碑，首次出现命名为“哈格等捐资重建玉皇庙碑”，采用完整图片；其后绵洵再用此碑命名时，则采用局部图片。

七、人物简介

依据现有史料简要介绍该人的满洲姓氏、旗属、籍贯、生平等。个别人物史料中没有记载的，将参照碑文做以介绍，不再特殊说明。一人名下有多通碑，只在首次出现时著录该人物简介，其后出现不再重复著录。

八、图片说明

碑石收藏地点标注省（自治区、直辖市）、市、区、县、村；收藏单位明确者只标注单位。拍摄时的地点与今存地点变动者，另行标注。碑阳的碑额、碑身、拓片等，不标注碑阳。碑阴的碑额、碑身、拓片等，加注碑阴，例如碑阴碑身。本书作者拍摄的图片，不再另行署名。使用他人的图片，说明图片提供者。转录图书中的图片，在说明中简略标注，详情见参考书目。

九、碑石碑文

碑文编辑在每册书后《碑文辑录》中，碑文的序号与目录序号相同。碑文不清楚但能判断字数者用“□”标注，难以判断字数者用“……”标注。括号内文字为作者加注。

十、图片色彩

对于同一通碑石在不同时间拍摄，因季节不同、天气不同、阴阳面不同、存放环境不同等，色彩有所差异。

十一、附加图片

有三种类型：一是作为附录，收录了疑似八旗人物的碑石、八旗人物的先祖碑石、与八旗密切相关而非八旗人物的碑石；二是为更好地了解碑石主人，选用了一些非碑石图片，如人物画像、奏章、任命文书、印章、书法、战绩图、谱书、拓片等；三是木质墓志铭，如满汉蒙古文合璧的固伦荣宪公主墓志铭，在本书中仅此一例。

致谢单位

（排名不分先后）

辽 宁 省 / 省民族事务委员会（以下简称民委） 省少数民族古籍整理出版规划办公室 省图书馆 省档案馆 省博物馆 省民族宗教研究中心 九三学社沈阳市委员会 沈阳市社会科学界联合会 沈阳市文物考古研究所 辽宁大学历史文化学院 营口市博物馆 瓦房店市博物馆 丹东市民族宗教事务局（以下简称民宗局） 铁岭市民宗局 新宾满族自治县民宗局 本溪满族自治县民宗局 桓仁满族自治县民宗局 宽甸满族自治县民宗局 岫岩满族自治县民宗局 清原满族自治县民宗局 凌源市民宗局 法库县文体广电新闻出版局 新宾满族自治县清永陵文物管理所（以下简称文管所） 绥中县文管所 海城市尚可喜纪念馆

吉 林 省 / 省民族研究所 吉林市民委 吉林市图书馆 吉林师范大学 伊通满族自治县民宗局 伊通满族自治县博物馆 敦化市文管所

黑龙江省 / 省民委 省民族研究所 哈尔滨市社会科学院 黑河市民宗局 漠河县政协 哈尔滨市双城区民宗局 哈尔滨市阿城区民宗局 穆棱县民宗局 依兰县民宗局 五常市民宗局 齐齐哈尔市水师营镇人大

北 京 市 / 市民委 首都博物馆 北京石刻艺术博物馆 西城区文委 门头沟区文委 房山区文委 房山区长辛店镇政府 顺义区文管所 通州区文管所 平谷区丫髻山风景区管委会

河 北 省 / 省民委 唐山市民宗局 遵化市民宗局 青龙满族自治县民宗局 宽城满族自治县民宗局 丰宁满族自治县民宗局 围场满族蒙古族自治县民宗局 卢龙县文化局 避暑山庄博物馆 隆化县博物馆

天 津 市 / 市民委 蓟州区文管所

山 东 省 / 省民委 济南市民宗局 青州市民宗局

内蒙古自治区 / 自治区民委 通辽市博物馆 赤峰市博物馆

山 西 省 / 省民委 大同市城区区政府

甘 肃 省 / 武威市博物馆 永登县文体局 瓜州县文物局

新疆维吾尔自治区/自治区民委　伊犁哈萨克自治州博物馆　巴里坤哈萨克自治县文物局　吐鲁番市民宗局　昭苏县文物局　霍城县文物局

福 建 省/省民委　晋江市民宗局　长乐市琴江村村委会

浙 江 省/省民委　嘉兴市民宗局

湖 北 省/省民委　荆江市民宗局　荆江市满族联谊会

广 东 省/省民族研究所　广州市满族联谊会

广西壮族自治区/九三学社桂林市委员会

（注：以上致谢单位的名称以当年考察拍摄时的称谓列出。）

致谢个人

（按姓氏笔画排序）

于秀丽　马学忠　王成科　王忠野　文小龙　卢同兵　卢秀丽　叶红钢　申志国　付东生　付连刚　白　杰　包英杰　冯　好　邢启坤　朴文英　全跃栋　刘　继　刘小萌　刘庆华　闫立新　关云蛟　关云德　关伊梅　关治平　安英新　安洪涛　许　辉　杜希林　杜璐珊　李　理　李　寅　李　璜　李乌力吉　李荣发　杨继文　杨敏慧　肖景全　吴元丰　吴峰天　何荣伟　何晓芳　佟靖仁　汪宗猷　沙　迹　张　宁　张　虹　张丹卉　张守生　张连兴　张学惠　陈海元　林茂玉　金花顺　金海燕　周　成　周凤敏　庞　淼　郎国兴　赵全明　赵宝祥　钟君丽　洪尚奇　姜慧平　姚　斌　热夏提　贾瑞宏　夏吾勇　徐胜伟　高　峰　高洪秀　郭淑云　黄金刚　崔景章　梁志龙　斯日古楞　韩　利　傅宝仁　溥启华　蔡习军　廖怀志

目录

引 言

八旗汉军

皇太极即位以来，后金与明朝的战争日趋激烈，明朝被俘和投降的汉人激增，为适应战争的需要，导致管理汉人方式发生重大变化。天聪五年（1631），佟养性受命监制火器，制成红衣大将军炮四十门，这为建立汉军创造了条件，也成为八旗汉军创建之始。其后，皇太极又下令：凡汉人军民一切事物，都由佟养性总理，将汉人另编为一旗。同年，参加了大凌河之战，后金首次使用的大炮，扭转了后金军攻城不利的局面。六年正月，佟养性已有新编汉兵三千余人，满语称其为乌真超哈昂邦章京（重兵总管）；七月，佟养性去世，石廷柱代替佟养性的职务。随后，皇太极决定扩充汉兵，将汉人从满洲八旗拨出，命马光远统辖，自成一旗。从此，石廷柱、马光远成为汉军首领，汉兵总人数达四千五百八十余人。崇德二年（1637），确立汉军为二旗，石廷柱为左翼固山额真（旗主）、马光远为右翼固山额真，旗帜为黑色。四年（1639），分汉军为四旗。七年（1642），分为八旗，祖泽润、刘之源、吴守进、金砺、佟图赖、石廷柱、巴颜、李国翰分别为汉军八旗固山额真。汉军八旗完成建制，标志三位一体的八旗制度正式确立。

八旗汉军的各级机构、官员设置及其职能同满洲八旗一样，唯一重要的区别是汉军的旗主可以由皇帝随时撤换任命，而满洲八旗是世袭。崇德八年（1643），汉军有一百六十七个佐领，不同时期每佐领人丁数目不同，暂以每佐领二百丁、每丁家口五人计算，总人口为十六万七千人。康熙二十五年（1686），有二百六十五个佐领，暂以每佐领一百三十四丁，每丁家口五人计算，总人口为十七万七千五百五十人。乾隆二十三年（1758），有二百六十六个佐领，每佐领暂以一百五十丁，每丁家口五人计算，总人口为十九万九千五百人。

汉军八旗的建立，炮兵部队的诞生，汉人的地位有所提高，参政机会有所增多。汉军八旗已成为满洲贵族重要的一支辅助力量，并带来深远影响。

天聪七年，原明参将孔有德、游击耿仲明先后叛明，投降后金。皇太极将孔、耿另立一军，旗帜为黑旗白边。八年，原明副将尚可喜叛明来归，又独立一军，旗帜白旗黑边。皇太极破异姓不封王的惯例，封尚可喜为智顺王、孔有德为恭顺王、耿仲明为怀顺王，总称“三顺王”。此后，除吴三桂再没有异姓被封为王的。入关后，“三顺王”分别改封为平南王、定南王、靖南王，其后代可世代承袭。他们虽然都被编入八旗汉军之中，但独立成一军，旗色不同，地位极为特殊，并深刻地影响着十七世纪中前期中国的历史进程。本书共收录了八旗汉军人物碑石一百六十七通，其中异姓诸王及后代二十三通，单独列目。另外有附录十四通。

八旗蒙古

十七世纪初年，蒙古科尔沁、喀尔喀诸部由于内乱及外部察哈尔部的欺压，他们的贝勒、台吉及部属纷纷投奔后金。努尔哈赤、皇太极因势利导，妥善安置，将这些蒙古人有的编入女真贵族的包衣牛录，或是成为女真官员的户下人；有的纳入八旗满洲中编成蒙古牛录（七十六个）。蒙古编旗的具体时间，史书没有明确记载，但蒙古军及旗字样屡有出现。天命八年（1623），努尔哈赤下令：把蒙古兵委托给武纳格；接着又令：蒙古人每旗的巴朗等级大臣各一人驻守盖州。皇太极即位后，武纳格总管蒙古军。后因蒙古军增多，分蒙古左、右二营，武纳格与鄂本兑同为固山额真。天聪三年（1629），“蒙古二旗”的记载出现在《清太宗实录》中。从上述史料分析，蒙古编旗的时间大体应在天命八年至天聪三年之间。天聪八年，将蒙古左、右二营改为左、右翼兵。

天聪九年，皇太极下令编审内外喀喇沁蒙古壮丁一万六千九百五十三人，将他们正式编入蒙古八旗。新编成的蒙古八旗以阿代为正黄旗固山额真、达赖为镶黄旗固山额真、恩格图为正红旗固山额真、布彦代为镶红旗固山额真、伊拜为正白旗固山额真、苏纳为镶白旗固山额真、吴赖为正蓝旗固山额真、扈什布为镶蓝旗固山额真，旗帜与满洲八旗一样，蒙古八旗正式确立。先已入满洲籍的七十六个蒙古牛录不再更改。通过编旗加强了后金对蒙古人的管理，增加了税收、征兵、服役的来源，加强了满洲贵族的势力。八旗蒙古成为满洲贵族的重要依靠。又另编立喀喇沁左翼旗、喀喇沁右翼旗、土默特旗，仍隶属满洲八旗之内。

崇德八年（1643），八旗蒙古已有一百二十九个佐领，不同时期每佐领人丁数目不同，暂以每佐领二百丁，每丁家口五人计算，总人口为十二万九千人。康熙二十五年（1686），有一百九十六个佐领，暂以每佐领一百三十四丁，每丁家口五人计算，总人口为十三万一千三百二十人。乾隆二十三年（1758），有二百二十一个佐领，每佐领暂以一百五十丁，每丁家口五人计算，总人口为十六万五千七百五十人。

另外，蒙古贵族来归有的编入八旗满洲牛录，有的暂时编旗仍统辖旧部。天命七年（1622），科尔沁兀鲁特部明安贝勒、台吉及其部属三千户来归，被努尔哈赤授予三等总兵官，另立兀鲁特一旗。后来内附蒙古所行多有违令，天聪六年（1632）撤销蒙古旗，明安改隶满洲正黄旗，恩格类、布当隶满洲正蓝旗。

与此同时，皇太极在内蒙古地区陆续编四十九旗，旗之上设盟，这种蒙古的旗盟制度，与八旗蒙古并存，但其设置与管理却迥然不同。另外，察哈尔与归化土默特，不划归内蒙古，而称为内属蒙古，按照八旗制度设置，不设札萨克，由中央派驻的大臣管辖。本书共收录八旗蒙古人物碑石二十四通，另外有附录三通。

1. 平南敬亲王尚可喜凤翔山墓碑

尚可喜　字元吉，号震阳，汉军镶蓝旗。祖籍山西洪洞，后至河北衡水。祖父迁往辽东海州（今辽宁省海城市），父尚学礼为明将毛文龙部下。生于万历三十二年（1604），原为明广鹿岛副将。天聪八年（1634），航海归后金，授总兵官，号其兵为天助兵，军旗白旗黑边，为独立一军，驻守海州。崇德元年（1636），封智顺王，从征朝鲜及辽西等地。七年，编立八旗汉军时，隶镶蓝旗。顺治元年（1644），随从入关。六年，改封平南王，统兵征广东，并携眷驻守。康熙十二年（1673）三月，请求回辽东养老，得到允许；同年十一月，吴三桂、耿精忠发动叛乱，尚可喜仍忠于清朝。十四年，封平南亲王。十五年，被其子尚之信软禁于府邸，病故，享年七十三岁，谥号“敬”。二十年（1681年），归葬海城，设置两个佐领为其守坟，改隶汉军镶黄旗。

尚可喜凤翔山墓碑　满汉文合璧，康熙二十年（1681）立。原址在辽宁省海城市东陵村凤翔山，后移至海城市小新屯村文安山。今存尚王陵内。

额题 满汉文“敕建”。

碑额

碑座

碑身局部

画像 今珍藏于辽宁省海城市尚氏家族。

铁钟 钟铭汉文，顺治九年（1652），尚可喜铸造。原悬挂于广州太平庵内，今存广东省广州市镇海楼。

碑亭

2. 平南敬亲王尚可喜文安山墓碑

尚可喜文安山墓碑　残碑，满汉文合璧，康熙二十四年（1685）立。原址在辽宁省海城市小新屯村文安山，1966年“文革”期间被损坏，今存尚王陵内。

3. 智顺王尚可喜新建三圣庙碑

尚可喜新建三圣庙碑 汉文，崇德五年（1640）立。原址在辽宁省海城市原三圣庙内，今存海城市小新屯村尚王陵内。

碑身

碑额 额题汉文“三圣庙记”。

尚王陵内碑林

4. 平南王尚可喜撰重修飞来古寺记碑

尚可喜撰重修飞来古寺记碑 汉文，康熙二年（1663）立。今存广东省清远市飞来寺。

碑额 额题汉文“重修飞来古寺碑记”。

碑身局部

飞来寺外景

飞来寺山门

5. 平南王尚可喜拜题鼎建大佛寺记碑

尚可喜拜题鼎建大佛寺记碑 汉文，康熙三年（1664）立。碑额额题“鼎建大佛寺记”。今立于广东省广州市大佛寺大雄宝殿东侧。

广州尚府旧址石鼓（一）

广州尚府旧址石鼓（二）

碑身局部

大雄宝殿东侧

山门

6. 平南王尚可喜敬题大佛寺题名碑

尚可喜敬题大佛寺题名碑 汉文，康熙三年（1664）立。今立于广东省广州市大佛寺大雄宝殿西侧。

碑额　额题汉文“大佛寺题名碑”。

碑身局部

大雄宝殿西侧

广州尚府旧址石狮（一）

广州尚府旧址石狮（二）

7. 平南敬亲王尚可喜墓志铭碑

尚可喜墓志铭碑盖 汉文，康熙二十年（1681）刻。原出土于辽宁省海城市小新屯村尚王墓，今存海城市小新屯村尚王陵内。

墓志铭碑

8. 皇清册封平南亲王尚可喜神道碑

尚可喜神道碑　汉文，康熙二十四年（1685）立。今立于辽宁省海城市小新屯村尚王陵门前。

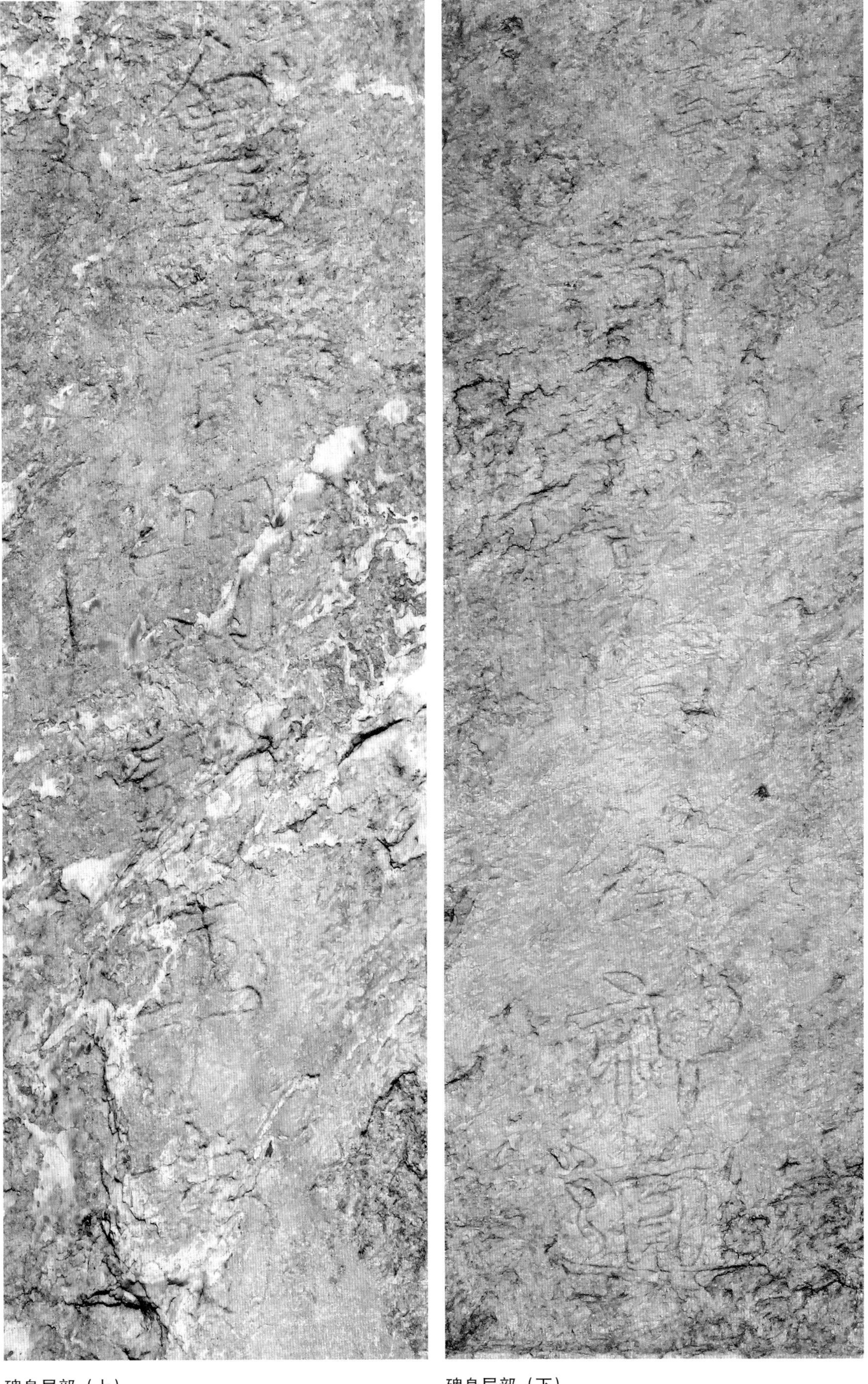

碑身局部（上）　　碑身局部（下）

碑额 额题漫漶严重，难以辨认。

平南王印印模 顺治九年（1652），满汉文合璧，选自《清代文书档案图鉴·印信》。

尚王陵外景

9．皇清册封平南敬亲王妃舒氏墓志铭碑

舒氏　平南王尚可喜大房夫人，辽东人。生于明万历四十年（1612），自幼端庄文静，号朴女。顺治十三年（1656），册封为平南王妃。康熙二十五年（1686），卒于海州，享年七十五岁；同年，合葬于尚可喜之墓。子尚之信，袭封平南王。

舒氏墓志铭碑盖　汉文，康熙二十五年（1686）刻。原出土于辽宁省海城市小新屯村尚王墓，今存海城市小新屯村尚王陵内。

墓志铭碑

10. 皇清诰封一品夫人显妣杨氏太夫人墓志铭碑

杨氏　平南王尚可喜夫人，为燕山望族。生于明万历四十一年（1613），以淑德著称。康熙二十三年（1684），诰封为一品夫人。卒于康熙二十五年（1686），自京邸扶葬于海州城南水泉山，享年七十四岁。生一子尚之隆，娶和硕和顺公主为妻，晋封为和硕额驸，官至太子太保、领侍卫内大臣。

尚可喜妻杨氏墓志铭碑　汉文，康熙二十五年（1686）刻。原出土于辽宁省海城市南水泉山，今存海城市小新屯村尚王陵内。

墓志碑局部

11. 管领侍卫内大臣和硕额驸尚之隆册封碑

尚之隆　汉军镶蓝旗。尚可喜第七子，顺治三年（1646）杨氏所生。十七年（1660），娶和硕和顺公主为妻，晋封为和硕额驸。康熙六年（1667），晋升为太子太保。三十年，任内大臣，赐黄马褂。四十一年，升任领侍卫内大臣。尚之隆很得康熙帝宠信，曾得到亲赐的匾额、对联等物。五十七年，去世，与和硕和顺公主合葬于北京市赵辛店北岗洼村，后改称公主坟村。

尚之隆册封碑（上段） 残碑，满汉文合璧，康熙五十七年（1718）立。原址在北京市赵辛店北岗洼村，后改称公主坟村。今存丰台区连山岗石刻园。

残碑（下段）

碑身局部（上）

碑身局部（下）

12. 佐领尚之玠重修绣岭衔泉（茅儿）寺碑

尚之玠　汉军镶黄旗。尚可喜幼子，生于康熙十二年（1673）。曾任守墓佐领，诰授中宪大夫，后晋封荣禄大夫。乾隆七年（1742），去世，享年六十九岁。共娶三房夫人，大房为盛京满洲镶红旗苏喇章京如碧之女金氏，生于康熙十年（1671），诰封恭人。康熙五十二年（1713），尚之玠与孙尚崇埏、僧人传福重修茅儿寺，新建西向山门三间。五十六年，去世。

尚之玠重修茅儿寺碑　汉文，康熙六十年（1721）立。原址在辽宁省海城市东南绣岭山上茅儿寺，今存海城市山西会馆。

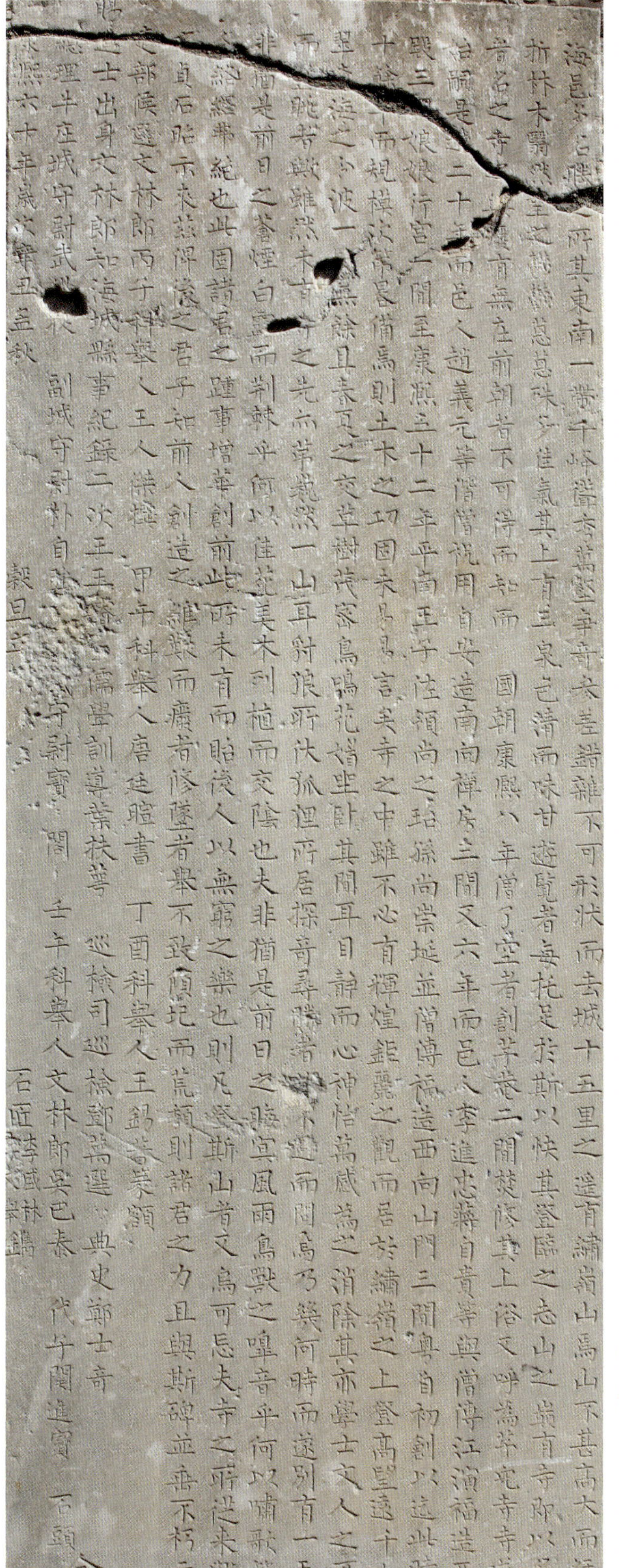

碑身

碑额

额题　汉文“绣岭衔泉寺碑”。

碑座　今存辽宁省海城市东南十五里绣岭山上茅儿寺。

碑阴碑额

碑阴额题　汉文“万古留芳”。

碑阴碑身局部

13. 佐领尚之玠及妻恭人金氏墓碑

尚之玠及妻金氏墓碑 汉文，光绪三十四年（1908）重立。今存辽宁省海城市小新屯村尚王陵内。

14. 中宪大夫尚崇容及妻恭人常氏何氏墓碑

尚崇容　汉军镶黄旗。尚可喜三世孙，诰赠中宪大夫。其妻常氏、何氏诰赠恭人。

尚崇容及妻常氏何氏墓碑　汉文，乾隆四十九年（1784）立。今存辽宁省海城市小新屯村尚王陵内。

乾隆四十九年歲次甲辰清和月 穀旦建立
皇清誥贈中憲大夫顯考尚公諱崇容之墓
誥贈恭人顯妣常氏
何氏
男王樑
王棟奉祀

碑身

15. 佐领尚维瀚等重修茅儿寺碑（一）

尚维瀚　汉军镶黄旗。尚可喜五世孙，庠生。官至汉军佐领，赐封奉直大夫，世袭中宪大夫。在乾隆六十年（1795）季春至嘉庆元年（1796）仲夏，尚维瀚、住持僧沙亮等奉命重修茅儿寺，竣工后立此碑。碑中提及尚玉耀为尚可喜四世孙，世袭中宪大夫，任汉军佐领。

尚维瀚等重修茅儿寺碑（一）　汉文，嘉庆元年（1796）立。原址在辽宁省海城市东南十五里绣岭山上茅儿寺，今存海城市山西会馆。

開左
國朝興隆地也名山勝蹟正自不少若邑
茅見寺在東南一峰向城十五里之遥繍嶺名其山茅菴旁其寺層峦叠翠茂樹陰濃高崖泉碧曲徑花深真塵世之蓬島
欲界之仙都也前人之迷美予又何以記之雖然文以記其事事以傳於斯廟之建也不知創自何時考
諸碑額於康熙八年有僧了空者建修茅菴二間以及至十八年三十四年修葺之次至五十二年又有平南智順
王之子佐領玢孫崇然樂善諸本寺僧傳福暨衆檀越等斬荆伐棘協力重修竟前之規模狹隘
敗覌迄今百餘年矣損者修之殘者補不知凡幾而仍敗落如故本境首徒增悼歎其如斯廟何幸縣父
母恩大老爺過覲於此勃然心感樂捐已俸命住持僧沙亮及会衆尚維瀚趙士忠王文成李成寬董維
仁金文義高文一張琨王文法等董率修理恐事難成復令舖会首普化衆善其助成功工起於乾隆乙
卯之季春成於嘉慶丙辰之仲夏佛殿山門羅列有序娘娘宮龍神祠各整重新外修客廳三間多羅亭一座
禪堂墻院無不備舉於戲先斯廟而修者非此無以承其先後斯廟而修者非此無以開其後云今之視昔亦猶
昔之視今云尔謹為文永賴不朽是記
遼陽州庠生王 梅 撰文
庠生兆吉書丹
特授文林郎知蒲城縣事恩古達捐銀一百兩
世襲中憲大夫漢軍佐領尚王耀捐銀二兩
接引寺住持達乾捐銀二兩
嘉慶元年歲次丙辰六月上浣穀旦 立 住持僧沙亮
碑身

碑额

额题 汉文“重修茅儿寺碑记”。

碑阴碑额

碑阴额题 汉文“芳名不朽”。

碑座 今存辽宁省海城市东南十五里绣岭山上茅儿寺。

16. 佐领尚维瀚等重修茅儿寺碑（二）

尚维瀚　如前所述。尚政枢，汉军镶黄旗。尚可喜六世孙，邑庠生；道光三十年（1850），补放佐领。尚政善，尚可喜六世孙，大学生；道光二十年，补放佐领。尚政俭，尚可喜六世孙，邑庠生。

尚维瀚等重修茅儿寺碑（二）　汉文，道光二十年（1840）立。原址在辽宁省海城市东南十五里绣岭山上茅儿寺，今存海城市山西会馆。

碑身

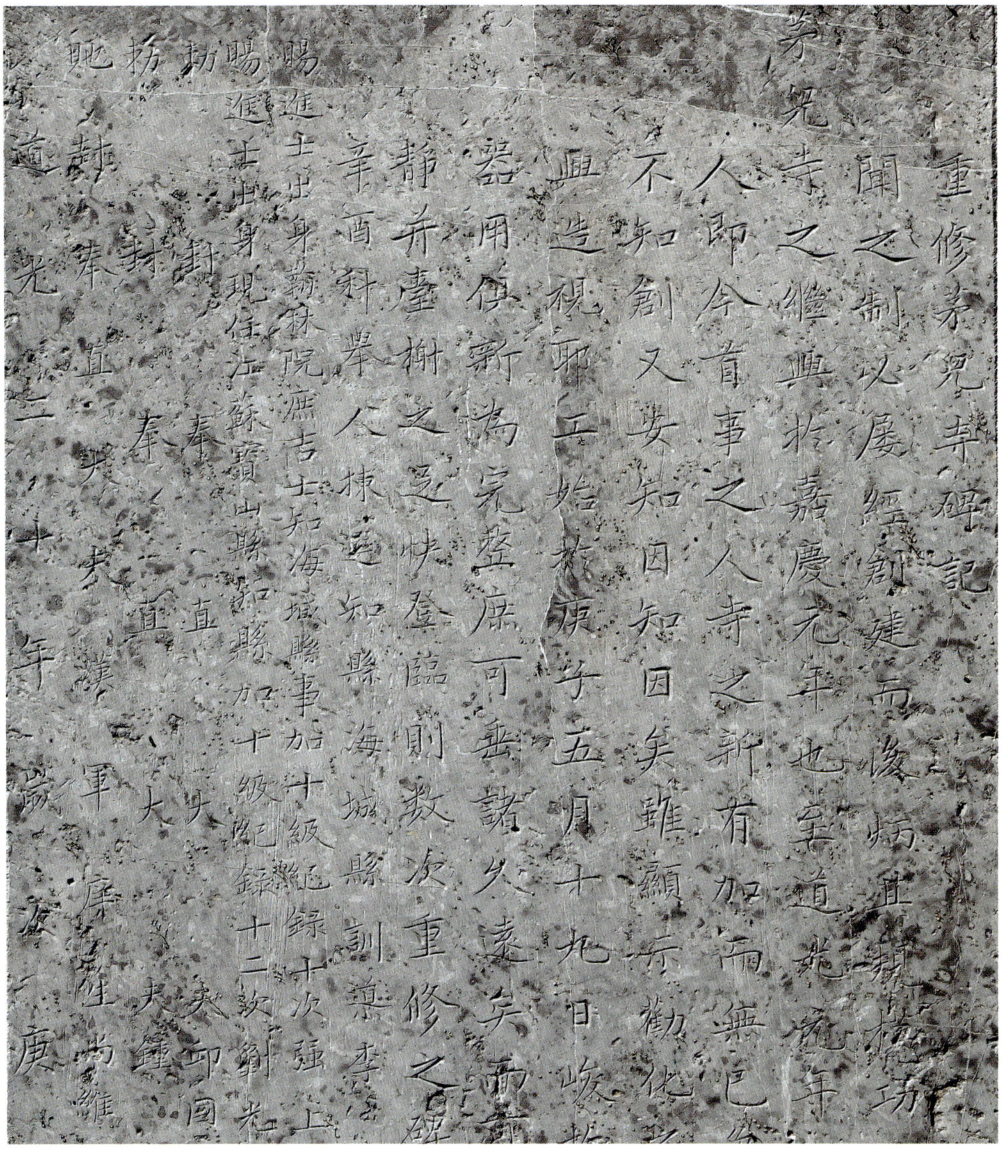

碑身局部

碑座 今存辽宁省海城市东南十五里绣岭山上茅儿寺。

17. 总兵官耿仲明等奉旨建大金喇嘛法师宝记碑

耿仲明　字云台，汉军正黄旗。辽东盖州（今辽宁省盖州市）人，原明朝中军参将。孔有德发动“吴桥之变”后，自称总兵。天聪七年（1633），投降后金，仍授总兵官，称天祐兵，与孔有德同驻军东京（今辽宁省辽阳市境内）。其后取旅顺，侵朝鲜，克皮岛，围锦州，皆在行间。崇德元年（1636），晋封怀顺王。七年，命隶汉军正黄旗。顺治元年（1644），随军入关，转战各地，屡立战功。六年，改封靖南王，与尚可喜征广东；同年，因“隐匿逃人”事发，畏罪自缢于吉安（今江西省吉安市）。

耿仲明等奉旨建大金喇嘛法师宝记碑　满汉文合璧，天聪四年（1630）立。额题汉文“敕建”。原址在辽宁省辽阳市小南门外喇嘛塔园，今存辽阳市博物馆。

碑身

18. 靖南王耿继茂河口万寿桥记题名碑

耿继茂　汉军正黄旗，耿仲明长子。顺治初年，授世职昂邦章京。仲明死后，代领其众。八年（1651），袭爵为靖南王。在与尚可喜攻下广州后，靖南、平南王府同设广州。十六年，奉命移驻四川。十七年，改驻福建。康熙七年（1668），助修河口万寿桥。十年五月，病故，谥号“忠敏”。其长子耿精忠袭靖南王爵。

耿继茂河口万寿桥记题名碑　汉文，康熙九年（1670）立。原址在福州城东南部水门外万寿桥西万寿庵内，今存福建省福州市于山九仙观内碑廊。

福州爲八閩省會人物殷盛車馬駢闐水部門外河口渡河夾舟小艇渡者衆
山比丘成源惻然於中乃受上埋善士請募建石橋始工於康熙七年五月
以松石累址結四墩分水爲三道墩高二丈二尺其空處加以石梁左右
百三十尺廣八尺餘往來紛如不俟舟楫信步而趨人莫不
觀音大士俾僧世守之又造阿育王石塔於左
鳌也以明年臘月己酉訖工共糜白金二千餘兩
會諸宰官善信徘徊周覽踴躍稱頌以爲難
靖南王耿
康熙九年十月念三日石鼓住山道霈記

碑身

19. 和硕额驸耿昭忠题字碑

耿昭忠　字信公，汉军正黄旗。靖南王耿仲明之孙，继茂次子。十五岁入侍顺治帝，授一等精奇尼哈番。顺治十二年（1655），娶固山贝子苏布图女为妻。初授固山额驸，后授和硕额驸，加太子少保。康熙十三年（1674），其兄耿精忠在福州叛清，昭忠、聚忠未参与。十五年，加太子太保。精忠归顺，授昭忠为“镇平将军”，代兄守福州。十七年，昭忠遵旨携其祖父骸骨归葬盖平。十九年，举发其兄降后尚蓄逆谋。二十五年，去世，赐祭葬，谥号“勤僖”。

耿昭忠题字碑　汉文，康熙九年（1670）刻。今刻于河北省赤城县汤泉景区崖壁之上。

汤泉　今位于河北省赤城县汤泉景区内。

汤泉牌楼（一）

汤泉牌楼（二）

20. 和硕额驸耿聚忠册封碑

耿聚忠　字正公，汉军正黄旗。靖南王耿仲明之孙，继茂第三子。十一岁入侍顺治帝。康熙二年(1663)，娶和硕柔嘉公主为妻，封和硕额驸。十三年，其兄耿精忠叛清。十四年，奉命前往宣谕劝降，无果而返。十五年，加太子太保。十九年，与其兄昭忠举发精忠降后尚蓄逆谋，精忠被处死。其后奏请将其家属编五佐领，隶汉军正黄旗。二十六年，去世，享年四十二岁，谥号“悫敏”。

耿聚忠册封碑　满汉文合璧，顺治十五年（1658）制。今立于北京市门头沟区东龙门村。

碑额

额题 满汉文“圣旨”。

拓片 选自《北京图书馆藏中国历代石刻拓本汇编》，以下简称《拓本汇编》。

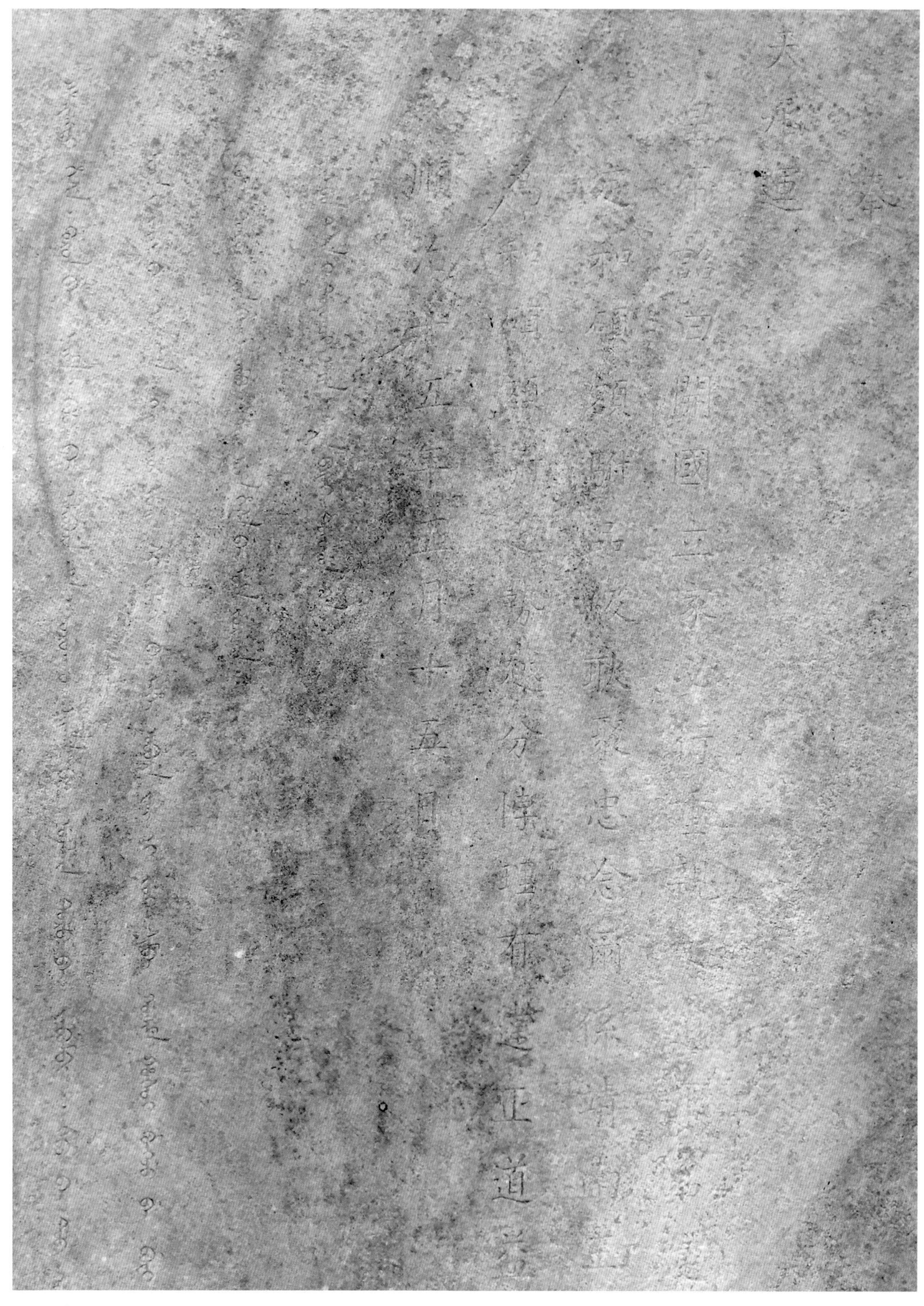

碑身局部

21. 和硕额驸耿聚忠谕祭文墓文合璧碑

耿聚忠谕祭文墓文合璧碑 碑右为谕祭文，碑左为墓文，满汉文合璧，康熙二十六年（1687）立。今立于北京市门头沟区东龙门村。

碑额

额题　满汉文“圣旨”。

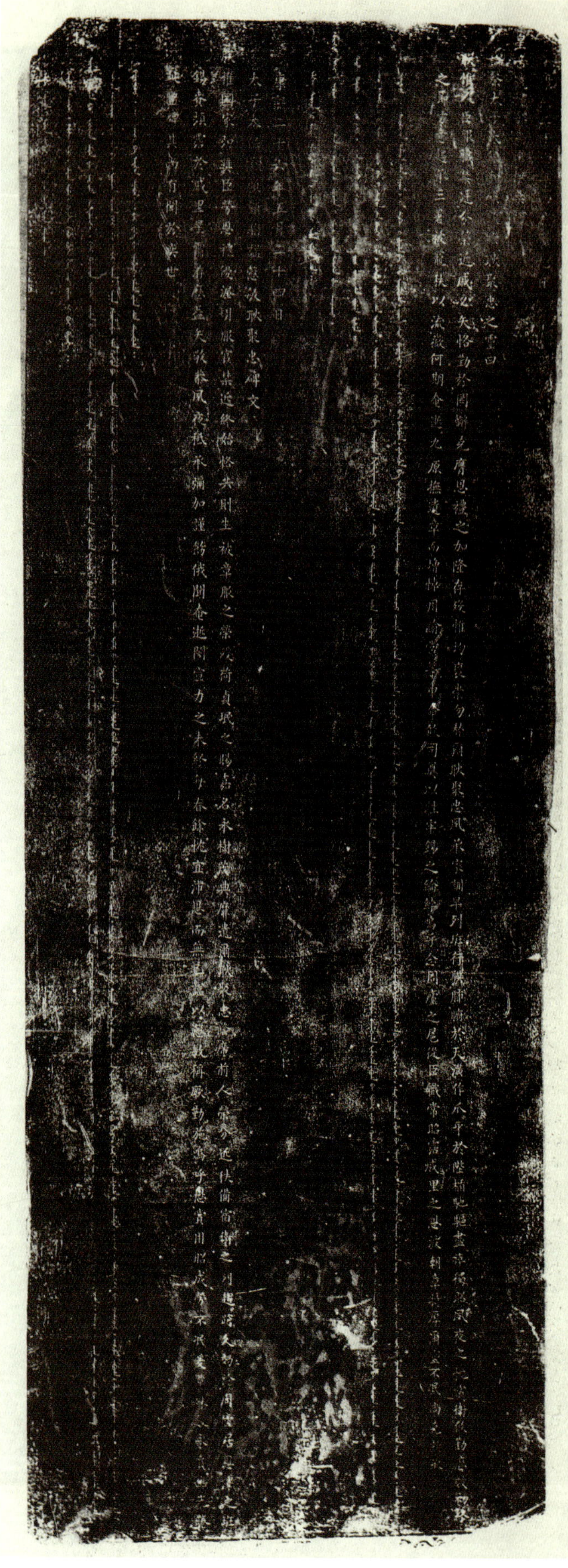

拓片　选自《拓本汇编》。

碑身局部

22. 和硕额驸耿昭忠耿聚忠撰文重修永安寺碑

耿昭忠耿聚忠拜撰重修永安寺碑 汉文，康熙十二年（1673）立。原址在辽宁省辽阳市永安寺，今存辽阳市博物馆。

碑身局部

碑阴碑身局部

23. 定南王孔有德墓碑

孔有德　字瑞图，汉军正红旗。原籍山东，后迁至辽东盖州，明朝毛文龙部参将。天聪七年（1633），归附后金时皇太极率诸贝勒出德胜门十里至浑河，为其设宴迎接。封都元帅，号天祐兵，率旧部驻防东京，军旗为黑色。崇德元年（1636），封恭顺王，改军旗为黑色白边。七年，编制汉军八旗，隶属正红旗。期间多次征战，屡立战功。顺治元年（1644），随从入关。三年，授平南大将军印，率耿仲明、尚可喜等南征湖广。六年，改封定南王。八年，移藩桂林。九年，李定国攻陷桂林，遂焚署并自刎，谥号“武壮”。

孔有德墓碑　满汉文合璧，顺治十二年（1655）立。原址在北京市海淀区阜成门外北营房西侧，今存北京石刻艺术博物馆。

碑额

额题　满汉文“敕建”。

碑座

定南王孔有德碑
國家報功厥有鉅典生建太勳殁勤王事者尤宜褒章偉聲稱著於後世尔定南王孔有德憤時崛起舉衆破山東登萊[illegible]
州郡航海來歸我
太宗文皇帝嘉其慕義勑爲元帥繼而開封爲恭順王世世不替朕定鼎中原王身當屢戰多獲捷功百粵未附特命掛定南
王印率師徂征首定湖南旋下兩[illegible]因[illegible]林之後兵分勢寡徵調不及力竭捐生雖古之烈丈夫無以踰此念王二十年
來從征旅順朝鮮皮島錦州松山杏山中後所前屯衛繼入山海關從擊李自成直抵潼關大破其衆尅揚州定江南平全
楚功蹟懋著恩卹優加特賜謚曰武壯樹豐碑於墓道揚緯績於千秋[illegible]
大清順治十二年三月初三日立

拓片　选自《拓本汇编》。

碑身

碑阴碑身

碑身局部

王府　今位于广西壮族自治区桂林市靖江王府景区内。本图片由钟君丽提供。

清定南王孔有德墓碑後記

碑阴拓片　选自《拓本汇编》。民国二十五年（1936）刻，题为《清定南王孔有德墓碑后记》。

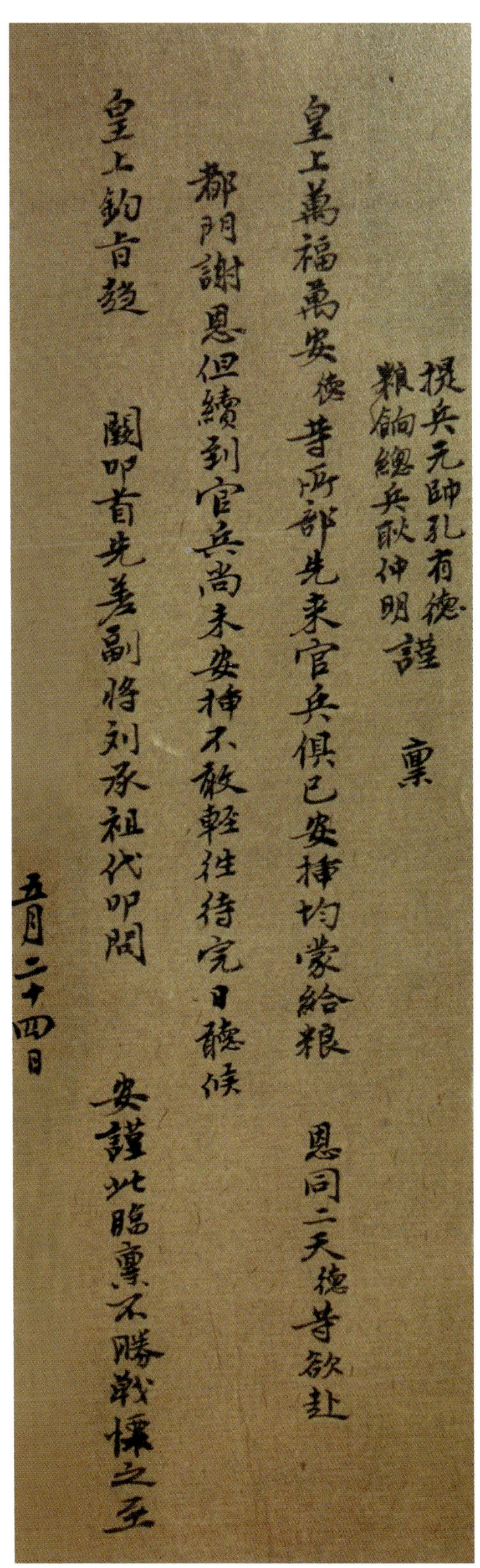
提兵元帥孔有德
糧餉總兵耿仲明謹稟
皇上萬福萬安德等所部先來官兵俱已安插均蒙給糧恩同二天德等欲赴
都門謝恩但續到官兵尚未安插不敢輕往待完日聽候
皇上鈞旨趨闕叩首先差副將刘承祖代叩問安謹此臨稟不勝戰慄之至
五月二十四日

天聪七年（1633）五月二十四日孔有德、耿仲明差副将刘承祖向皇上叩问禀帖　选自《中国国家博物馆馆藏文物研究丛书·明清档案卷·清代》。

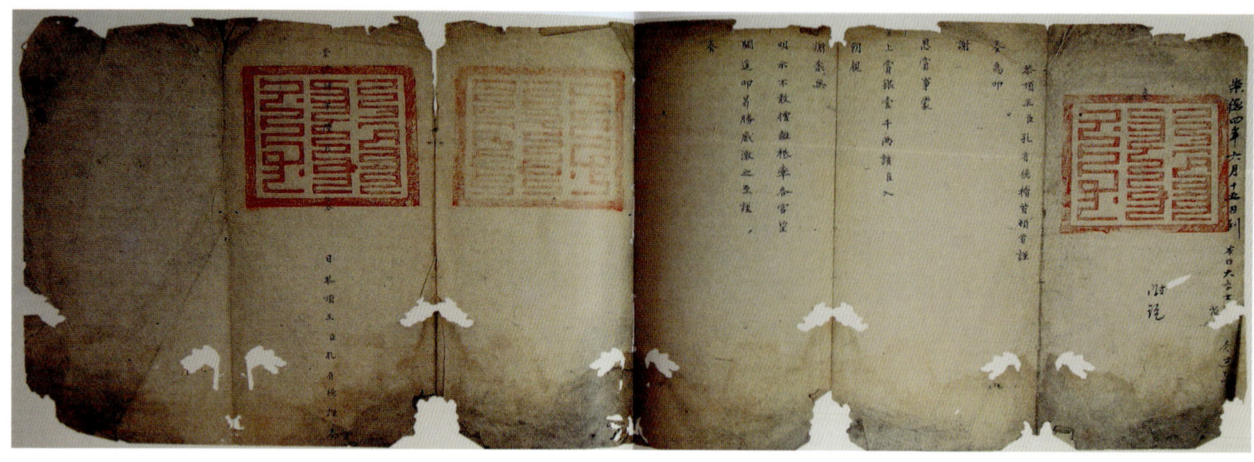

崇德四年（1639）六月十三日孔有德谢皇上赏银奏本 选自《中国国家博物馆馆藏文物研究丛书・明清档案卷・清代》。

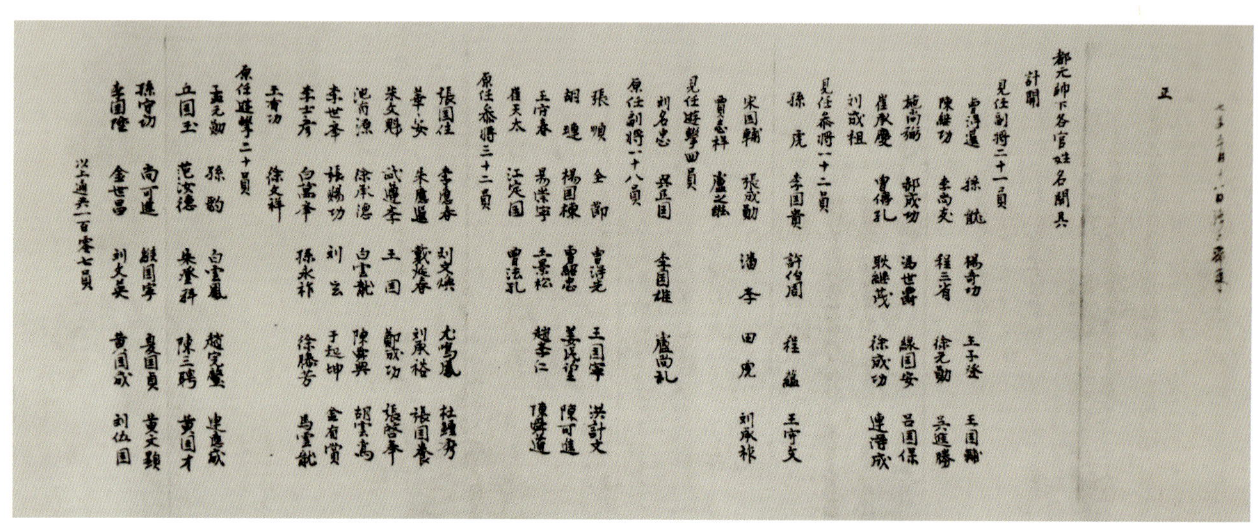

天聪七年（1633）四月孔有德来归官兵数目清单（一） 选自《清史图典・太祖 太宗朝》。

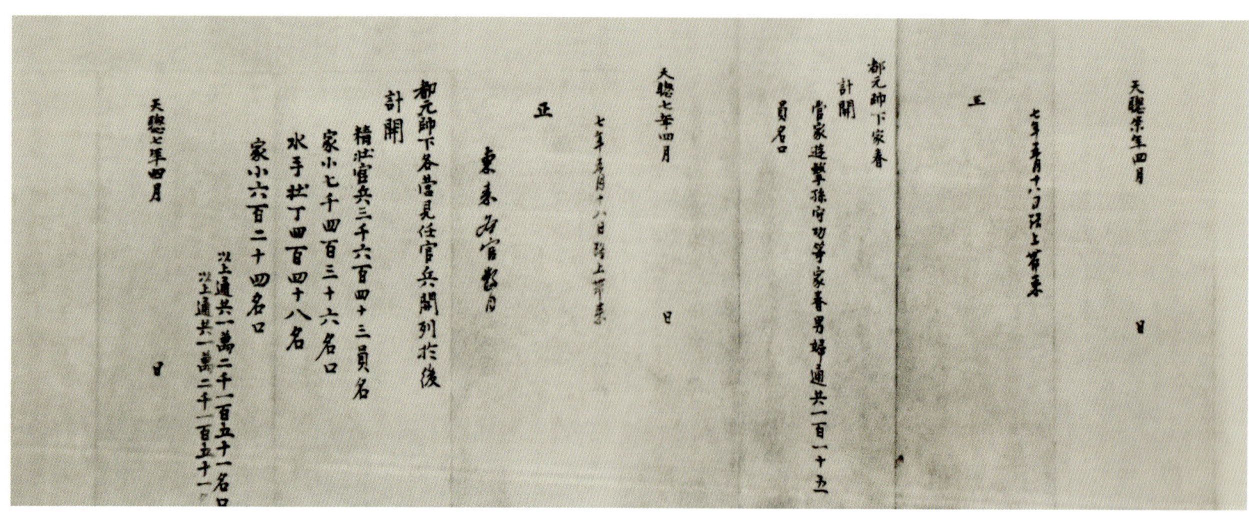

天聰柒年四月 日

都元帥下家眷

計開

官家進擊孫守功等家眷男婦通共一百一十五

員名口

天聰七年四月 日

東來名官數目

都元帥下各營見任官兵開列於後

計開

精壯官兵三千六百四十三員名

家小七千四百三十六名口

水手壯丁四百四十八名

家小六百二十四名口

以上通共一萬二千一百五十一名口

以上通共一萬二千一百五十一名口

天聰七年四月 日

天聪七年（1633）四月孔有德来归官兵数目清单（二） 选自《清史图典・太祖 太宗朝》。

24. 恭顺王孔有德等新建东京弥陀禅寺题名碑

孔有德等新建东京弥陀禅寺题名碑 汉文，崇德六年（1641）立。原址在辽宁省辽阳市新城弥陀禅寺，今存辽阳市博物馆。

碑身

额题　汉文“法轮常转”。

碑额

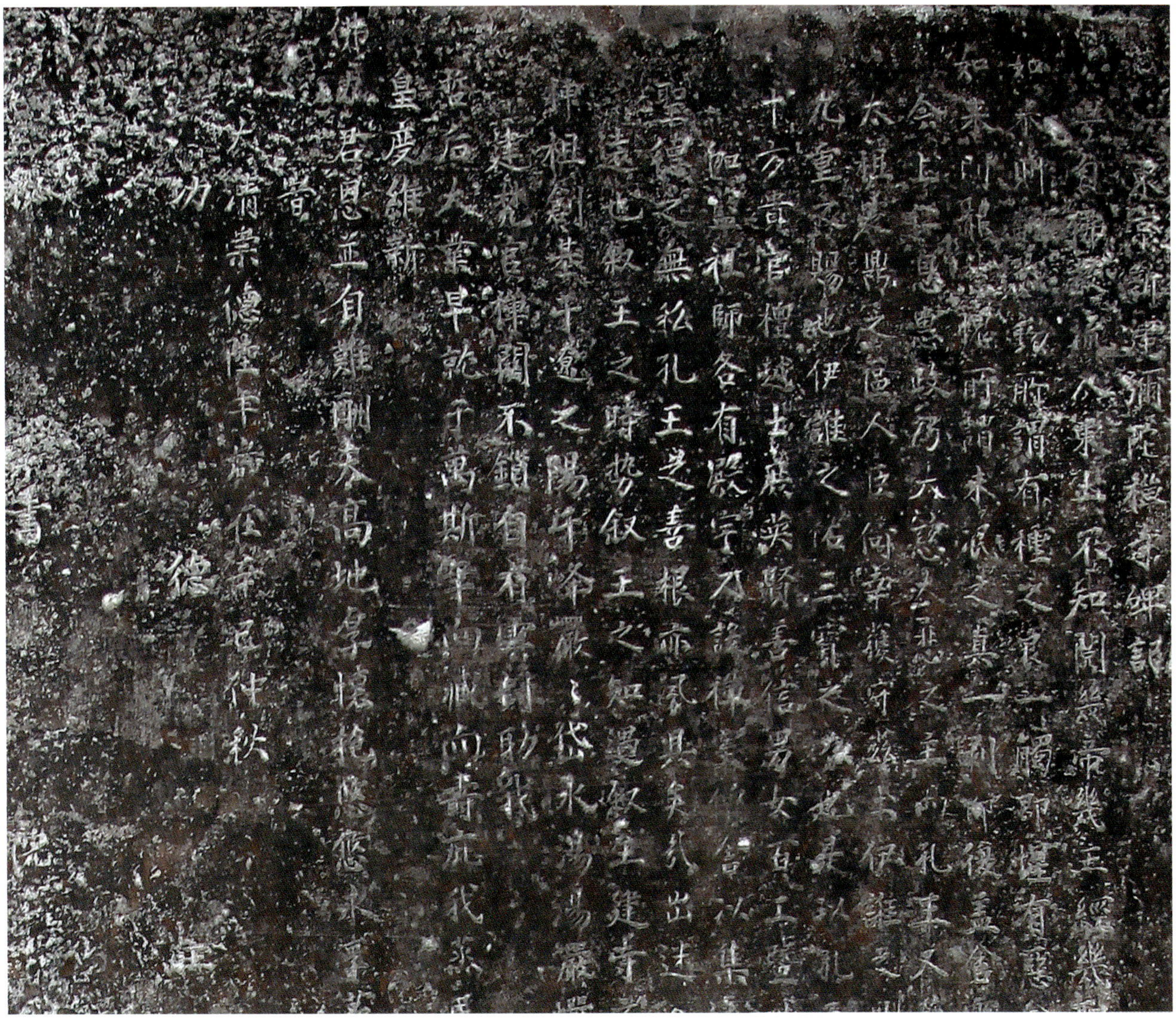

碑身局部

25. 总兵官石廷柱等重建玉皇庙题名碑

石廷柱　原姓瓜尔佳氏，汉军正白旗，世居苏完地方。其曾祖卜哈为建州左卫都指挥佥事，嘉靖时祖父阿尔松噶承袭。父石翰迁居辽东，以石为姓，有三子：国柱、天柱、廷柱。廷柱生于万历二十七年（1599），曾任明广宁（今辽宁省北镇市）守备。天命七年（1622），与兄国柱、天柱迎降后金军，授游击世职，又晋三等副将。天聪年间，从征明京畿、大凌河城、察哈尔有功，任汉军总管，又晋三等总兵官。崇德二年（1637），汉军分为二旗，任左翼固山额真。四年，分为四旗，任正白旗固山额真。七年，分为八旗，任镶红旗固山额真。顺治元年（1644），随从入关，转战直隶、河南、山西诸地有功，授一等精奇尼哈番。十二年，调任镇海将军，驻防京口（今江苏省镇江市）。十四年，以年老乞休，加少保兼太子太保，爵至三等伯。十八年，去世，享年六十三岁，谥号“忠勇”。

石廷柱等重建玉皇庙题名碑　汉文，天聪四年（1630）立。此碑为《重建玉皇庙题名碑》之碑阴，因有石廷柱的题名，特定此碑名。原址在辽宁省辽阳市老城小南门外玉皇庙，今存辽阳市博物馆。

碑阴

26. 总兵官石廷柱等大金喇嘛法师宝记题名碑

石廷柱等大金喇嘛法师宝记题名碑 汉文，天聪四年（1630）立。此碑为《大金喇嘛法师宝记碑》之碑阴局部（详见本图录第42页）。因有石廷柱的题名，特定此碑名。原址在辽宁省辽阳市老城小南门外喇嘛塔园，今存辽阳市博物馆。

碑阴

27. 固山额真石廷柱等东京新建弥陀禅寺题名碑

石廷柱等东京新建弥陀禅寺题名碑 汉文，崇德六年（1641）立。此碑为《东京新建弥陀禅寺碑》之碑阴（详见本图录第63页），因有石廷柱的题名，特定此碑名。原址在辽宁省辽阳市新城弥陀禅寺，今存辽阳市博物馆。

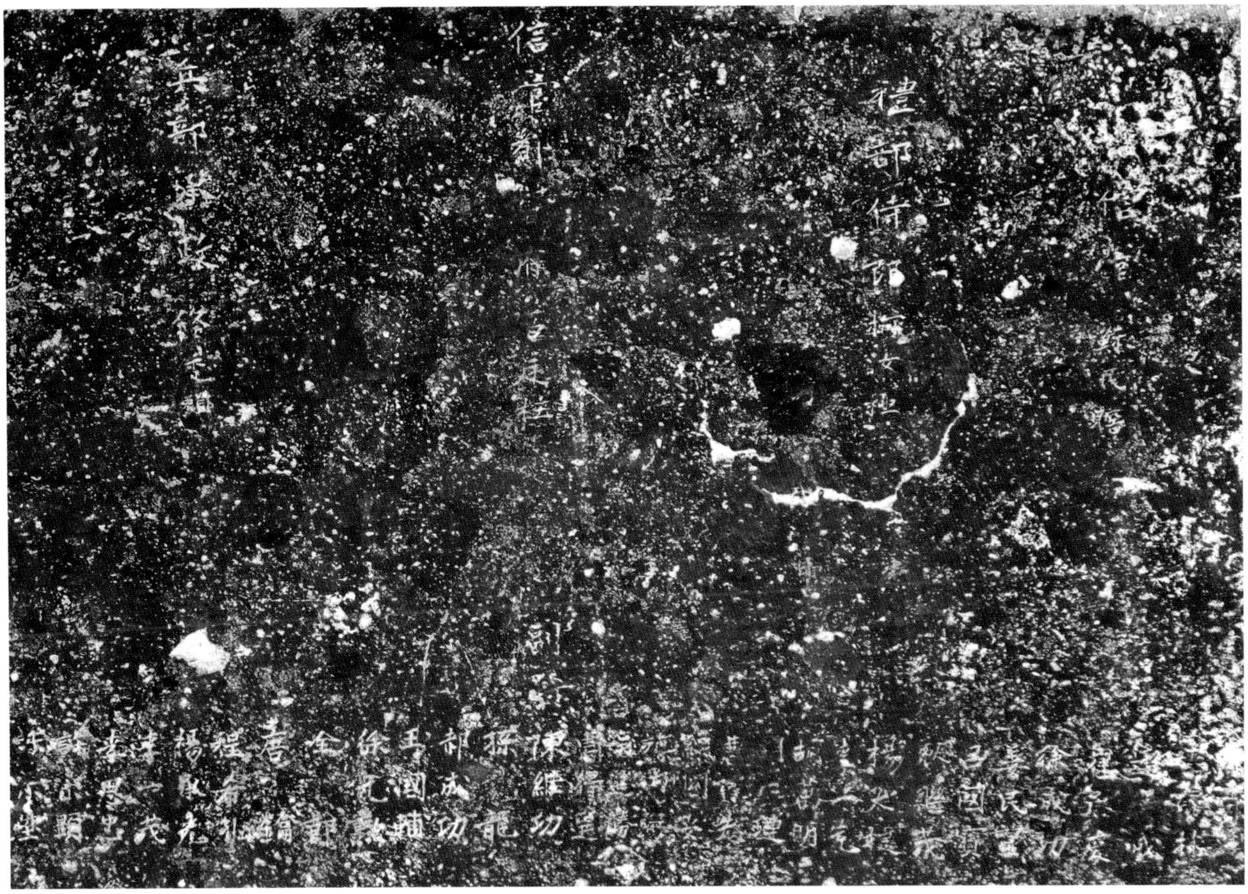

碑阴碑身局部（一）

碑阴碑身局部（二）

28. 赠拜他喇布勒哈番管牛录吏部理事官石国柱为光禄大夫赠妻佟氏封继妻詹氏为一品夫人诰封碑（碑阴为墓碑）

石国柱　原姓瓜尔佳氏，汉军正白旗。石廷柱长兄。国柱原为明广宁武弁。天命七年（1622），投降后金，授参将世职；屡从征伐，著有劳绩，晋三等男世职。天聪六年（1632），升任工部承政。七年，奉命镇守盖州，任内孔有德、耿仲明来降，石国柱迎降有功。不久病故。

石国柱诰封碑　残碑，碑面朝地，满汉文合璧，顺治十四年（1657）制。此图是碑阴，为墓碑，因碑中年代处被损，难以识别。原址不详，今存辽宁省沈阳市九一八历史博物馆院内。

碑阴侧面

碑阳拓片 选自《沈阳碑志》。

碑阴碑身局部（一）

碑阴碑身局部（二）

29. 封云南巡抚石文晟继妻佟氏为一品夫人诰封碑

石文晟　原姓瓜尔佳氏，汉军正白旗。石廷柱之孙。康熙十八年（1679），任苏州府同知，其后历任云南开化府、广西梧州府、山西平阳府知府，贵州布政使，云南巡抚，广东巡抚，湖广总督。四十五年，在总督任上因处理容美土司田舜年一事不当，被革职。五十二年，适逢庆典恢复原品。五十九年，病故，享年七十八岁。三十六年，以覃恩封其夫人佟氏为一品夫人。

石文晟继妻佟氏诰封碑　满汉文合璧，康熙三十六年（1697）制。今立于北京市朝阳区三间房东路。

碑身

额题 满汉文“诰命”。

碑额

碑身局部

30. 旗鼓牛录章京大同知府曹振彦等重建玉皇庙题名碑

曹振彦　初为满洲正白旗多尔衮属下包衣，后归内务府正白旗汉军包衣。世居沈阳地方，为明儒学生员，曹雪芹的高祖。在努尔哈赤攻占辽沈时与其父曹锡远被俘为奴，为红衣炮队教官。天聪八年（1634），任多尔衮属下旗鼓牛录章京，因有功加半个前程。顺治六年（1649），因征剿大同姜瓖反叛有功，被赐予大同城内豪宅一处。七年，任山西平阳府吉州知州。九年，升任大同知府。在任四年，清理废墟，修复城池，恢复街市，增加人口，发展经济。十三年，任浙江盐法道。十五年，五十八岁时离任。康熙十年（1671），去世，享年七十二岁。有子曹玺。

曹振彦等重建玉皇庙题名碑　汉文，天聪四年（1630）立。此碑为《重建玉皇庙题名碑》之碑阴（详见本图录第66页），因有曹振彦的题名，特定此名。原址在辽宁省辽阳市小南门外玉皇庙，今存辽阳市博物馆。

31. 教官曹振彦等大金喇嘛法师宝塔记题名碑

曹振彦等大金喇嘛法师宝塔记题名碑 汉文，天聪四年（1630）立。此碑为《大金喇嘛法师宝塔记碑》之碑阴（见本图录第42页），因有曹振彦的题名，特定此碑名。原址在辽宁省辽阳市老城小南门外喇嘛塔园，今存辽阳市博物馆。

32. 副将曹得先曹得选游击曹世爵等东京新建弥陀禅寺题名碑

曹得先等东京新建弥陀禅寺题名碑 汉文，崇德六年（1641）立。此碑为《东京新建弥陀禅寺题名碑》之碑阴（见本图录第63页），因有曹得先等人的题名，特定此碑名。今存辽宁省辽阳市博物馆。其中刻有曹雪芹先祖族人曹得选、曹得先、曹世爵三人的姓名。

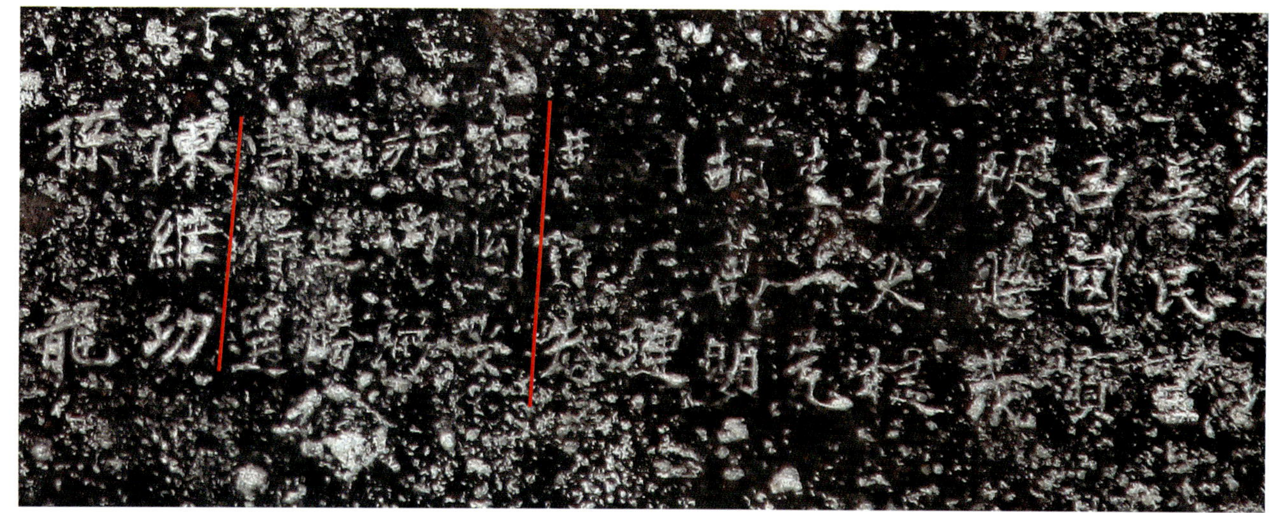

碑身局部（一） 刻有曹雪芹先祖族人曹得选、曹得先两人的姓名。

碑身局部（二） 刻有曹雪芹先祖曹世爵的姓名。

33. 江宁织造郎中曹寅等康熙帝东巡记事题名碑

曹寅　字子清，号栋亭、荔轩，汉军正白旗包衣。曹氏世居沈阳。曹玺之子，曹雪芹的祖父。其父曹玺在康熙初年历任江宁织造、工部尚书，妻为康熙帝的保姆。生于顺治十五年（1658），历任御前侍卫兼正白旗旗鼓佐领、通政使、江宁织造、巡视两淮盐漕监督御史、内务府三品郎中加五级等。擅骑射，能诗及词曲，著有《楝亭诗钞》等。康熙五十一年（1712），病逝于扬州，时年五十五岁。

曹寅等康熙帝东巡记事题名碑　汉文，康熙三十八年（1699）刻。今存江苏省南京市明孝陵。

碑身局部

碑阴碑身局部（一）

碑阴碑身局部（二）

34. 曹雪芹墓碑

曹雪芹　名霑，字梦阮，号雪芹，汉军正白旗包衣。曹氏世居沈阳地方。曾祖父曹玺、祖父曹寅、父曹𫖯（曹寅子曹颙病故侄过继），三代任江宁织造，家势显赫。约康熙五十四年（1715），生于南京，自幼生活优裕。雍正六年（1728），父被革职，家产籍没。次年，约十三四岁，随父母自南京迁居北京。乾隆初年，曹家再遭打击，家势败落。雪芹迁往北京西郊，生活穷困潦倒，常靠卖画为生。约乾隆二十七年（1762），去世，时年四十八岁。曹雪芹具有深厚的文化修养与卓越的艺术才能。在贫病交迫之中，历十载艰辛，写出文学巨著《红楼梦》一书。

曹雪芹墓碑　汉文，乾隆四十九年（1762）立。今存北京市通州区张家湾博物馆。该碑真伪在学术界尚有歧异，本书收录仅供参考。

碑侧影

拓片

曹雪芹画像 选自《中国少数民族文化史图典·东北卷》。

北京市通州区张家湾博物馆

35. 曹氏后人重修祖茔及故居碑

曹氏后人重修祖茔碑 汉文，2001年立。今立于辽宁省铁岭县腰堡范家屯。

碑额　额题汉文“慎终追远”。

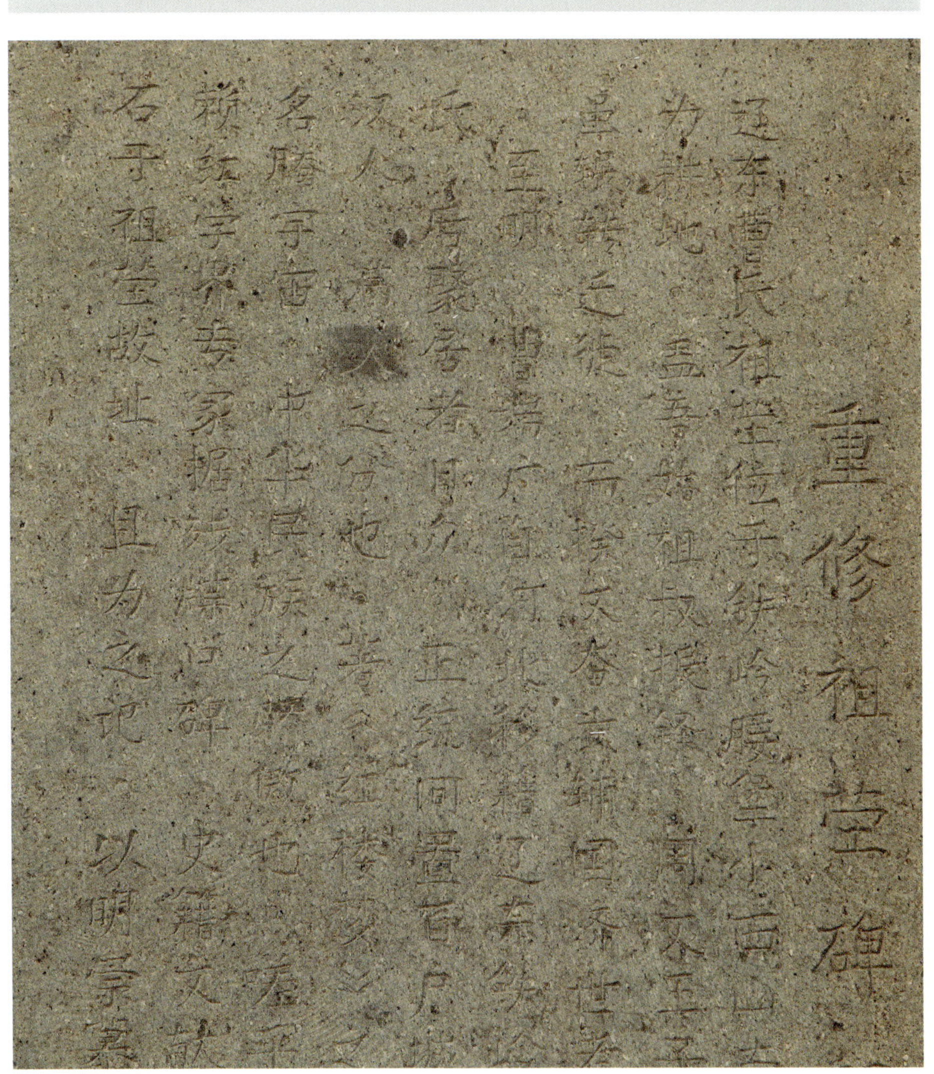

碑身局部

曹雪芹祖居故里碑　今立于辽宁省铁岭县腰堡镇腰堡村南门外。

关东曹氏祖茔碑　今立于辽宁省铁岭县腰堡镇范家屯。

附录1. 明赠怀远将军沈阳中卫指挥曹辅墓志铭碑

曹辅　明朝前期人，约生于永乐十六年（1418）。世居扬州，为望族。始祖子洪为按察司官员。高祖俊因功累进镇国将军，是入居辽东较早的曹姓人。曾祖昇、父得皆为明威将军。二十岁承袭父职为明威将军。三十岁被委任军务，其间则号令严明，赏罚必信，皆称其道。成化年间，已任沈阳中卫指挥。年老解甲归田。二十一年（1485），去世，享年六十八岁。以长子铭，年富力强，读书明理，能承担此任，而承袭明威将军，后升任怀远将军。父以子贵，赠辅为怀远将军。本书碑中所记载的曹辅、曹铭、曹得先、曹得选、曹世爵，以及曹雪芹的太高祖曹锡远、高祖曹振彦均为辽东曹氏同族。

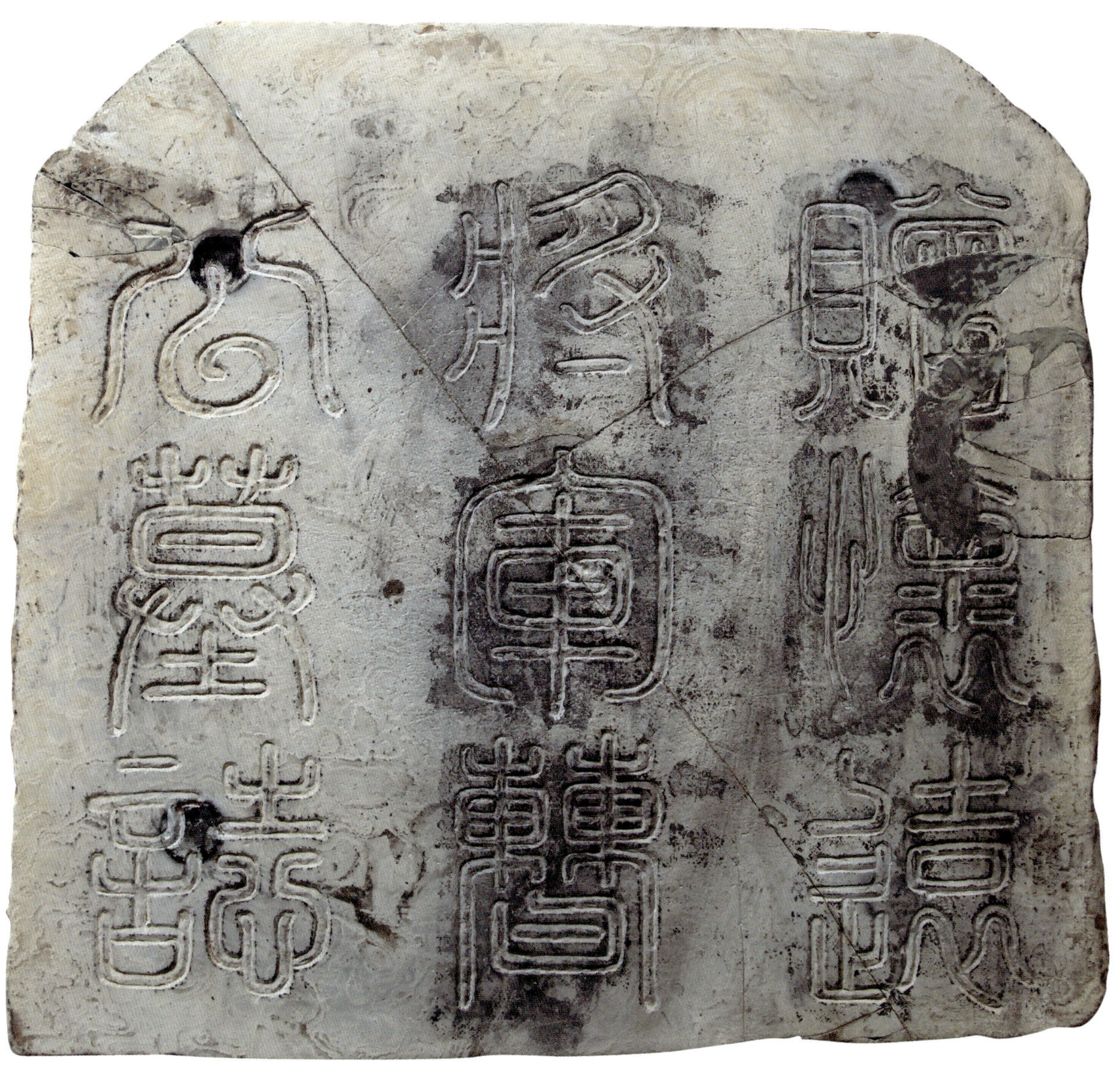

曹辅墓志铭碑盖　明成化二十一年（1485）刻。出土于辽宁省沈阳市大东区榆林堡北岗，今存沈阳市考古研究所。墓志记载了曹辅始祖、高祖、曾祖、父亲和曹辅以及曹辅子女曹铭等人的生平。

墓志铭碑

墓室

墓志铭碑局部

附录2. 明沈阳中卫指挥曹辅曹铭等重修沈阳长安禅寺题名碑

曹辅曹铭等重修沈阳长安禅寺题名碑　汉文，明成化二十三年（1487）立。原址在辽宁省沈阳市沈河区长安禅寺，今存沈阳市法轮寺碑林。

长安禅寺　位于辽宁省沈阳市沈河区朝阳街长安寺巷。

碑身局部

碑阴碑身

碑额 额题汉文“长安禅寺碑记”。

碑阴碑额 额题汉文“题名”。

拓片 选自《沈阳碑志》。

碑阴拓片 选自《沈阳碑志》。

36. 甲喇将军臧国祚撰重修舍利塔记碑

臧国祚　汉军镶黄旗。原为明朝辽东驻军士兵，努尔哈赤占领辽沈时归顺。因其擅长铸造与建筑工程而参与铸炮和修建盛京城池、宫殿、衙署、桥梁、塔寺等。天聪年间，编入汉军八旗。崇德年间，由备御晋升为三等甲喇章京、盛京工部理事官，负责国家各项工程修缮。六年（1641），主管修建盛京城西永安桥和塔湾无垢净光舍利塔，竣工后升为二等甲喇章京。皇太极病逝，督修昭陵。顺治二年（1645），任增修塔湾无垢净光舍利塔总管、皇陵章京。五年，又升为一等甲喇章京。八年（1651）二月，任工部汉军侍郎，以工程管理身份参与修建北京北海白塔；七月，因昭陵隆恩殿发生渗漏，被革职查办。

臧国祚撰重修舍利塔记碑　汉文蒙古文合璧，崇德六年（1641）立。今立于辽宁省沈阳市皇姑区塔湾舍利塔院内。

拓片 选自《沈阳碑志》。

沈阳塔湾舍利塔 又称无垢净光舍利塔。今立于辽宁省沈阳市皇姑区塔湾地区。

碑身局部

37. 总理盛京城重修官重修舍利塔皇陵章京臧国祚撰增修舍利塔寺记碑

臧国祚撰增修舍利塔记碑 汉文，顺治二年（1645）立。今存辽宁省沈阳市法轮寺碑林。

碑额 额题汉文“增修碑记”。

碑身局部

拓片 选自《沈阳碑志》。

碑阴碑额

碑阴碑额 额题汉文“增修碑记”。

38. 内翰林国史院大学士宁完我撰建塔诸臣恭记碑

宁完我　字公甫、万涵，汉军正红旗。辽宁辽阳人，原为明儒生，归附努尔哈赤后为萨哈廉贝勒家奴。天聪三年（1629），入值文馆，授参将。四年，攻占永平（今河北省卢龙县），奉命与达海抚慰百姓，并驻守该城。屡征战皆有功。曾数次上奏治国之策，多被采纳。十年，因事革职，闲居十年。顺治二年（1645），授内弘文院大学士，其后历任《明史》总裁官、会试正主考、《清太宗实录》总裁官、二等轻车都尉世职、内国史院大学士、议政大臣，加太子太保兼太子太傅。十五年，以原品致仕。康熙四年（1665），病故，赐祭立碑，谥号“文毅”。

宁完我撰建塔诸臣恭记碑　汉满蒙古文合璧，顺治八年（1651）立。今立于北京市北海公园白塔寺内。

碑身

碑额

额题　汉满蒙古文“敕建”。

碑座

碑身局部

碑阴碑身

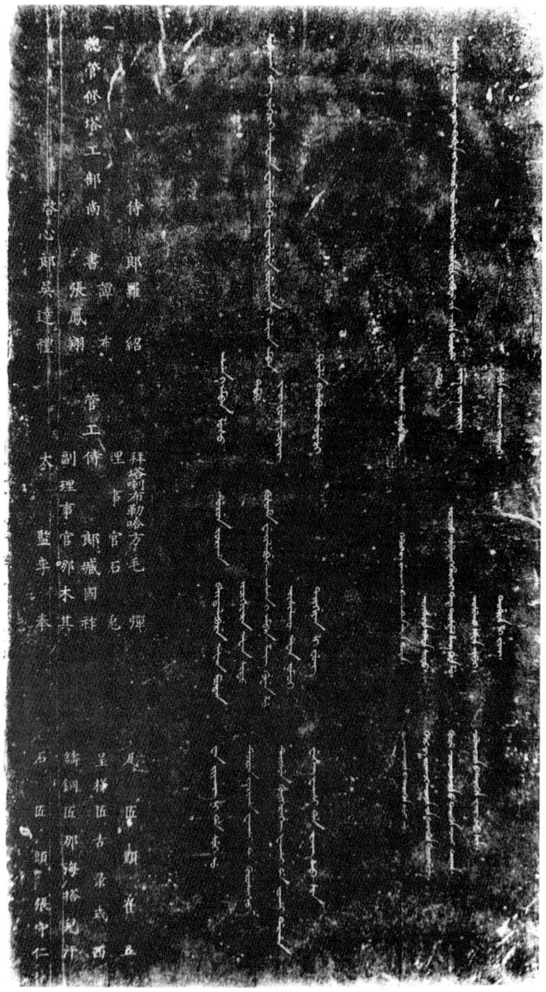

碑阴拓片 选自《拓本汇编》。

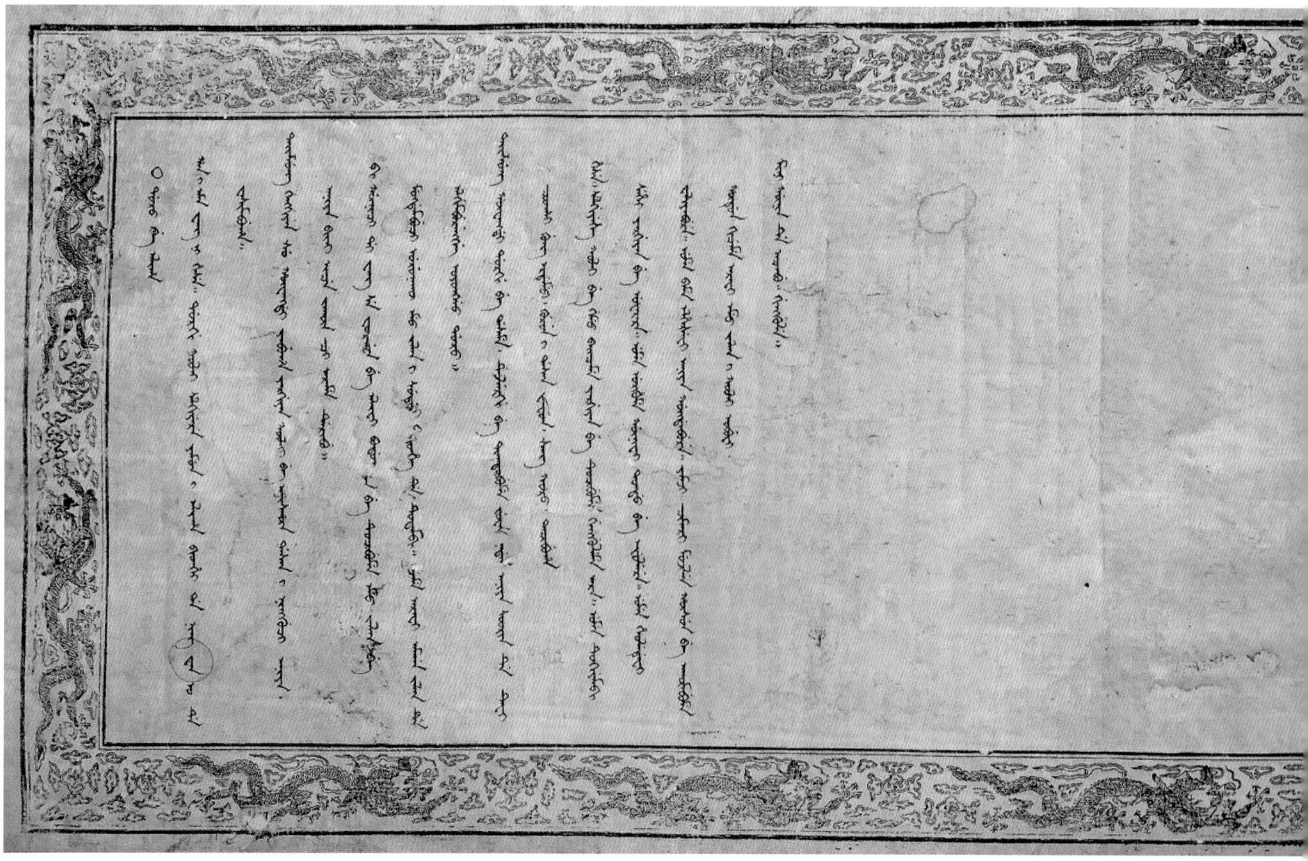

碑阴碑身局部

多尔衮给宁完我的敕谕 顺治六年（1649），敕谕内翰林弘文院大学士宁完我编纂《清太宗文皇帝实录》，要求在当年开实录馆。今藏于中国第一历史档案馆，选自《清史图典·顺治朝》。

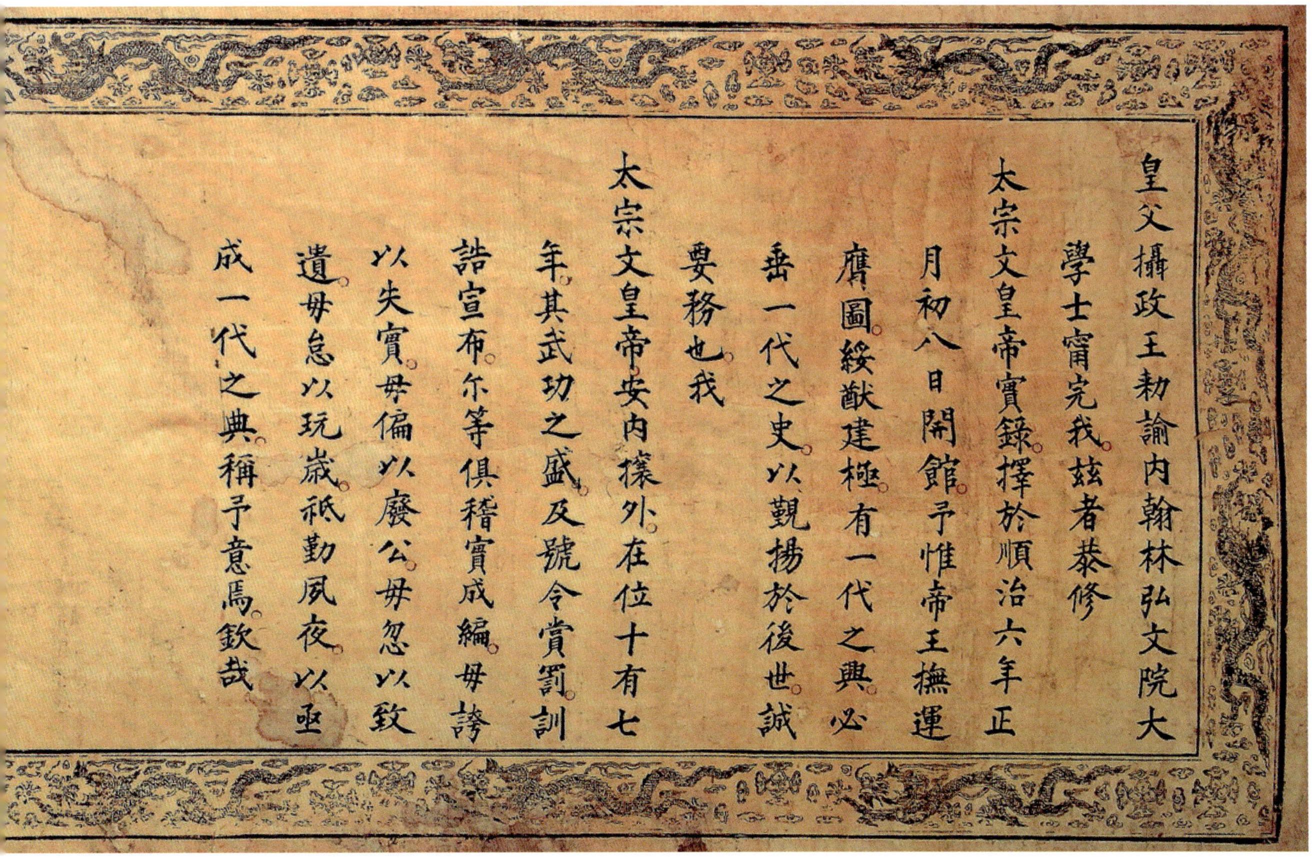

皇父攝政王勅諭內翰林弘文院大
學士甯完我茲者恭修
太宗文皇帝實錄擇於順治六年正
月初八日開館予惟帝王撫運
膺圖綏猷建極有一代之典必
垂一代之史以覲揚於後世誠
要務也我
太宗文皇帝安内攘外在位十有七
年其武功之盛及號令賞罰訓
誥宣布爾等俱稽實成編毋誇
以失實毋偏以廢公毋忽以致
遺毋怠以玩歲祇勤夙夜以亟
成一代之典稱予意焉欽哉

39. 内翰林国史院大学士宁完我撰普胜寺创建记碑

宁完我撰普胜寺创建记碑 汉满蒙古文合璧，顺治八年（1651）立。今存北京石刻艺术博物馆。

碑身局部（右） 蒙古文。

碑身局部（中） 满文。

碑身局部（左） 汉文。

40. 骠骑将军二等甲喇章京线应琦墓碑

线应琦　汉军正白旗。生于万历三十六年（1608）。原任明朝中军。崇德七年（1642），松山之战时降清，授为三等甲喇章京。曾随豫亲王多铎南征，论功授二等甲喇章京，加三等阿思哈尼哈番世职。诰封资政大夫、骠骑将军。顺治十年（1653），去世，时年四十六岁。

线应琦墓碑　汉文，顺治十八年（1661）立。原址在北京市朝阳区高碑店东店村，今立于科举匾额博物馆门前。

碑额

额题 汉文“御制”。

线应奇墓碑（左）、法尔纳墓碑（右） 法尔纳墓碑今已移至北京市奥林匹克公园。

碑身

順治十八年九月十八日壽妻劉氏立

碑阴碑身局部

41. 精奇尼哈番品级祖大寿谕祭碑

祖大寿　字复宇，辽东人，汉军正黄旗。先祖原居河北范阳（今涞水县），后迁居安徽滁阳（今滁州市）。明永乐二十二年（1424），祖世荣奉调随军移居辽东，官至宁远卫指挥。大寿初任明备御，后为靖东营游击，又转任中军游击。天启元年（1621），后金夺取广宁（今辽宁省北镇市），移驻觉华岛（今辽宁省兴城市菊花岛）。三年，奉命重筑宁远城（今辽宁省兴城市），次年竣工。六年（1626），后金攻宁远时，佐袁崇焕守城有功，晋升副将。朱由检即位后，又升任总兵，挂征辽前锋将军印，驻镇锦州。崇祯帝曾为表彰其抗击后金有功，在宁远城特立牌坊，颁赐诰命。五年，督兵大凌河城，被围困，投降后金，遂又反叛返回锦州。清崇德七年（1642），再降。隶属汉军正黄旗，仍为总兵。八年，劝降其外甥吴三桂，未果。顺治元年（1644），随军入北京，以精奇尼哈番品级（子爵），赋闲在家。十三年（1656），病故，享年七十八岁，以汉官一品大臣例祭葬。

祖大寿谕祭碑（一）　残碑，汉文，顺治十三年（1656）祭。原址在兴城西河右岸高坡祖氏新茔，即今辽宁省兴城市宁远街道办事处西一村，距兴城铁路桥南桥头西侧500米。今存兴城文庙。

祖大寿谕祭碑残碑（二）

祖大寿谕祭碑残碑（三）

残碑堆放处

碑额残件

碑身侧面残件

碑座残件

祖氏新茔遗址

祖氏后人指认祖大寿墓地

42. 原任明总兵官左军都督祖大寿石牌坊

祖大寿石牌坊　汉文。明崇祯四年（1631），崇祯帝曾为表彰祖大寿“忠贞胆智”，抗击后金有功，特立牌坊，颁赐诰命。今立于辽宁省兴城市城内南门大街上。

石牌坊阴面

坊阳横额 上层刻“忠贞胆智”，中层刻“四世元戎少傅”，下层刻诰赠文。

坊阴横额　上层刻“廓清之烈”，中层刻“四世元戎少傅”，下层刻诰赠文。

43. 都统祖泽润家族墓园门额

祖泽润　汉军正黄旗，辽东人。初名世润，字荫溪。祖大寿起初无子，过继给大寿为长子，改名泽润，字荫渊。明末崇祯年间，任锦州副将、辽东招练营副总兵。大凌河之战归附皇太极。崇德元年(1636)，任兵部承政，授三等昂邦章京世职。七年，任汉军正黄旗固山额真。顺治元年（1644），随军入关，晋二等昂邦章京。九年，以从征大同总兵官姜瓖，遇恩诏晋一等精奇尼哈番又一拖沙喇哈番。十二年，驻守湖南。十七年，从征云南途中病故，享年六十二岁。安葬在北京市清河镇永泰庄祖泽润家族墓地。子四：长植柏、次植栋、三植松、四植桂。植松承袭父一等子世职，任正黄旗都统。

祖泽润家族墓园门阳面（旧照）　清朝初年建。原址在北京市清河镇永泰庄。本书中选用的墓园门及墓园遗物，今存加拿大多伦多皇家安大略博物馆。本图片及以下图片均由李实提供。

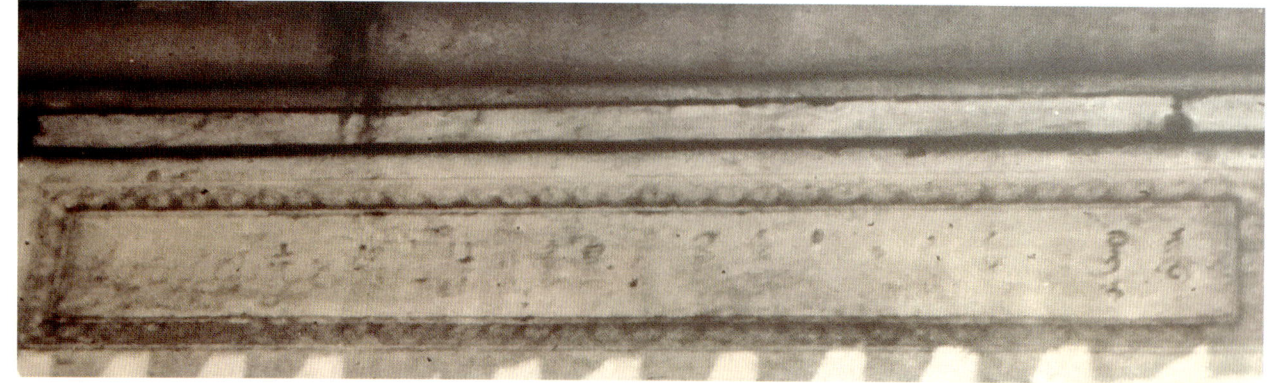

墓园门额（旧照）　额题满汉文。原文漫漶，仅能识别部分文字。参照史料额题应为："皇清诰封光禄大夫祖公之墓"。

墓园门阳面 门横梁为仿制，未见原门额。

墓园门阴面

墓园门阴面（旧照）

墓园门阴面雕刻局部

墓园祭台

墓园内雕刻构件（一）

墓园内雕刻构件（二）

墓园坟墓

《祖氏家谱》书影（旧照）

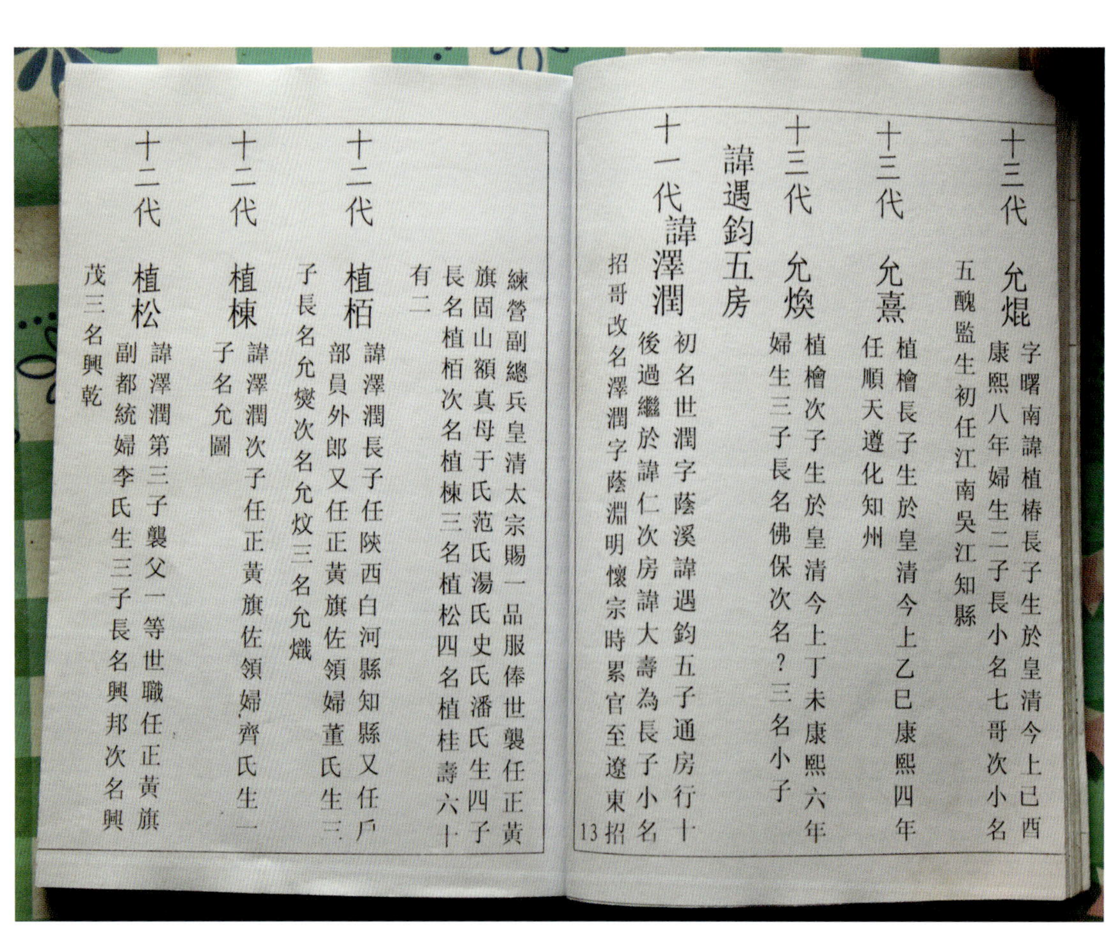

十三代　允焜　字曙南諱植椿長子生於皇清今上己酉
康熙八年婦生二子長小名七哥次小名
五醜監生初任江南吳江知縣
十三代　允熹　植檜長子生於皇清今上乙巳康熙四年
任順天遵化知州
十三代　允煥　植檜次子生於皇清今上丁未康熙六年
婦生三子長名佛保次名？三名小子
諱遇鈞五房
十一代諱澤潤　初名世潤字蔭溪諱遇鈞五子通房行十
後過繼於諱仁次房諱大壽為長子小名
招哥改名澤潤字蔭淵明懷宗時累官至遼東招
13

練營副總兵皇清太宗賜一品服俸世襲任正黃
旗固山額真母于氏范氏湯氏史氏潘氏生四子
長名植栢次名植楝三名植松四名植桂壽六十
有二
十二代　植栢　諱澤潤長子任陝西白河縣知縣又任戶
部員外郎又任正黃旗佐領婦董氏生三
子長名允燮次名允炆三名允熾
十二代　植楝　諱澤潤次子任正黃旗佐領婦齊氏生一
子名允圖
十二代　植松　諱澤潤第三子襲父一等世職任正黃旗
副都統婦李氏生三子長名興邦次名興
茂三名興乾

《祖氏家谱》书影　谱中记载十一代祖泽润及后代生平。

44. 都统祖永烈谕祭碑（碑阴为恩纶碑阴记）

祖永烈　汉军正黄旗。祖大寿养子祖可法之子。天聪五年（1631），身为明副将的祖可法降清。其后历任都察院汉承政、都督、总兵。顺治七年（1650），授三等精奇尼哈番。八年，祖永烈承袭父爵。九年，晋一等精奇尼哈番。后官至汉军正黄旗都统，特晋光禄大夫，世袭一等精奇尼哈番加三级。康熙十九年（1680），去世。

祖永烈谕祭碑　满汉文合璧，康熙二十三年（1684）立。今立于北京市海淀区马坊村。

碑身

额题　满汉文“御祭文”。

碑额

碑阴碑身局部

附录3. 原任明副总兵祖承训等重修长山海云寺碑

祖承训　字伟绩，号双泉，明朝辽东人。左都督祖仁第二子，祖大寿之父，祖大乐的伯父。原为明总兵官李成梁部下。万历十年（1582），任辽阳副总兵官，加左军都督衔，以宁远卫指挥同知协防辽阳。十二年，蒙古部落袭扰辽西走廊，率部击退。二十年至二十六年间，多次参加抗倭援朝，为朝鲜的和平稳定做出贡献。四十一年，祖氏父子参与重修宁远卫长山海云寺。诰赠荣禄大夫、左都督、少傅。后因祖大寿又晋光禄大夫。死后葬于宁远卫城都督府祖公之先茔（今辽宁省兴城市宁远街道办事处南甸子村）。

祖承训等重修长山海云寺碑　汉文，万历四十一年（1613）立。原址在明宁远卫长山海云寺，即今辽宁省兴城市徐大堡镇，今存兴城文庙碑林。

碑身局部（上）

碑身局部（中）

碑身局部（下）

兴城文庙

附录4. 原任明副总兵祖承训等重修龙王殿碑

祖承训等重修龙王殿勒碑 汉文，万历四十二年（1614）立。原址在明宁远卫沙后所龙王庙，即今辽宁省兴城市沙后所镇，今存兴城文庙碑林。

碑身局部（上）

碑身局部（中）

碑身局部（下）

兴城文庙碑林

附录5. 原任明总兵官左军都督祖大乐石牌坊

祖大乐　字性宇，辽东人，祖承教次子，祖大寿堂弟。承袭明宁远卫指挥佥事。明崇祯元年（1628），因军中拖欠粮饷，宁远发生兵变，十三营俱乱，唯祖大乐一营不动。三年，从孙承宗与祖可法等攻打滦州。后又与祖宽一起镇压农民起义。官至辽东前锋营东协副总兵、左军都督同知，诰封荣禄大夫。十一年，石坊坊额称其为援剿总兵官、左军都督府左都督。十五年，松山之战明军溃败，洪承畴、祖大乐等被俘。皇太极为劝降祖大寿，将祖大乐释放送回锦州。卒于清初。

祖大乐石牌坊阳面　汉文，崇祯十一年（1638）立。今立于辽宁省兴城市城内南门大街上。

坊阳横额

坊阴横额

附录6. 原任明宁远卫指挥佥事祖承教等墓地门额

祖承教　字翊绩，辽东人，祖仁第三子，承训之弟，祖大乐之父。因先祖之功，任宁远卫指挥佥事，管中后所游击之事，诰封昭毅将军。后因其子孙，而诰赠荣禄大夫、光禄大夫、太子少保。死后葬于宁远卫城西南都督府祖公之先茔。

祖承教等墓地门额　汉文，明代立。原址在辽东宁远卫外城西五十米，毗邻外护城河西岸高坡，即今辽宁省兴城市南甸村。今存兴城文庙碑林。

45. 固山额真二等精奇尼哈番佟养性墓碑

佟养性　佟佳氏，辽东人。先世为满洲人，以地为氏。先祖达尔哈齐入明边经商，由开原移居抚顺，暗中与后金交结，为明觉察入狱。后逃往后金，娶努尔哈赤宗室女为妻，号“施吾礼额驸”；授三等副将世职，后晋二等总兵官。受命以总兵官统辖汉人归附者。天聪五年（1631），皇太极命汉人军民一切事务归其管理；另编一旗，成为汉军八旗的前身。同时，奉命监制红衣大将军炮四十门。在大凌河之战中，首次使用大炮，取得胜利。七年，任上去世。顺治十三年（1656），追谥“勤惠”。其后人隶汉军正蓝旗。

佟养性墓碑　残碑，满汉文合璧，顺治十四年（1657）立。今立于辽宁省抚顺市顺城区前兴安村西。

碑身

额题　满汉文“敕建”。

碑额

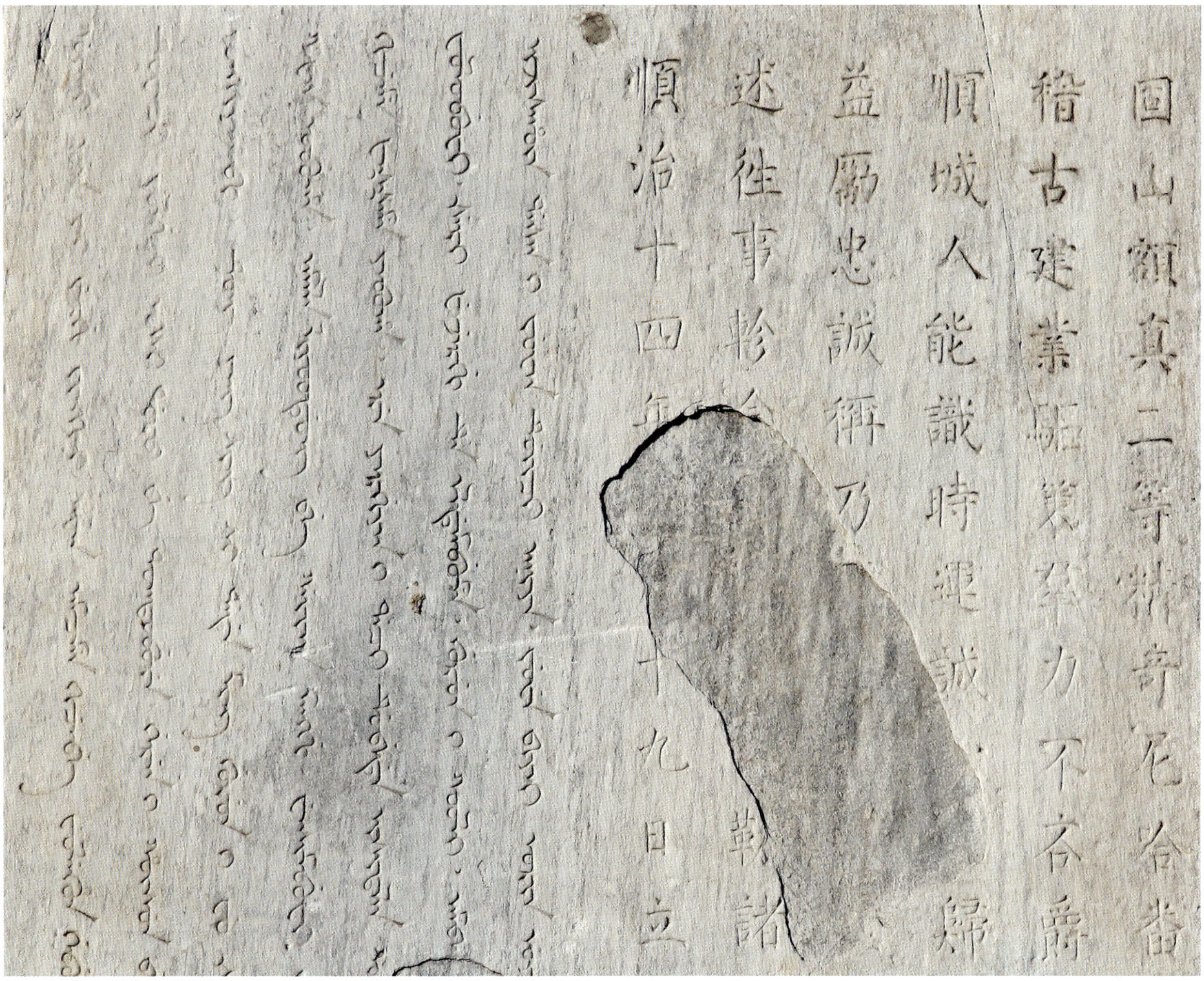

碑身局部

46. 游击世职追赠一等公佟养正墓碑

佟养正　原名佟养真，佟佳氏。先世为满洲人，以地为氏。佟图赖之父，由开原迁居抚顺，曾任明代辽南复州、辽东宽甸参将。天命三年（1618），随从（堂）弟养性率族归附努尔哈赤，受到赏识。六年，从征辽阳，以功授游击世职，遂奉命驻守镇江城（今辽宁省丹东市九连城）；同年，因城中汉人起义，守将陈良策反叛，与长子丰年一起遇害。雍正元年（1723），追赠一等公，加赠太师，谥号“忠烈”。其后人先为汉军镶黄旗，后改隶满洲镶黄旗。

佟养正墓碑　残碑，满汉文合璧，雍正年间立。今立于辽宁省抚顺市顺城区前兴安村西。

佟氏墓园 佟养性墓碑（右）、佟养正墓碑（左）。

碑额 漫漶严重，难以辨认。

碑身局部

47. 领侍卫大臣国舅佟国维捐资重修朝阳寺记碑

佟国维　佟佳氏，汉军镶黄旗。康熙年间，因是皇亲国戚，命改为满洲镶黄旗。都统佟图赖次子，生于崇德八年（1643）。孝康章皇后（顺治帝妃，康熙帝生母）幼弟，孝懿仁皇后（康熙帝皇后）之父。顺治十七年（1660），任一等侍卫。康熙九年（1670），授内大臣。二十一年，授领侍卫内大臣，列议政大臣。二十八年，因是孝懿仁皇后之父，晋封一等公。二十九年，从征噶尔丹时，因在乌兰布通未穷追叛军，罢议政大臣，降职四级留用。三十六年，恢复原级。四十三年，以老解任。五十八年，去世，享年七十七岁，赐祭葬如例。雍正元年（1723），赠太傅，谥号“端纯”。子隆科多袭一等公。

佟国维捐资重修朝阳寺记碑　汉文，康熙二十三年（1684）立。今存辽宁省兴城文庙碑林。

碑额　额题汉文“流芳奕祀”。

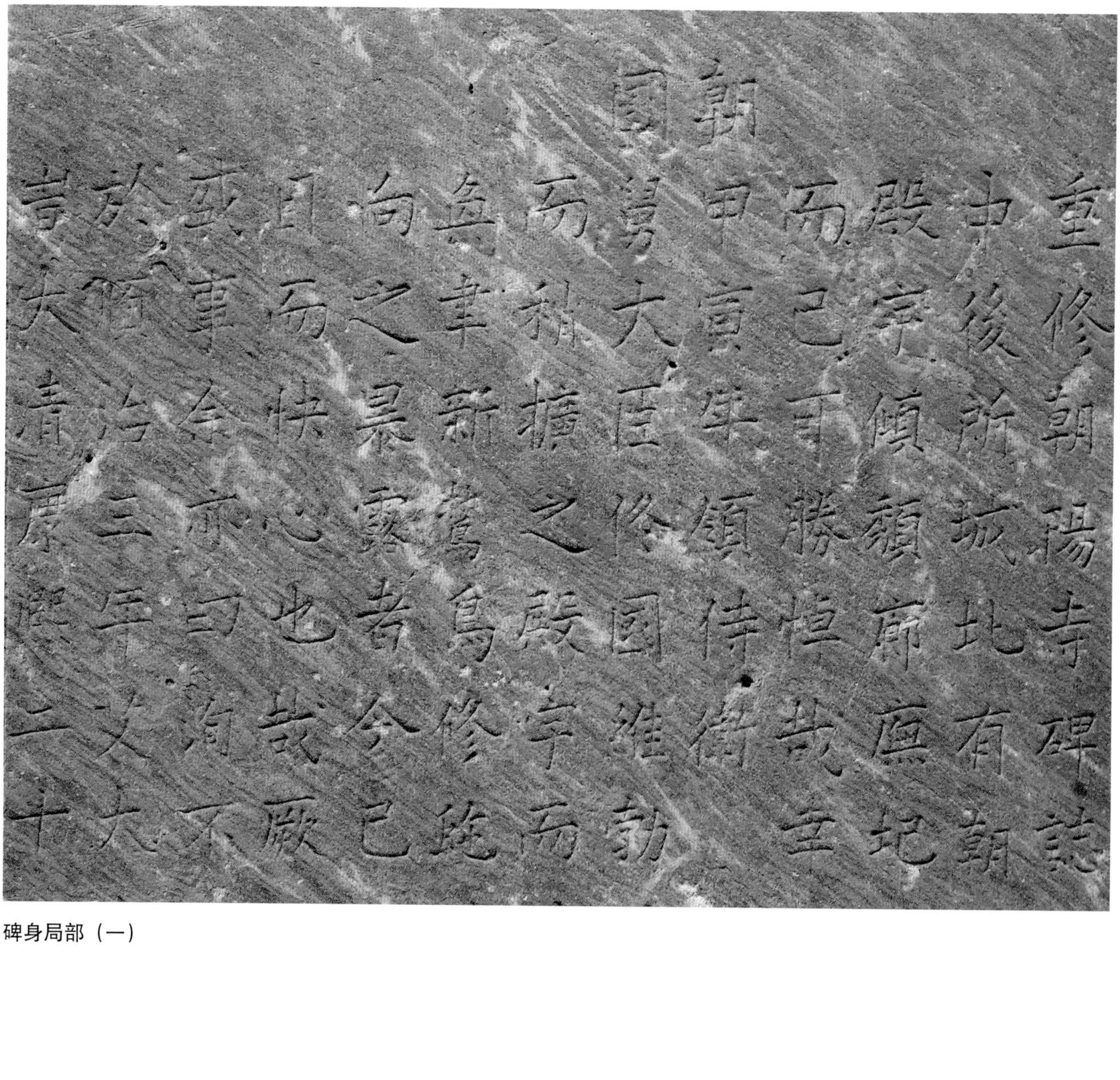

碑身局部（一）

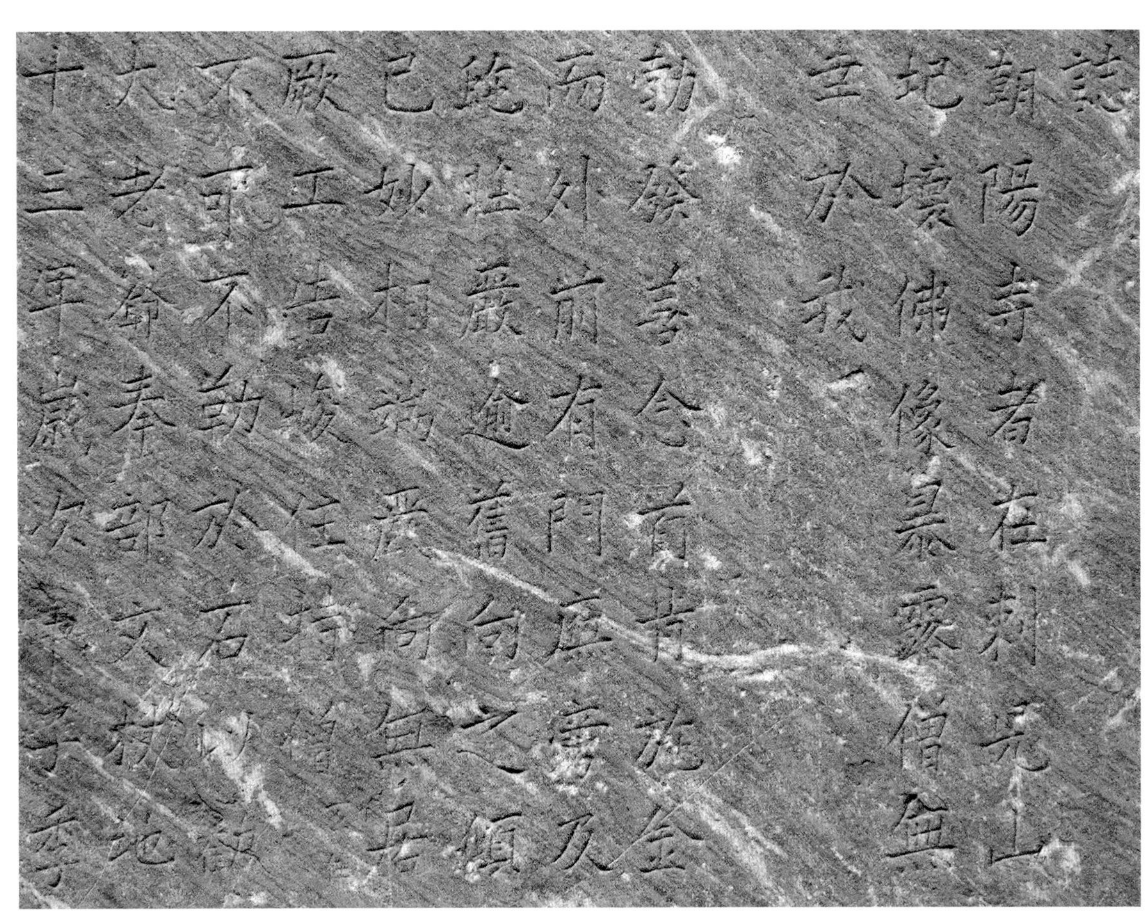

碑身局部（二）

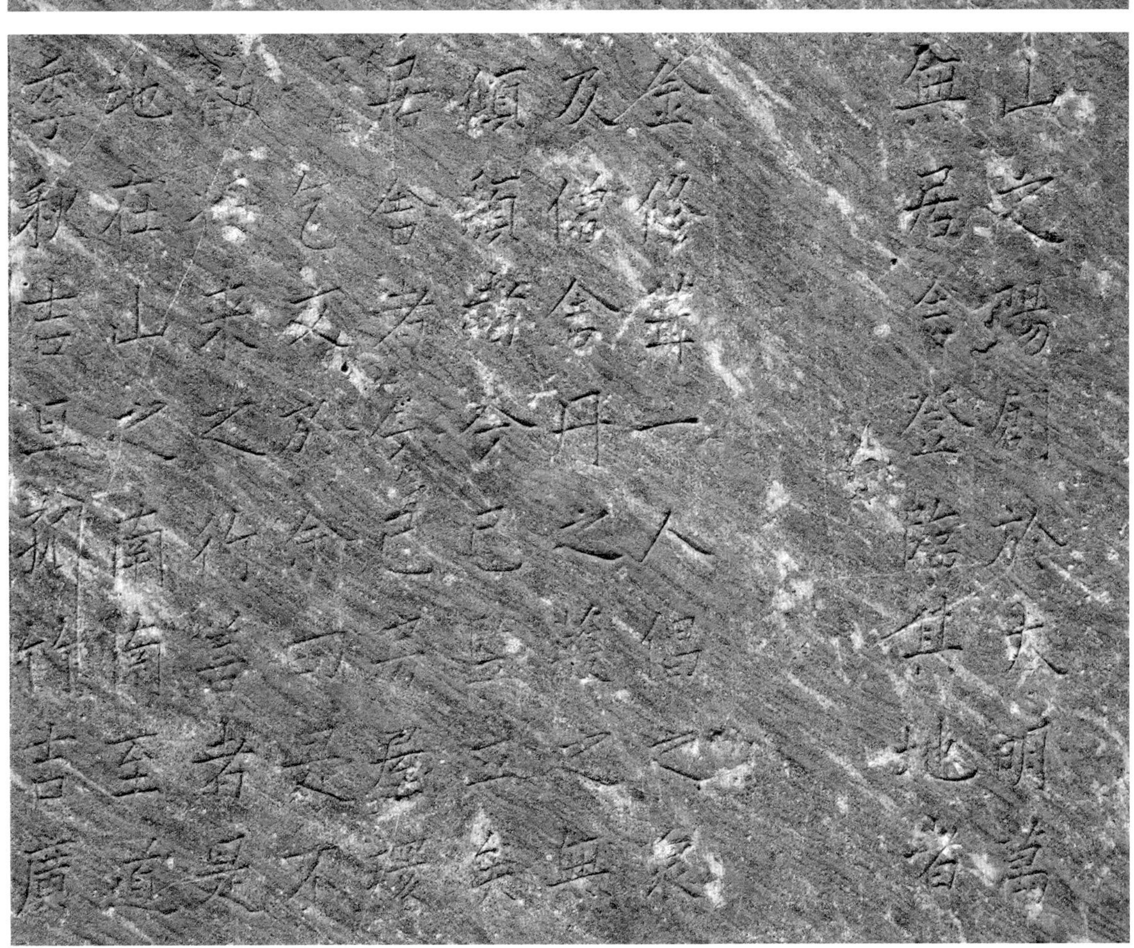

碑身局部（三）

48. 领侍卫内大臣一等公国舅佟国维夫妇墓石牌坊横额

佟国维夫妇墓石牌坊横额 汉文，康熙四十一年（1702）御笔。阳面镌刻“仁善谨恪”，阴面镌刻“宿德壶范”。原址在北京市朝阳区佟家坟，今存北京石刻艺术博物馆。

康熙四十一年歲次壬
午五月二十五日
仁
善

49. 钦命总督江南江西等处地方军务兼理粮饷兵部尚书兼都察院右副都御史郎廷佐撰文关帝圣庙重修记碑

郎廷佐　汉军镶黄旗。先世居广宁。父熙载为明生员，其长子廷辅、次子廷佐。天命七年（1622），努尔哈赤攻占广宁，熙载率众来归，授备御，封游击世职。崇德元年（1636），廷辅袭世职。廷佐自官学生授内院笔帖式，后升任国史院侍读。顺治三年（1646），任秘书院学士。十一年，任江西巡抚。十二年，升任江南江西总督兵部尚书兼都察院右副都御史。康熙十三年（1674），耿精忠反叛时为福建总督。十五年，军中病故，赐祭葬。

郎廷佐撰关帝圣庙重修记碑　汉文，顺治十六年（1659）撰。今存江苏省南京市中国近代史遗址博物馆内。

碑额额题　汉文“重修关庙碑记”。

碑身局部

50. 钦命总督江南江西等处地方军务兼理粮饷兵部尚书兼都察院右副都御史郎廷佐重修关帝武圣庙助工题名碑

郎廷佐重修关帝武圣庙助工题名碑 汉文，顺治十六年（1659）题。今存江苏省南京市中国近代史遗址博物馆内。

碑额 额题汉文“助工题名碑记”。

关帝庙

关帝庙院落 关帝武圣庙重修碑记（右）与助工题名碑记（左）。

碑身局部

51. 总督福建等处地方军务兼理粮饷兵部尚书兼督察院右副都御史郎廷佐谕祭碑

郎廷佐谕祭碑 满汉文合璧，康熙十六年（1677）祭。原址在河北省卢龙县土山村北，今存卢龙县文物管理所。本图片由赵全明提供。

碑额 额题汉文“皇清谕祭”。

墓地遗存的碑座 今存河北省卢龙县文物管理所。

墓地遗存的华表 今存河北省卢龙县文物管理所。本图片由赵全明提供。

墓地遗存 今存河北省卢龙县文物管理所。

墓地遗存的碑及祭台 谕祭碑摞在其中。今存河北省卢龙县文物管理所。

墓地遗存的华表柱 今存放在河北省卢龙县土山村北郎廷佐墓地。

52. 诰封太夫人郎母道亨公原配马氏墓志铭碑

郎太夫人　马氏，郎廷佐之母，明怀远将军国都之女。生于明万历二十五年（1597）。生六子、三女。长子廷辅，一等阿达哈哈番兼一拖沙喇哈番管参领；次子廷佐，总督江南江西兵部尚书兼都察院右副都御史；三子廷弼，顺治九年（1652）进士，礼部仪制司员外郎；四子廷相，巡抚河南都察院右副都御史加三级；五子廷秀，礼部仪制司员外郎加一级；六子廷亮，荫生。母以子贵，诰封为太夫人，故称郎太夫人。康熙十一年（1672），去世，享年七十六岁。

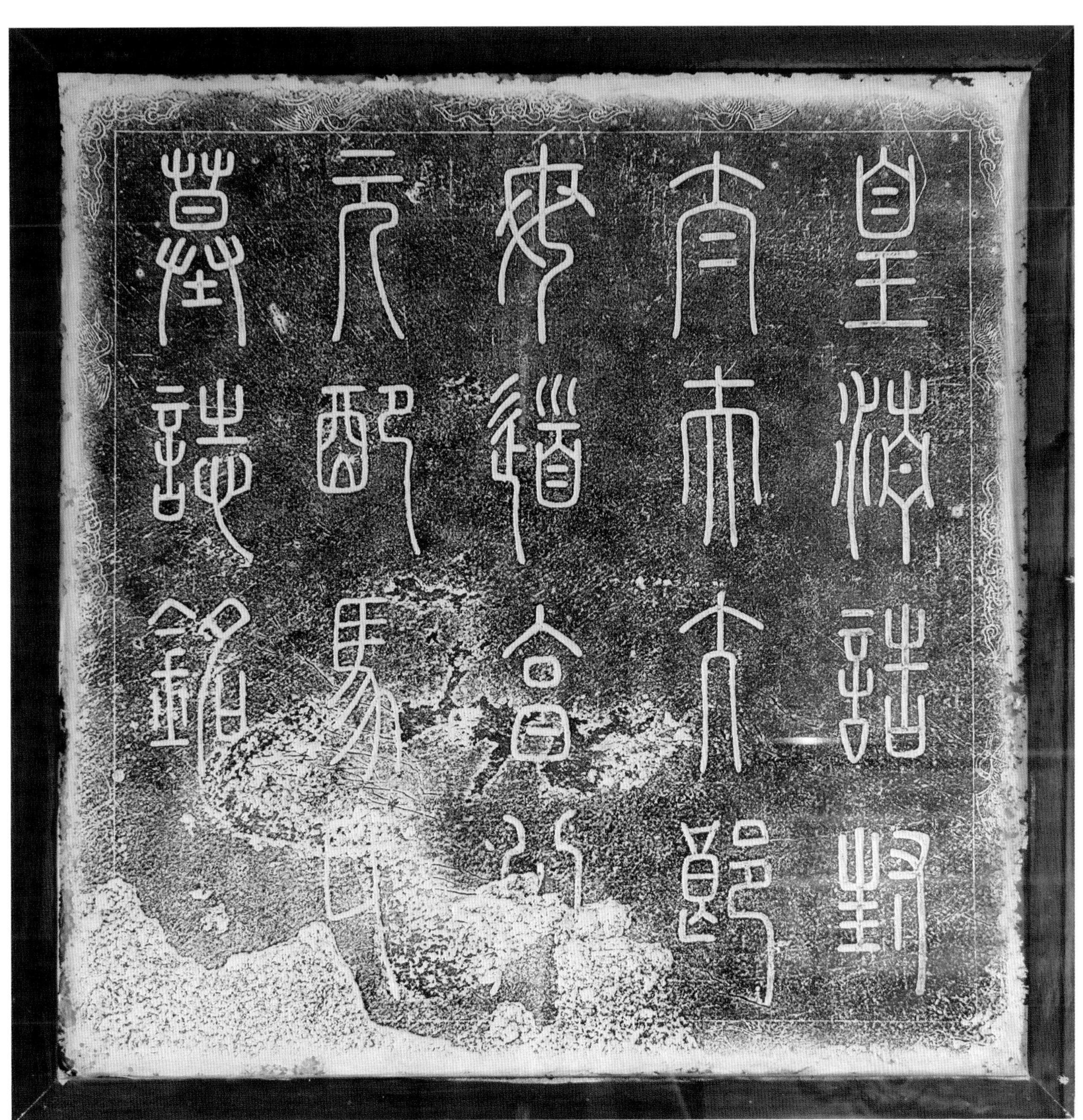

郎太夫人马氏墓志铭碑盖　汉文，康熙十二年（1673）刻。今存沈阳故宫博物院。

墓志铭碑

皇清誥封太夫人邢母
賜進士及第中憲大夫
經筵講官前翰林院侍
予告養親戊戌會試同
欽定丁酉解元
特賜戊戌進士國子監
太夫人姓馬氏懷
晉封太夫人後贈
誼且備貧史館亓
不敢忝職之不稱
泝自少即婣于內
遂以不及事翁姑
娃倜儻好義不事
左右有成馬若夫
紡縩有程醞醬以
皆少而義方贅訓
建勳業竝顯于朝
南所至布德施惠
南卒籍保全遮退
叟至今尸祝不衰
訓者布德施惠曾
以佐慈而諸君之
龍之胄固多勳爵而有
享期頤之壽孫枝
民無墮先業嗚呼
年壬子次月十有
領聘周氏封淑人

墓志铭碑局部

53. 诰授资政大夫总督淮扬等处地方提督漕运海防军务兼理粮钱兵部尚书都察院右副都御史郎廷极墓碑

郎廷极　字紫衡、紫垣，号北轩。汉军镶黄旗，广宁人，生于康熙二年（1663）。湖南布政使、山东巡抚郎永清之子。初授江宁府同知，又调任云南顺宁知府。四十四年（1705），升任江西巡抚，不久兼理两江总督，并督造官窑瓷器，世称“郎窑”。五十一年，任漕运总督。五十四年，去世，时年五十三岁，谥号“温勤”。著有《文庙从祀先贤先儒考》《胜饮篇》《北轩集》等。

郎廷极墓碑　汉文，康熙五十四年（1715）立。今立于北京市密云区冶仙塔风景区碑林。

碑身

碑额 额题难以辨认。

郎窑红釉瓶 产于郎廷极所督烧的郎窑，是康熙时铜红釉瓷器中的代表作。郎窑红成为我国名贵的传统红釉之一。今收藏于故宫博物院，选自《清史图典·康熙朝》。

《郎廷极行乐图》卷（局部） 清吕学绘。今收藏于青岛市博物馆，选自《清史图典·康熙朝》。

54. 江南总督太子太保兵部尚书兼都察院右都御史以年老原官致仕马国柱谕祭碑

马国柱　汉军正白旗，辽阳人。天命六年（1621），后金攻占辽阳时被俘。天聪年间，以诸生入值文馆，多次与高鸿中、鲍承先、宁完我、范文程等合疏建言。八年（1634），设科取士，中试为举人。崇德三年（1638），任都察院理事官。八旗汉军定制后，隶正白旗。顺治元年（1644），随从入关，以右副都御史巡抚山西。二年，兼兵部侍郎，总督宣（化）、大（同）。四年，加兵部尚书，移督江南、江西、河南三省。七年，加太子少保。十一年，加太子太保，以年老致仕。康熙三年（1664），去世，赐祭葬。

马国柱谕祭碑　满汉文合璧，康熙三年（1664）祭。今立于北京市昌平区东园子村北。

維康熙三年九月二十日

皇帝遣禮部主事加一級哈霓布諭祭故原任江南總督太子太保兵部尚書兼都察院

右部御史以年老原官致仕馬國柱之靈曰鞠躬盡瘁臣子之芳踪卹死報勤國家之

盛典爾馬國柱性行純良勤勞政事方冀遐齡忽焉長逝朕用悼念特頒祭葬以表軫

懷嗚呼聿垂不朽之榮庶享匪躬之報爾靈不昧尚克歆承

拓片

碑额 漫漶严重，难以辨认。

碑阴碑额 额题处浮雕仙人一尊，顶罩祥云，正襟危坐，慈眉善目，手持如意，这在墓碑中极为少见。

碑阴额题处浮雕

碑身

碑身局部

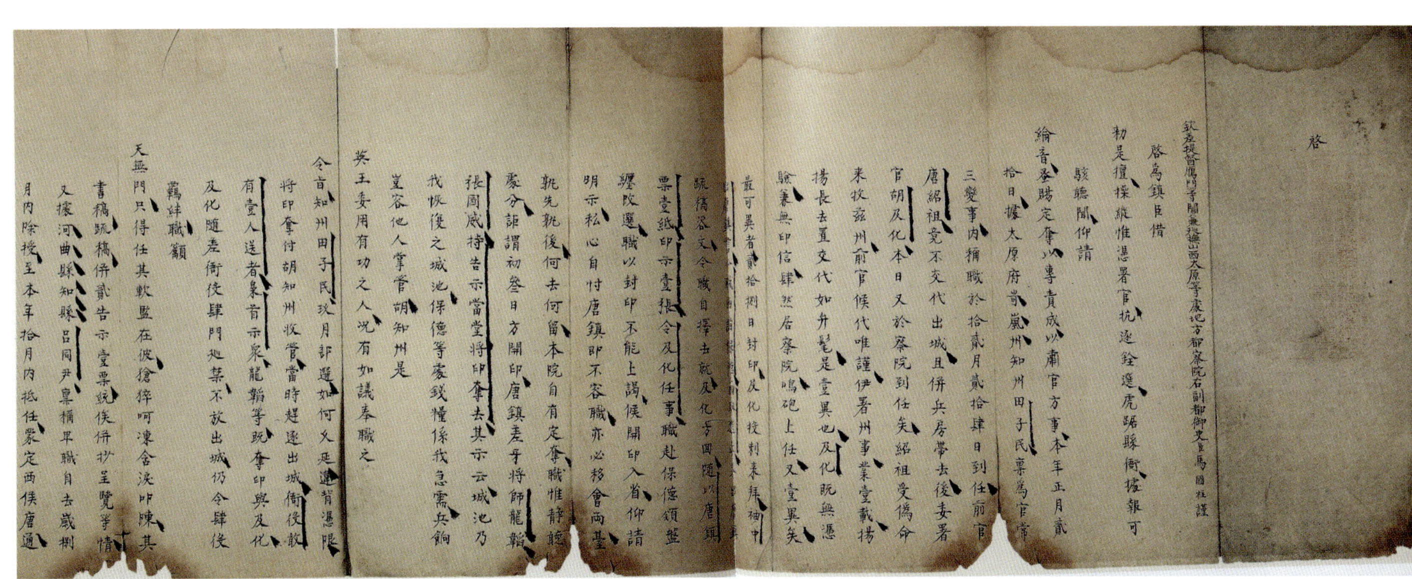

马国柱奏报唐绍祖操纵署官抗逐铨选虎踞县衙启本（局部） 顺治二年正月二十六日。选自《中国国家博物馆馆藏文物研究丛书·明清档案卷·清代》。

55. 湖广江西广西云南贵州总督武英殿大学士洪承畴墓志铭碑

洪承畴　字亨九，汉军镶黄旗。福建南安人，生于明万历二十一年（1593）。四十四年，进士。历任明巡抚、总督、兵部尚书等职，加太子太保。崇祯十二年（1639），调任蓟辽总督。十四年，援锦州，驻军松山。十五年，被俘降清，隶汉军镶黄旗。顺治元年（1644），从多尔衮入关，以太子太保、兵部尚书兼都察院右副都御史、秘书院大学士佐理机务。二年，以原官总督军务，招抚江南，坐镇江宁（今江苏省南京市）。六年，加少傅兼太子太傅。十年，调任内翰林弘文院大学士、内翰林国史院大学士，授太保兼太子太师、兵部尚书兼都察院右副都御史，经略湖广、广东、广西、云南、贵州五省，总督军务兼理粮饷。十三年，加太傅，仍兼太子太师。十五年，授武英殿大学士。十六年，解任回京。玄烨即位（1661），休致；给予三等阿达哈哈番世职。四年，去世，享年七十三岁，谥号“文襄”。

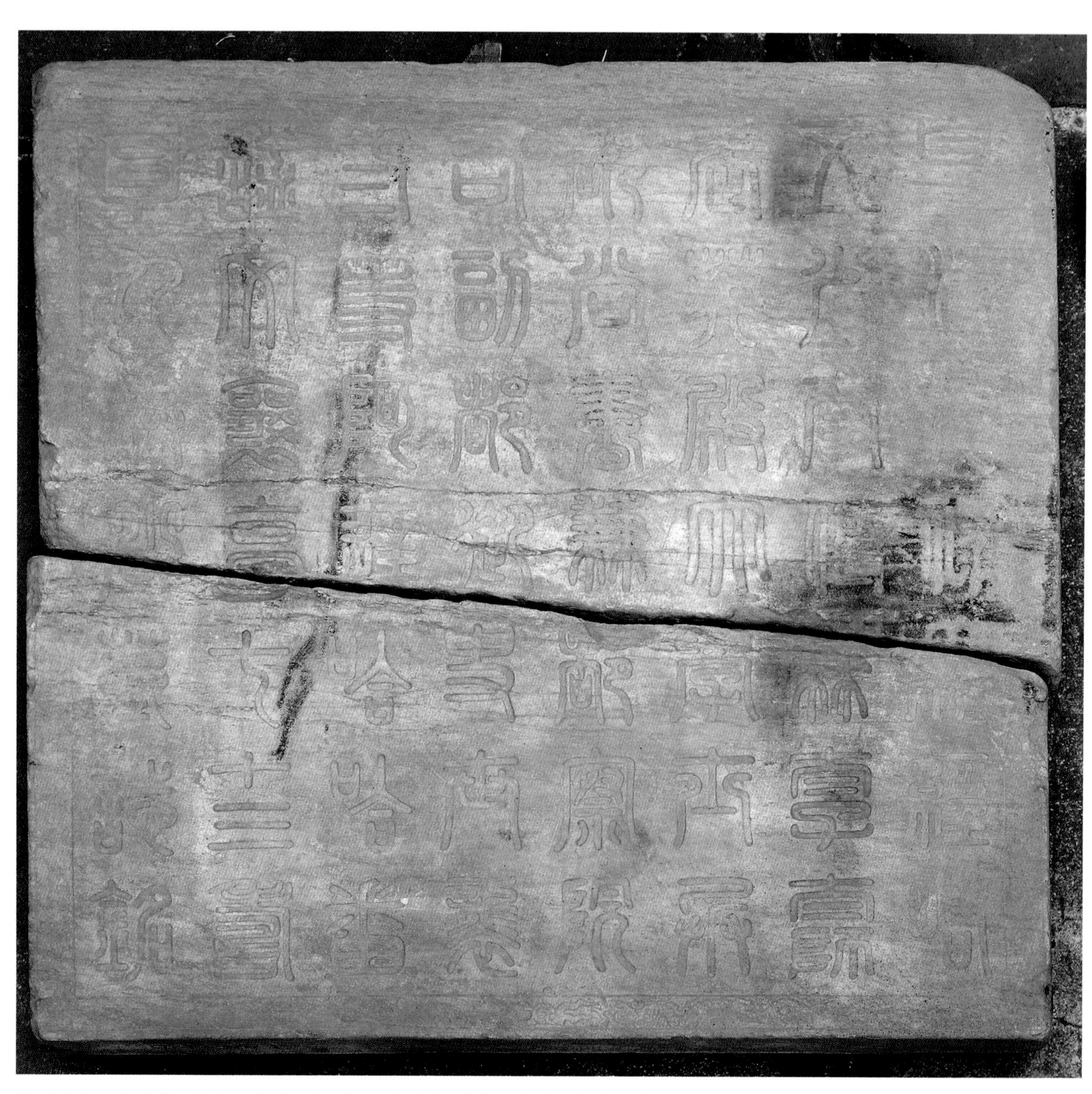

洪承畴墓志铭碑盖　汉文，康熙四年（1665）刻。北京市海淀区车道沟出土，今存首都博物馆。本图片由首都博物馆提供。

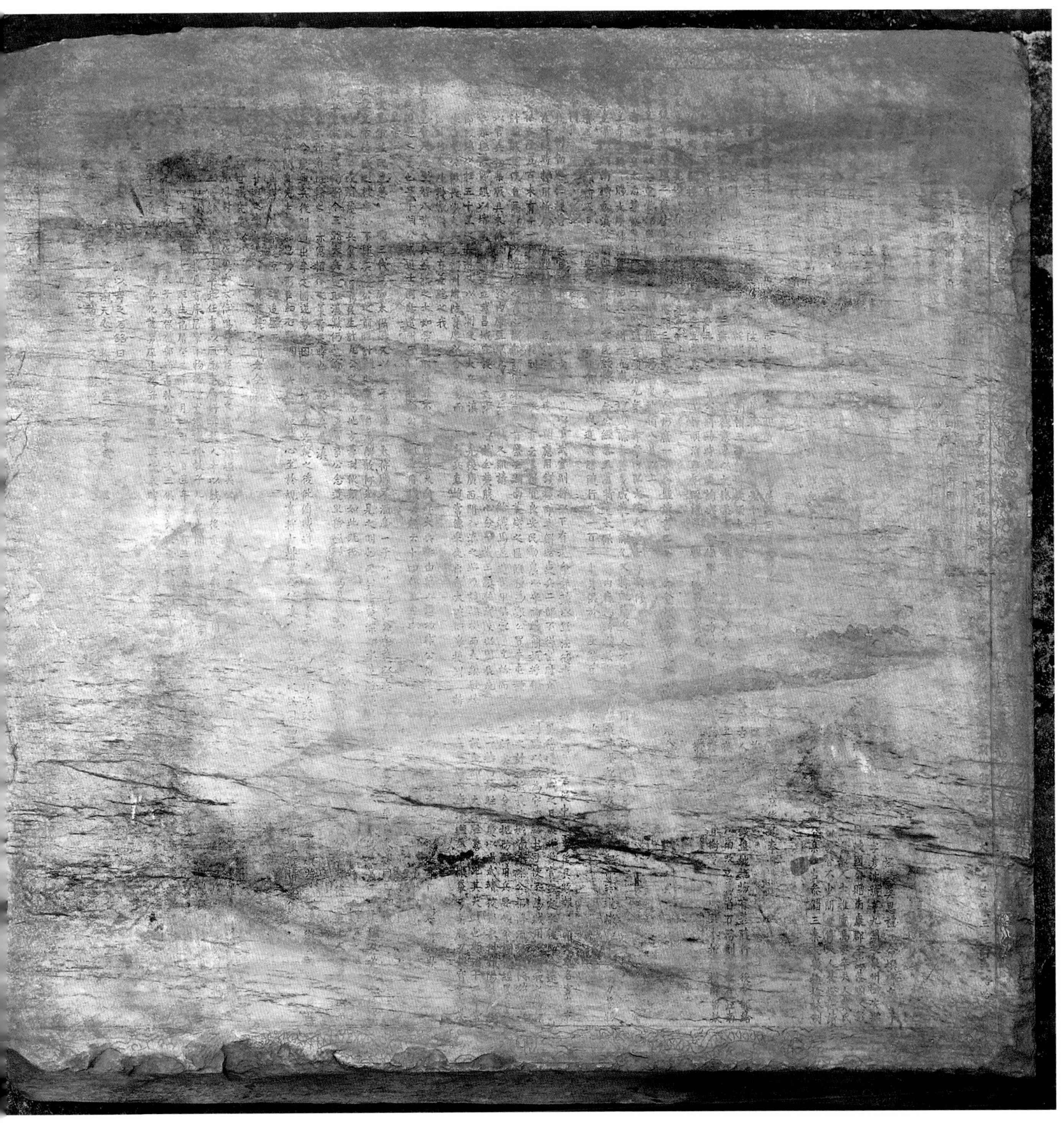

墓志铭碑

墓志铭碑局部

56. 湖广江西广西云南贵州总督武英殿大学士洪承畴及元配一品夫人李氏合葬墓志铭碑

李氏　生于明万历二十四年（1596），为洪承畴元配夫人，诰封一品夫人。卒于康熙十年（1671），享年七十六岁。有一子士铭，顺治十二年（1655）进士，历任大理寺丞，承袭三等阿达哈哈番世职，诰授资政大夫。有三女均嫁与官宦之家。

洪承畴及妻李氏合葬墓志铭碑盖　汉文，康熙十年（1671）刻。北京市海淀区车道沟出土，今存首都博物馆。本图片由首都博物馆提供。

墓志铭碑

首都博物馆

墓志铭碑局部

57. 诰封资政大夫江南总督三等阿达哈哈番马鸣珮墓志铭碑

马鸣珮　字润甫，汉军镶红旗。辽阳人，原籍山东蓬莱县。后金攻占辽阳，始隶旗籍。皇太极时，选入文馆，授工部启心郎、拖沙喇哈番世职。顺治元年（1644），任山西布政使参政，分守冀南道。二年，调任湖广湖南道参政。三年，以户部侍郎衔总督江南粮储兼理钱法。八年，升任京职户部右侍郎。十年，任总督仓场侍郎。十一年，以兵部左侍郎兼都察院右副都御史，总督宣（化）、大（同），并加兵部尚书衔；不久，移督江南、江西。十三年，以目疾乞休，晋世职三等阿达哈哈番。康熙五年（1666），病故，享年六十七岁。

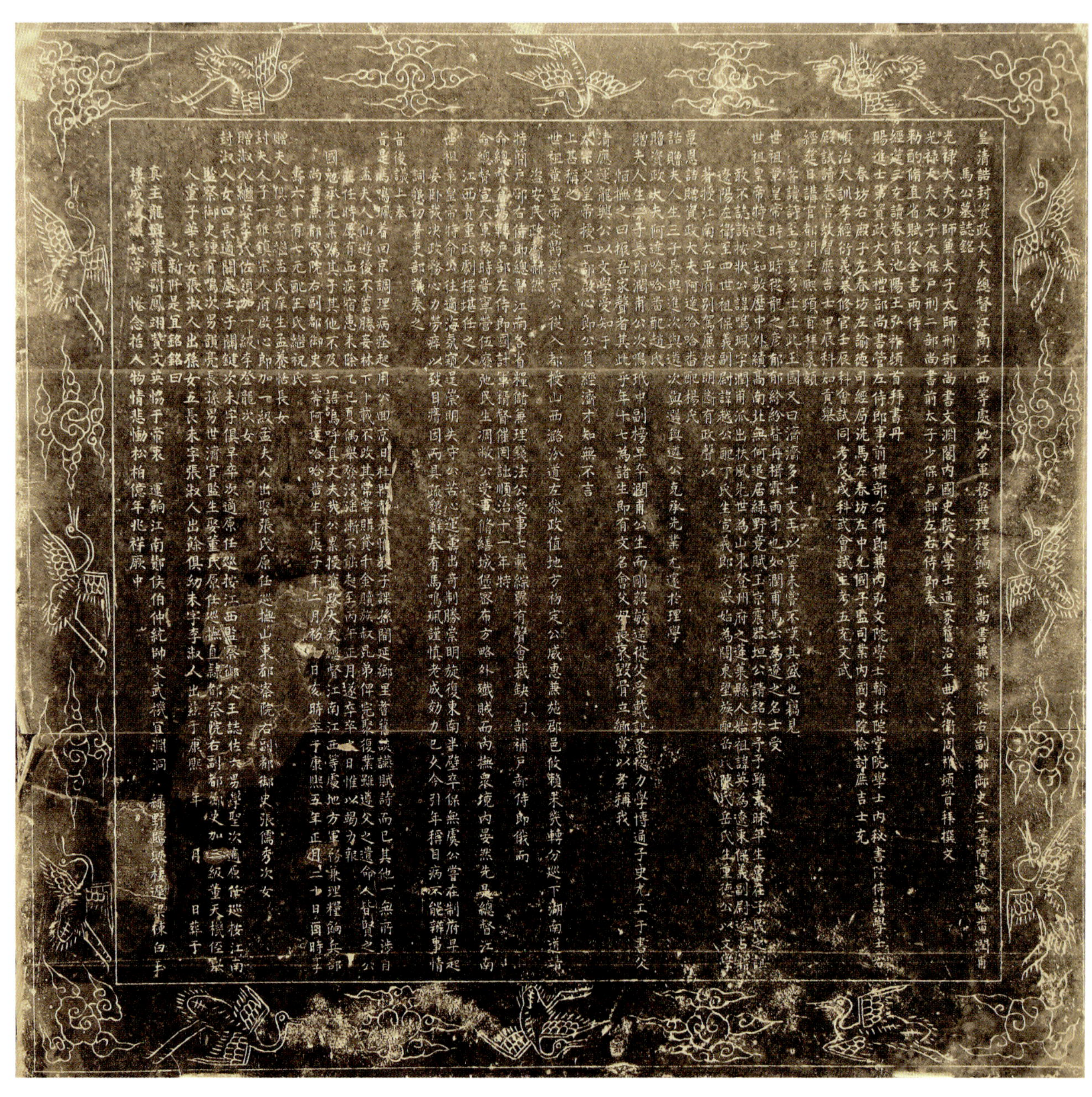

马鸣佩墓志铭碑　汉文，康熙五年（1666）刻。原址在北京市海淀区玉泉山黑塔村，今存辽宁省博物馆。

皇清誥封資政大夫總督江南江西等處地方軍務兼理糧餉兵部尚書兼都察
馬公墓誌銘
光祿大夫少師兼太子太師刑部尚書文淵閣內國史院大學士通家舊治生曲
光祿大夫太子太保戶刑二部尚書前太子少保戶部左右侍郎奉
勑酌脩直省賦役全書兩侍
經筵三充讀卷官池陽王弘祚頓首拜書丹
賜進士第資政大夫禮部尚書管左侍郎事前禮部右侍郎兼內弘文院學士翰
春坊右庶子左春坊左諭德司經局洗馬左春坊左中允國子監司業內國
順治大訓孝經衍義纂修官壬辰科會試同考戊戌科武會試主考五充文武
殿試讀卷官教習庶吉士甲辰科知貢舉
經筵日講官都門王熙頓首拜篆額
嘗讀詩至思皇多士生此王國又曰濟濟多士文王以寧未嘗不嘆其盛也
世祖章皇帝時一時從龍之彥郁郁紛紛皆舟楫霖雨才也如潤甫馬公為遼之
世祖皇帝特達之知敭歷中外績高南北無何退居綠野竟賦玉京震器坦公請
敢不諾諸按狀公諱鳴珮字潤甫派出扶風先世為山東登州府之蓬萊縣
遼陽左衛至四世祖保義副尉諱越公配丁氏生宣義郎文舉始為關東望
著授江南太平府別駕廉恕明斷有政聲以
覃恩誥贈資政大夫阿達哈哈番配楊氏
誥贈夫人生三子長與進次與遴次與選與遴公克承先業尤邃於理學
贈資政大夫阿達哈哈番配趙氏
贈夫人生二子長即潤甫公次鳴琺中副榜早卒潤甫公生而剛毅敏達從父受
恒撫之曰振吾家聲者其此子年十七為諸生即有文名會父母喪哀毀骨
清應運龍興公以文學受知于
太宗文皇帝授工部啟心郎公負經濟才知無不言
上甚稱之

墓志铭碑局部

58. 诰授资政大夫广西巡抚加赠太子少保兵部尚书马雄镇及妻一品夫人李氏合葬墓志铭碑

马雄镇　字锡藩，汉军镶红旗。辽阳人，马鸣珮独子。生于天聪八年（1634）。顺治十三年（1656），以荫生补授工部副理事官，历任宗人府启心郎、都察院左佥都御史、国史院学士。康熙八年（1669），授山西巡抚，未到任改广西巡抚。十三年，遭孙延龄拘捕，吴三桂派人劝降，拒不附逆。十六年，雄镇又被吴三桂所擒，誓死不降；全家及部下，除两子世济、世永外，俱遭杀害。雄镇时年四十四岁。十八年，赠太子太傅、兵部尚书，谥号“文毅”。平定吴三桂后，康熙帝宴请群臣，特命世济至御座前赐酒。乾隆十六年（1751），特予恩骑尉世职，世袭罔替。

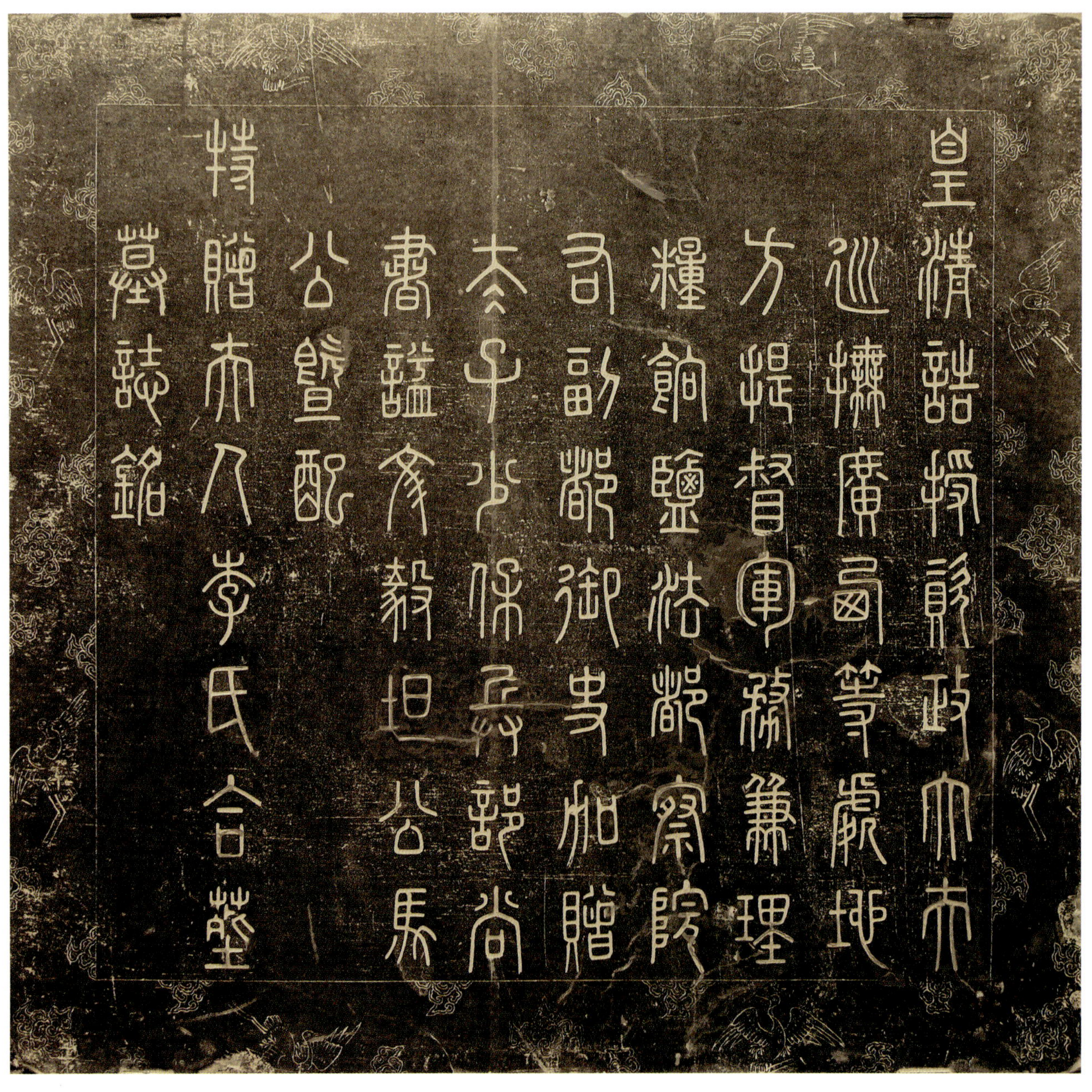

马雄镇及妻李氏墓志铭碑盖　汉文，康熙二十二年（1683）刻。原在北京海淀区玉泉山黑塔村，今存辽宁省博物馆。

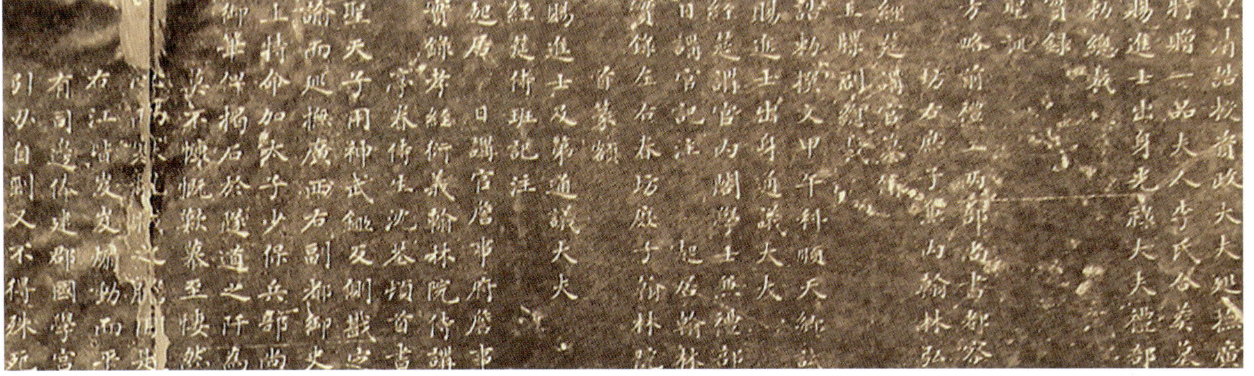

墓志铭碑局部

墓志铭碑

59. 广西巡抚马雄镇遇难处碑

马雄镇遇难处碑 汉文，光绪十五年（1889）重立。出土于广西壮族自治区桂林市北站（古称北乌金铺驿站），今存桂林市桂海碑林博物馆。本图片由钟君丽提供。

碑身

60. 诰授资政大夫淮阳总督马世济及妻特赠淑人董氏诰封淑人连氏合葬墓志铭碑

马世济 字元恺，汉军镶红旗。辽阳人，马鸣珮之孙，马雄镇长子。生于顺治七年（1650）。康熙十八年（1679），康熙帝在乾清宫赐宴群臣，因时任光禄寺卿的世济为殉难臣子，特命至御座前赐酒。其后历任副都御史、吏部侍郎、贵州巡抚、漕运总督。五十三年，去世，享年六十五岁。马世济元配董夫人，生于顺治八年（1651）。康熙十六年（1677），在广西与马雄镇一起被吴三桂叛军囚禁，自尽殉节，年仅二十七岁，为此诰赠淑人。

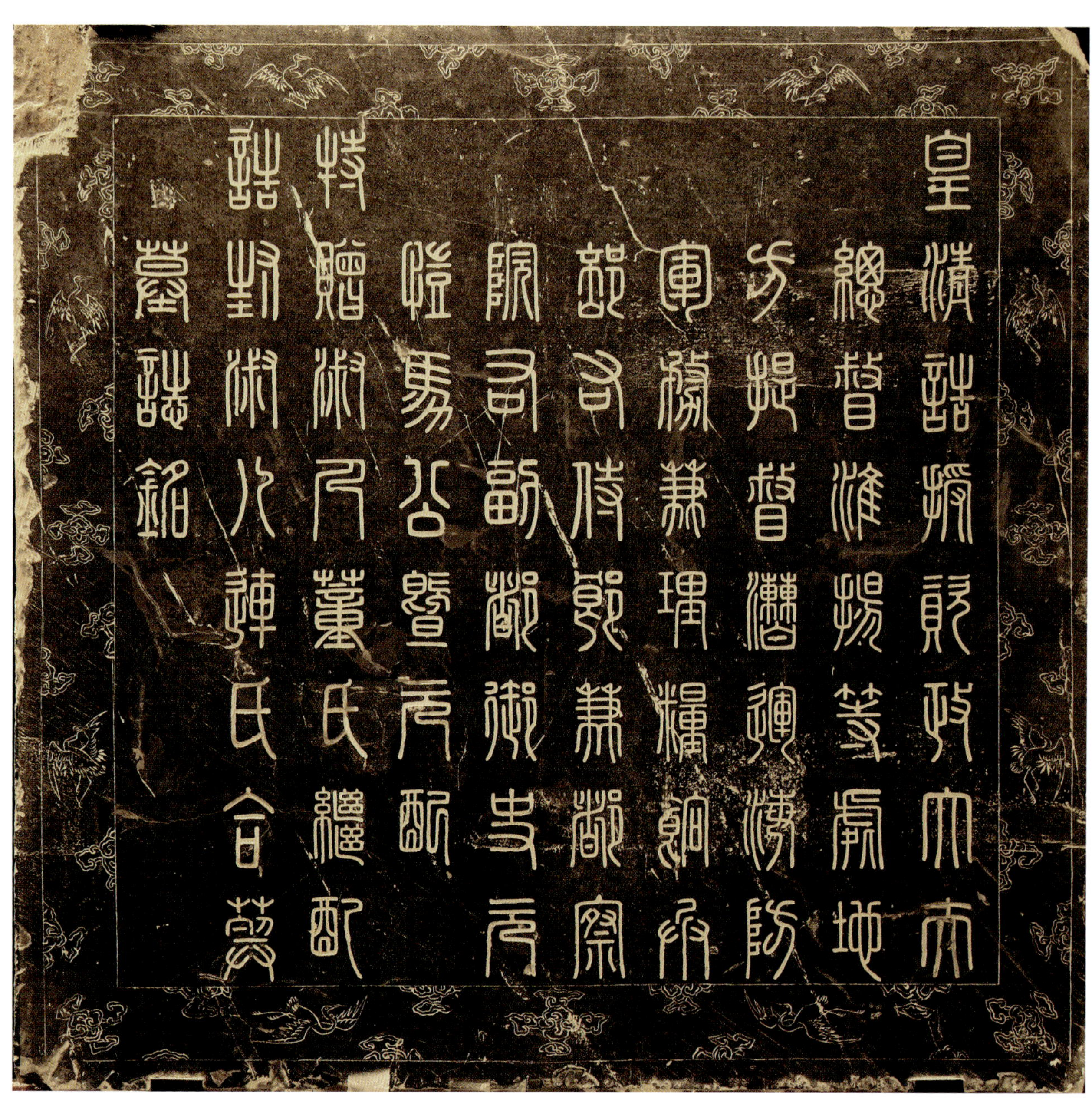

马世济及妻董氏连氏合葬墓志铭碑盖 汉文，康熙五十六年（1717）刻。原址在北京市海淀区玉泉山黑塔村，今存辽宁省博物馆。

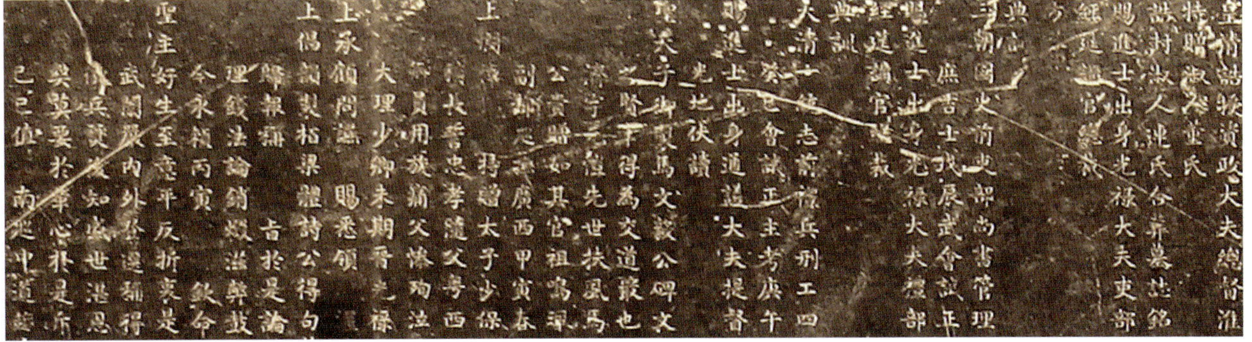

墓志铭碑局部

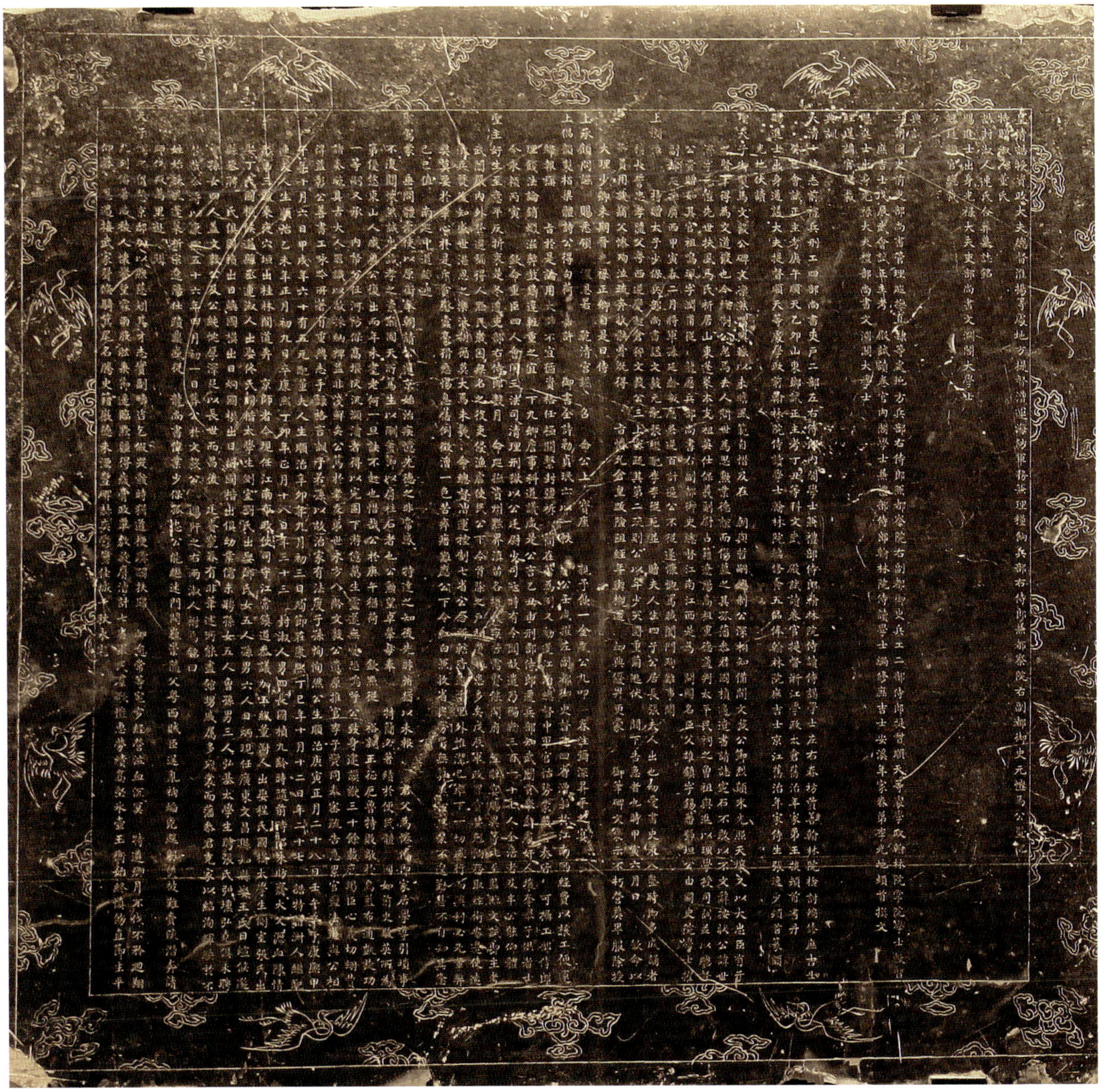

墓志铭碑

61. 诰赠淑人马世济夫人董氏墓志铭碑

马世济妻董氏墓志铭碑盖 汉文，康熙二十二年（1683）刻。原址在北京市海淀区玉泉山黑塔村，今存辽宁省博物馆。

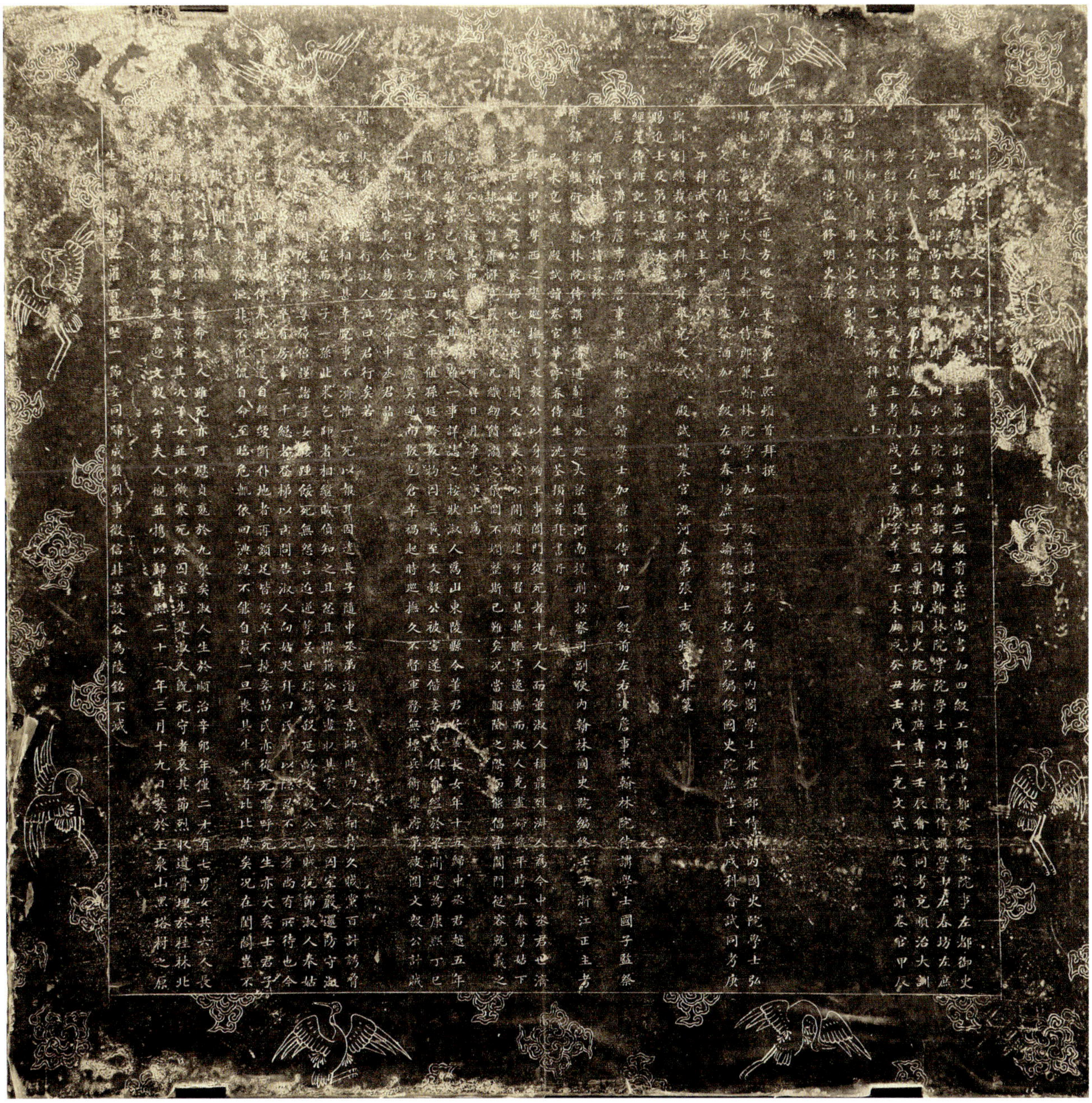

墓志铭碑

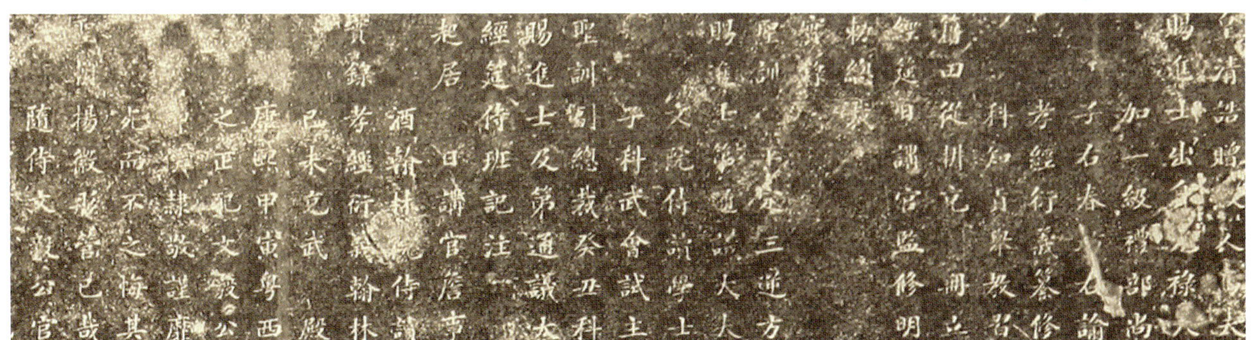

墓志铭碑局部

62. 诰授通议大夫江南布政使司分守江常镇道参议马国桢及妻淑人程氏合葬墓志铭碑

马国桢　汉军镶红旗。辽阳人，马鸣珮曾孙，马世济长子。生于康熙五年（1666）。二十四年，以太学生御试高等，授河南安阳令。三十九年，升广西浔州府同知，不久调任湖广按察使司佥事，分巡上荆南道。四十七年，又转江南布政使司参议，分守江常镇道。五十九年，督饷入藏，军中病故，享年五十五岁。

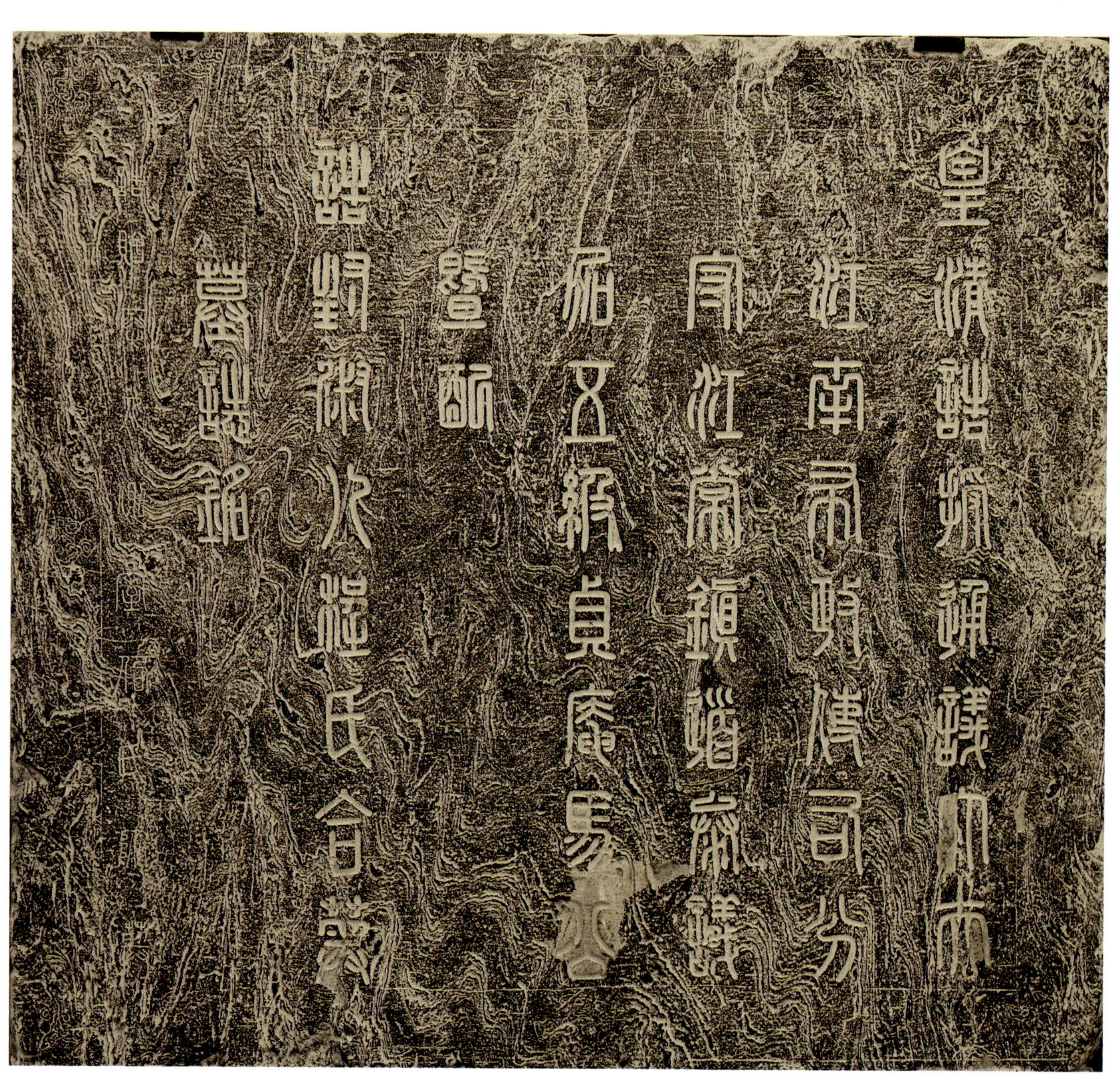

马国桢及妻程氏墓志铭碑盖　汉文，雍正十三年（1735）合葬。原址在北京市海淀区玉泉山黑塔村，今存辽宁省博物馆。

皇清誥授通議大夫江南布政使
誥封淑人程氏合塟墓誌銘
賜進士及第朝議大夫提督浙江
日講官起居注纂修
聖祖仁皇帝實録詹事府少詹事
郎翰林院侍講學士甲辰會
賜進士及第
內廷供奉翰林院修撰戊午福建
賜進士及第
內廷供奉翰林院修撰金壇舊治
公諱國楨字幹臣號貞庵一
詞之高祖諱與進以理學
誥授資政大夫總督江南江西軍
誥授資政大夫巡撫廣西等處地
特贈太子少保兵部尚書謚文毅
誥授資政大夫總督淮揚等處地
揚高祖妣趙曾祖妣王祖妣孟
遣各來助揚公走妣葺以一
齡手書曰殺言其大父拘凶
各有法邑漕例運小難交兌
倍之公解偹廹期取辦民無
南有渠曰高平起於珠泉
淋濟而灑漫莫戢濟之以遠
宮平宮價修橋輯誌凡所措
安揚橋建祠肖像以祀顏曰
訓祠即文毅公殉難後勅
平貴縣治績如安陽至彌盜
績用迭著巡撫疏薦尋擢湖
游諸郡水發請帑賑濟復相
江南布政使司參議分守江

墓志铭碑局部

墓志铭碑

63. 特授江宁巡抚韩世琦为光禄大夫诰封碑

韩世琦　汉军正红旗。顺治时，授启心郎。康熙元年（1662），任顺天巡抚，后调任江宁（后改江苏）巡抚。四年，加侍郎衔；又屡次记录加级，官至工部尚书衔。八年，因捏报钱粮，降级任用。十三年，起授偏沅（后改湖南）巡抚。二十年，因拨供广西军银米迟误，再降级任用。二十一年，调任四川巡抚。二十五年，去世。

韩世琦诰封碑　满汉文合璧，康熙六年（1667）制。今立于河北省涞水县沈家庵村。

额题　汉文“奉天诰命”。

碑额

碑身局部

墓地石牌坊

坊额　汉文“大中丞韩公之墓”。

64. 都统张天福诰命文谕祭文合璧碑

张天福　汉军镶黄旗。陕西榆林人，原为明朝总兵。顺治二年（1645），豫亲王多铎兵至南京，与兄天禄率三千名官兵归顺，以原官从征。昆山县民不剃发，聚众攻城，连战却之。嘉定县民拒不剃发，同总兵李成栋攻克其城。五年，任陕西汉羌总兵。因来降及战功，授一等阿思哈尼哈番，再准袭十辈。曾多次参加镇压抗清武装，后因病回京师，授散佚大臣。十七年，授本旗都统。康熙六年（1667），去世。

张天福诰命文谕祭文合璧碑　满汉文合璧，康熙六年（1667）立。碑中汉文在左，满文居右。在汉文中右为诰命文，左为康熙六年九月初一日谕祭文；满文部分同汉文。今存北京石刻艺术博物馆。

碑身

额题　满汉文“圣旨”。

碑额

碑身局部

65. 太傅兼太子太师一等精奇尼哈番内秘书院大学士范文程墓碑

范文程　字宪斗，汉军镶黄旗。生于万历二十五年（1597）。先祖在明初自江西谪居沈阳与抚顺。嘉靖时曾祖鏓曾任兵部尚书。祖父沉任沈阳卫指挥同知。天命三年（1618），努尔哈赤攻占抚顺时归附。皇太极即位，召值左右。京畿征战，以功授世职游击。天聪七年（1633），受命宣谕招降明将孔有德等。崇德元年（1636），升任内秘书院大学士，晋世职二等甲喇章京。顺治元年（1644），随从入关，上书多尔衮应安抚百姓，为崇祯帝发丧，免除明末加派，开科取士等。九年，累进世职一等精奇尼哈番、议政大臣，监修《清太宗实录》。十一年，加至太傅兼太子太师，年老致仕。曾任职于清太祖、太宗、世祖、圣祖四朝。康熙五年（1666），病故，享年七十岁，谥号“文肃”。康熙帝亲撰祭文，立碑纪绩，并为祠题额“元辅高风”。

范文程墓碑　残碑，满汉文合璧，康熙七年（1668）立。今存北京市怀柔区北卢庄村西范文程墓地。

范文程画像　选自《清史图典·太祖 太宗朝》。

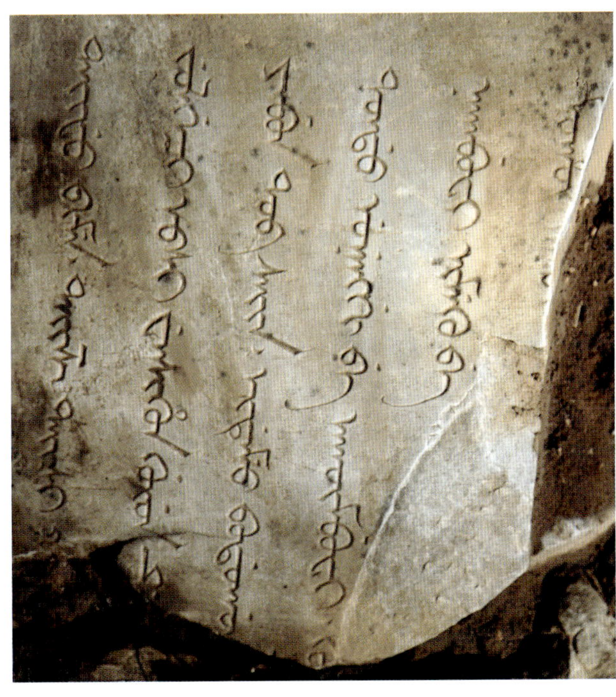

碑身局部

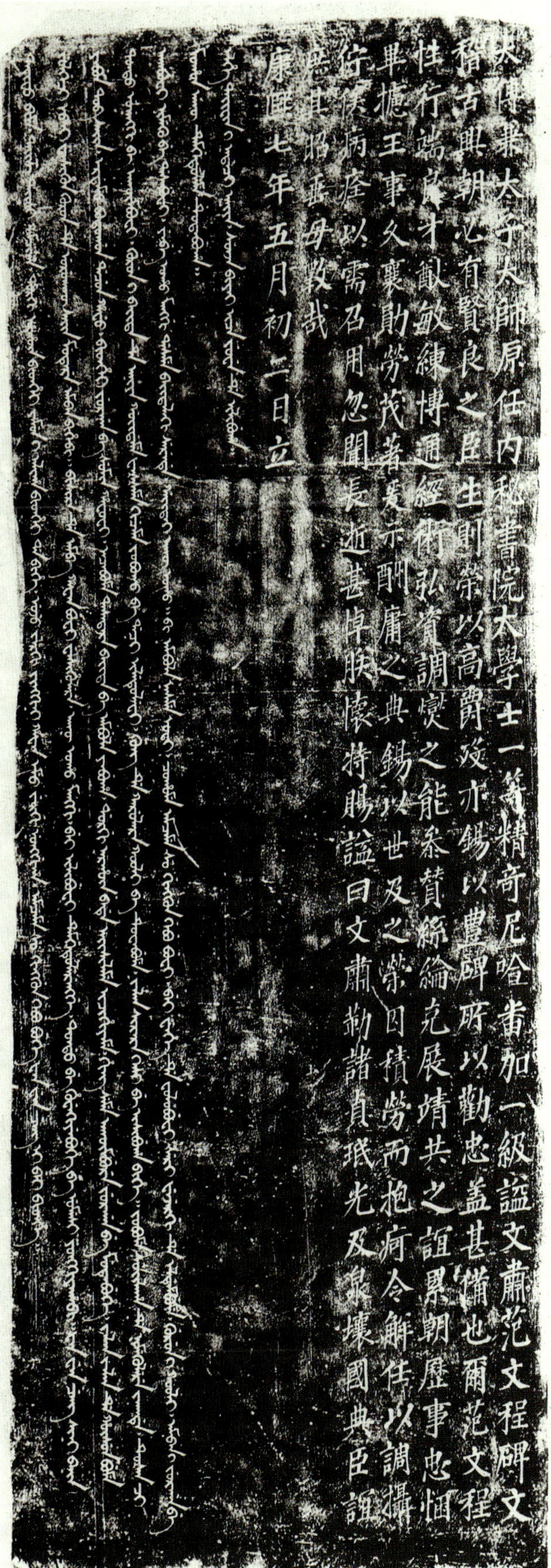

拓片　选自《拓本汇编》。

墓地遗存的残碑

墓地全景

墓地墓穴

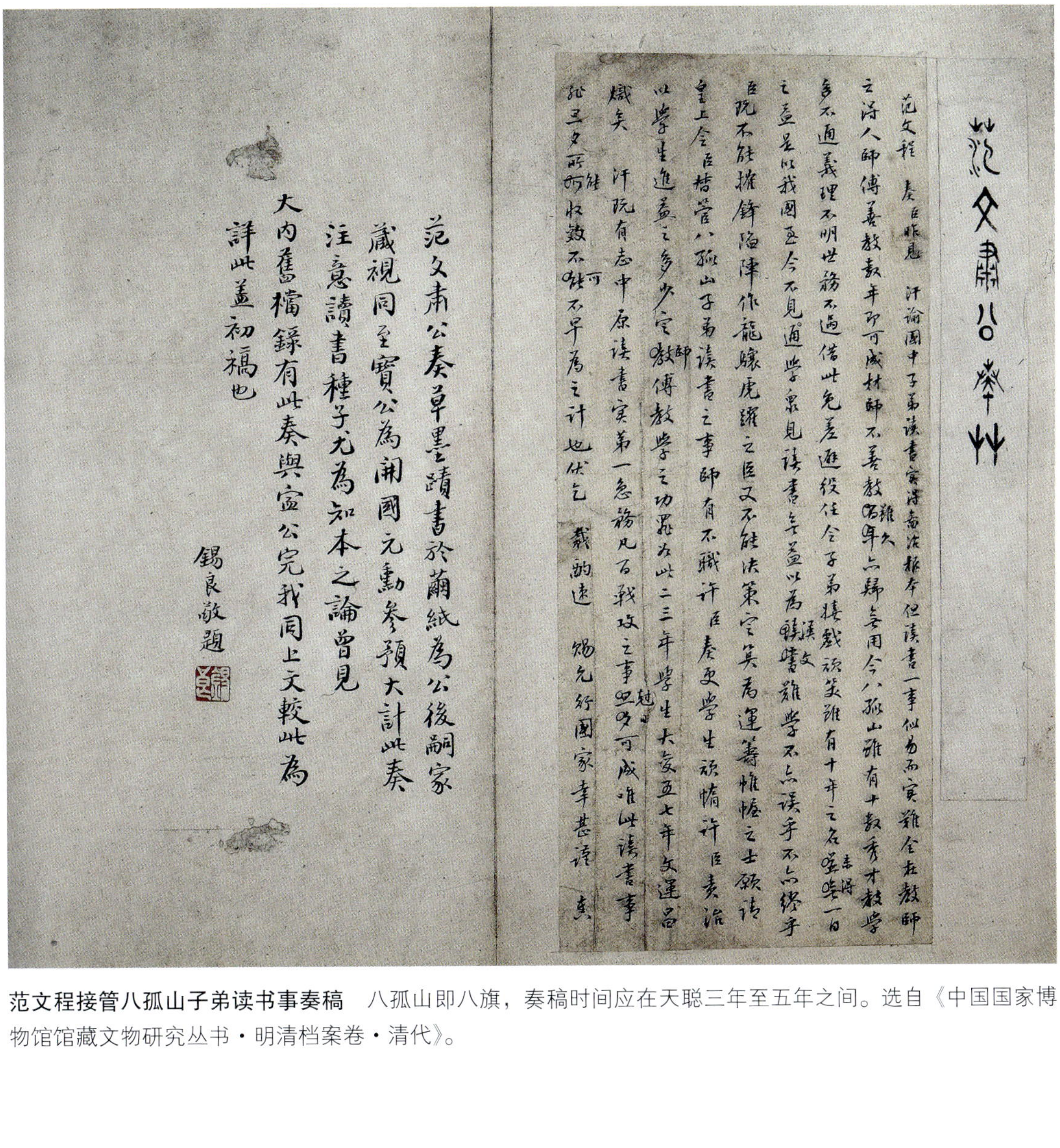

范文肅公奏草

范文肅公奏草墨蹟書於繭紙為公後嗣家藏視同至寶公為開國元勳參預大計此奏注意讀書種子尤為知本之論曾見大内舊檔錄有此奏與寗公完我同上文較此為詳此蓋初稿也

錫良敬題

范文程接管八孤山子弟读书事奏稿　八孤山即八旗，奏稿时间应在天聪三年至五年之间。选自《中国国家博物馆馆藏文物研究丛书·明清档案卷·清代》。

66. 福建总督加赠太子少保兵部尚书范承谟墓碑

范承谟　字觐公，汉军镶黄旗。范文程次子。顺治九年（1652）进士。历任弘文院编修、秘书院学士。康熙七年（1668），任右副都御史，巡抚浙江。十一年，升任福建总督。十三年，耿精忠在福建应吴三桂反叛，承谟被拘捕。面对劝降，他愤怒不屈。十五年，被逼自缢。十六年，赠兵部尚书、太子少保，谥号“忠贞”。康熙帝赐御书碑文，并亲为范承谟所著《画壁集》作序。

范承谟墓碑　残碑，满汉文合璧，康熙二十一年（1682）立。原址在北京市怀柔区坟头村，今散放在怀柔区东庄村村外。

碑身（左上） 满文。

碑身（左下） 满文。

拓片 选自《拓本汇编》。

谕祭碑残件

碑额残件 额题汉文“恩荣”。

残碑散放地全景

67. 兵部尚书范承勋墓碑

范承勋　字苏公，号眉山，汉军镶黄旗。生于崇德六年（1641）。范文程第三子，范承谟弟。初任御史、郎中。康熙二十三年（1702），任内阁学士。二十四年，任广西巡抚。二十五年，升任云贵总督。三十三年，调任都察院左都御史，不久又调任江南江西总督。三十八年，任兵部尚书。四十三年，加太子太保。五十三年，去世，享年七十四岁。

范承勋墓碑　汉文，雍正十一年（1733）立。额题“赐葬”。今立于北京市密云区冶仙塔风景区碑林。

碑额　额题汉文“赐葬”。

碑阴碑额　额题汉文“源远流长”。

碑座（残缺）

碑阴

碑身

碑阴碑身

68. 兵部尚书范承勋墓志铭碑盖

范承勋墓志铭碑盖 汉文，康熙五十三年（1714）刻。今立于北京市密云区冶仙塔风景区碑林。

69. 一品太夫人范母金氏墓碑

金氏太夫人　范承勋母。母以子贵，康熙四十二年（1703）诰封为一品太夫人。

范母金氏墓碑　汉文，康熙年间立。额题汉文“皇清”。原址在北京市密云区卸甲山范家坟，今立于密云区冶仙塔风景区碑林。

70. 杭州将军世袭一等男范建中谕祭碑

范建中　汉军镶黄旗。范文程四世孙。乾隆七年（1742），由荫生袭一等男爵。自副参领升任副都统、侍郎。嘉庆四年（1799），升任户部尚书，署汉军正黄旗都统；不久调任都察院左都御史，出任杭州将军。五年，病故，谥号“恪慎”。

范建中谕祭碑　残碑，满汉文合璧，嘉庆六年（1801）祭。碑文漫漶严重，仅能识别个别字。原址在北京市顺义区东南太平街南，今存顺义区文物管理所。

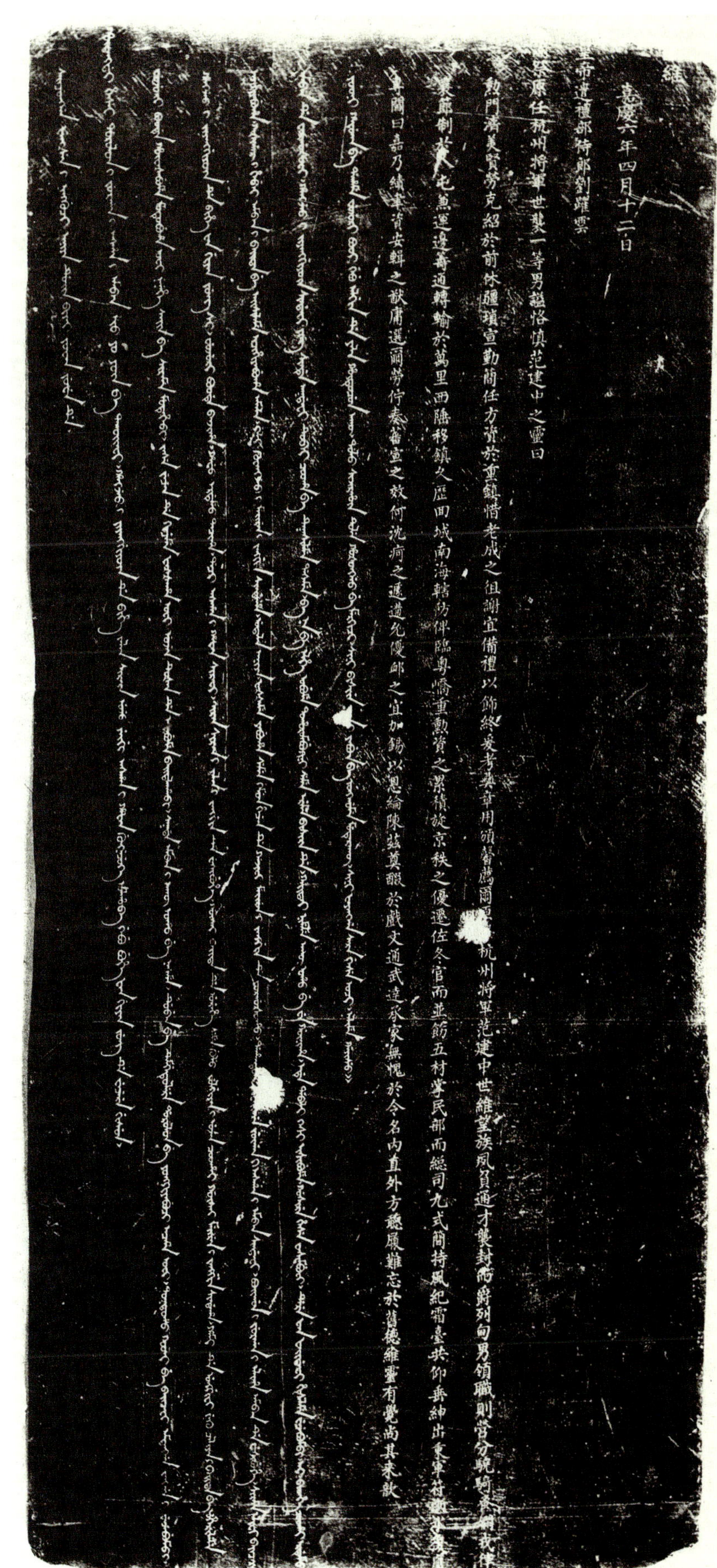

拓片　选自《拓本汇编》。

71. 特授工部郎中拜他喇布勒哈番参领管佐领事常汝贵为光禄大夫封妻单氏为一品夫人诰封碑

常汝贵　汉军正白旗。明大将军常遇春后裔。初任骁骑校，历任管佐领事、工部郎中管佐领事、拖沙喇哈番仍为郎中管佐领事、拜他喇布勒哈番仍为郎中管佐领事、参领仍为郎中管佐领事加三级。康熙十四年（1675），以覃恩特授光禄大夫，赐予诰命；封妻单氏为一品夫人。

常汝贵及妻单氏诰封碑　满汉文合璧，康熙十四年（1675）制。今立于北京市朝阳区六里屯辛庄村。

额题 满汉文“圣旨”。

碑额

碑身局部

72. 诰授光禄大夫江南安徽等处承宣布政使司布政使常明扬神道碑

常明扬　汉军正白旗。常汝贵之子。初由荫生到陕西巩昌府泰安县任职，任满升监察御史。越二年，任职山东济南道，再补陕西汉兴道。康熙三十五年（1696），改任直隶口北道，以卓异升任湖南按察使。四十一年，任江南安徽布政使。曾诰授光禄大夫。享年六十二岁。

常明扬神道碑　汉文，乾隆三十八年（1773）立。碑额额题被凿磨难以辨认。今立于北京市朝阳区六里屯辛庄村。

碑身局部

常汝贵诰封碑（右）与常明扬神道碑（左）

73. 江南徽州府知府常宏祖德政碑

常宏祖　汉军正白旗。原籍三韩（今辽宁省及周边地区）。常明扬长子。初任直隶东光县知县，其后任卢沟桥同知，加六级记录三次。驻扎卢沟桥保定分府，总理西路捕务、稽查营汛。再升任江南徽州府知府，任内均有惠政，入安徽明宧祠。事迹详载于常明扬神道碑碑文中。康熙五十八年（1719），卢沟桥阖属军民士庶为其立碑。

常宏祖德政碑　汉文，康熙五十八年（1719）立。今存北京市丰台区连山岗石刻园。

碑额　额题汉文“善政永鉴”。

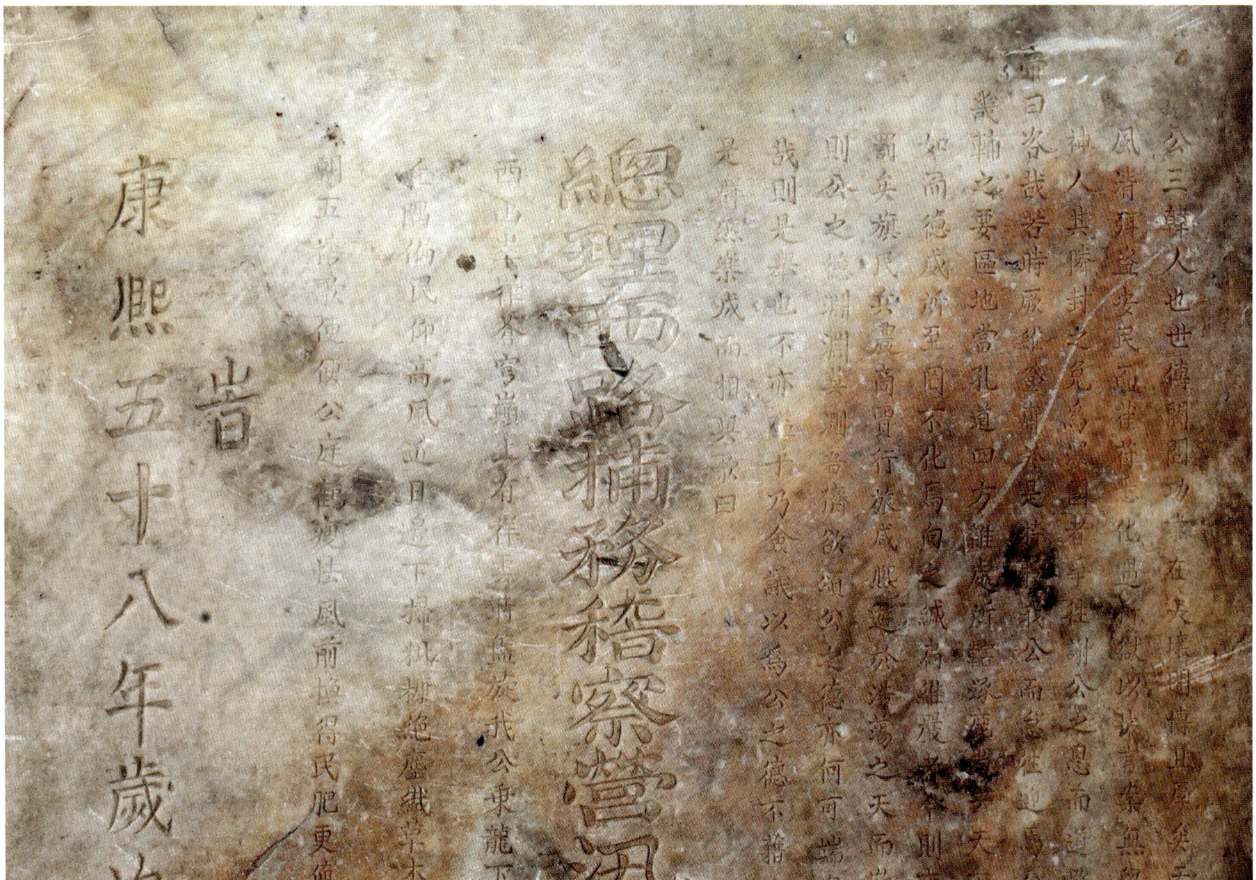

碑身局部

碑身

74. 初授包衣牛录章京董得贵为拜他喇布勒哈番后升为二等阿达哈哈番世职诰封碑

董得贵　满洲正黄旗包衣人。世居抚顺地方，董文选四世孙。曾任正黄旗包衣第五参领第四旗鼓佐领、銮仪卫銮仪使。定鼎北京时，以功授拜他喇布勒哈番，三遇恩诏，加至二等阿达哈哈番。康熙十五年（1676），以老病致仕。去世后，其子光禄寺少卿、内务府总管、佐领董殿邦袭职。

董得贵诰封碑　满汉文合璧，康熙十五年（1676）立。原址在北京市房山区良乡南坊村，今存房山区南坊村楼群内。

碑身

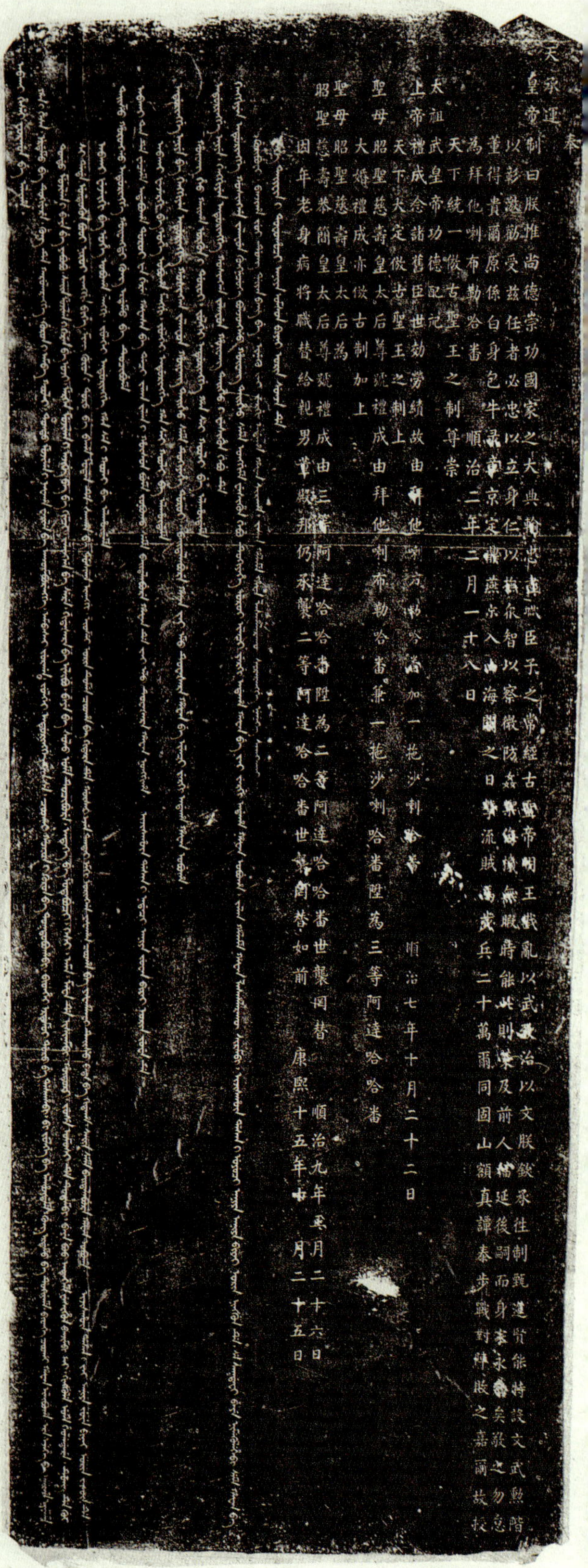
奉天承運
皇帝制曰朕惟尚德崇功國家之大典輸忠盡職臣子之常經古聖帝明王戡亂以武致治以文朕欽承往制甄達賢能特設文武勳階
以彰激勸受茲任者必忠以立身仁以撫衆智以察微防姦禦侮機無瞬時能此則榮及前人福延後嗣而身家永賴矣敬之勿怠
董得貴爾原係白身包牛彔章京定鼎燕京入山海關之日擊流賊馬步兵二十萬爾同固山額真譚泰步戰對陣敗之嘉爾故授
為拜他喇布勒哈番 順治二年二月十八日
天下統一倣古聖王之制尊崇
太祖武皇帝功德配祀
上帝禮成念諸舊臣世効勞績故由拜他喇布勒哈番加一拖沙喇哈番 順治七年十月二十二日
天下大定倣古聖王之制上
聖母昭聖慈壽皇太后尊號禮成由拜他喇布勒哈番兼一拖沙喇哈番陞為三等阿達哈哈番
大婚禮成亦倣古制加上
聖母昭聖慈壽皇太后為
昭聖慈壽恭簡皇太后尊號禮成由三等阿達哈哈番陞為二等阿達哈哈番世襲罔替 順治九年正月二十六日
因年老身病將職替給親男董殿邦仍承襲二等阿達哈哈番世襲罔替如前 康熙十五年十月二十五日

拓片 选自《拓本汇编》。

碑身局部

董得贵诰封碑（右）与董郝善夫妇合葬墓碑（中）、董殿邦墓表碑（左）

75. 特授二等阿达哈哈番管牛录侍郎品级内銮仪使董得贵为光禄大夫赠嫡妻舒穆禄氏封继妻纳那氏为一品夫人诰封碑

董得贵及妻舒穆禄氏纳喇氏诰封碑 残碑，满汉文合璧，康熙十六年（1677）立。原址在北京市房山区良乡南坊村，今存房山区南坊村楼群内。

碑身局部

拓片　选自《拓本汇编》。

碑额　额题满汉文“诰命”。

存放地碑座（一）

存放地碑座（二）

76. 诰赠骠骑将军湖广沅州等处地方总兵官董郝善及妻郭罗罗氏继妻黑摄李氏合葬墓碑

董郝善　满洲正黄旗包衣人。世居抚顺地方，董文选四世孙。初任銮仪卫整仪尉，历任会计司郎中管佐领事、岳州水师副将、湖广督标左路副将和湖广、沅州总兵官。康熙二十二年（1683），去世，享年五十六岁，诰赠骠骑将军。

董郝善及妻郭罗罗氏等合葬墓碑　满汉文合璧，康熙五十一年（1712）立。原址在北京市房山区良乡南坊村，今存房山区南坊村楼群内。

碑身

碑身局部（一）

碑身局部（二）

77. 光禄寺少卿内务府总管董殿邦墓表碑

董殿邦　满洲正黄旗包衣人。世居抚顺地方，董得贵长子。康熙十五年（1676），承袭父爵二等阿达哈哈番，历官会计、营造两司员外郎、郎中兼佐领和参领、光禄寺少卿仍兼郎中事、慎刑司掌印郎中代内务府总管兼管奉宸院苑印、补放畅春园总管、总经理三陵内务府总管、总经理畅春园西花园事务，后缘事革退。乾隆四年（1739），致仕，享年八十四岁。

董殿邦墓表碑碑阴　此碑碑阴朝上，无文字；碑阳朝下，刻有满汉文合璧的碑文。碑为乾隆初年立，原址在北京市房山区良乡南坊村，今存房山区南坊村楼群内。

构件（一）

构件（二）

碑阳拓片　选自《拓本汇编》。

董得贵家族墓地遗存物存放地全景

78. 广东巡抚刘秉权墓碑

刘秉权　汉军正红旗。顺治元年（1644），任兵部主事，其后历任刑部启心郎、刑部主事、户部员外郎。康熙元年（1662），调任佥都御史。三年，升任国史院学士。六年，任广东巡抚。十三年，在平定三藩之乱中，积劳成疾，军中病故。赐祭葬，谥号“端勤”。

刘秉权墓碑　满汉文合璧，康熙十五年（1676）立。今立于北京市丰台区长大沟村西。

额题 满汉文“敕建”。

碑额

望柱底座

碑座 赑屃头部作回首态，与传统的昂首向前状不同，极为罕见。

墓地全景

碑身

碑身与碑额侧面

华表

79. 盖州夸蓝达滕天成谕祭碑

滕天成　汉军正白旗。其叔祖滕应元曾任领催、拜他喇布勒哈番世职，天聪四年（1630），攻明滦州城时阵亡。父冲霄，顺治初年任盖州防守尉。以覃恩赠为资政大夫、二等阿达哈哈番加一级，赐之诰命。天成生于顺治二年（1645）。袭任二等阿达哈哈番世职、夸蓝达（满语，汉译参领）。康熙十五（1676）年，随宁海将军喇哈达、平南将军赖塔征福建。十七年，在海澄祖山头力战阵亡，加赠一拖沙喇哈番世职。十九年，赐祭葬如例。

滕天成谕祭碑　残碑，满汉合璧，康熙二十年（1681）立。今立于辽宁省盖州市大望海寨村东南。

碑座残件

滕天成塑像 今立于辽宁省营口市鲅鱼圈区望海青年公园

滕天成谕祭碑残碑（左）与滕冲霄诰命碑残碑（右）碑阴 滕冲霄诰命碑碑文为满汉文合璧，康熙六年制，磨损严重，碑文难以辨认。

碑身局部（一） 满文。

碑身局部（二） 满文。

80. 盖州防守尉滕兆枚片石岩重修宝林寺题名碑

滕兆枚　汉军正白旗，辽东盖州人，天成之子。康熙三十七年（1698），任盖州防守尉。四十二年时已晋升头等阿达哈哈番世职。

滕兆枚片石岩重修宝林寺题名碑　汉文，康熙四十二年（1703）立。今存辽宁省盖州市宝林寺内。

碑额 额题汉文“佛光普照”。

碑阴碑额 额题汉文“万古流芳”。

盖州市宝林寺

81. 奉天府府尹高尔位等陪同致祭北镇医巫闾山之神碑

高尔位　汉军正黄旗，举人出身。顺治初年，任南和县知县、江西道试监察御史、陕西巡按御史、两淮巡监御史。康熙三年（1664）以后，历任顺天府府丞、左佥都御史。二十年（1681），由左佥都御史授奉天府府尹。二十二年，调任刑部右侍郎。二十三年，又任刑部左侍郎。二十五年忧免。二十八年，任刑部右侍郎。三十年，升任工部尚书。

高尔位等陪同致祭北镇医巫闾山之神碑　汉文，康熙二十一年（1682）立。今立于辽宁省北镇市北镇庙大殿前东侧。

碑身

碑阴碑身局部（一）

碑阴碑身局部（二）

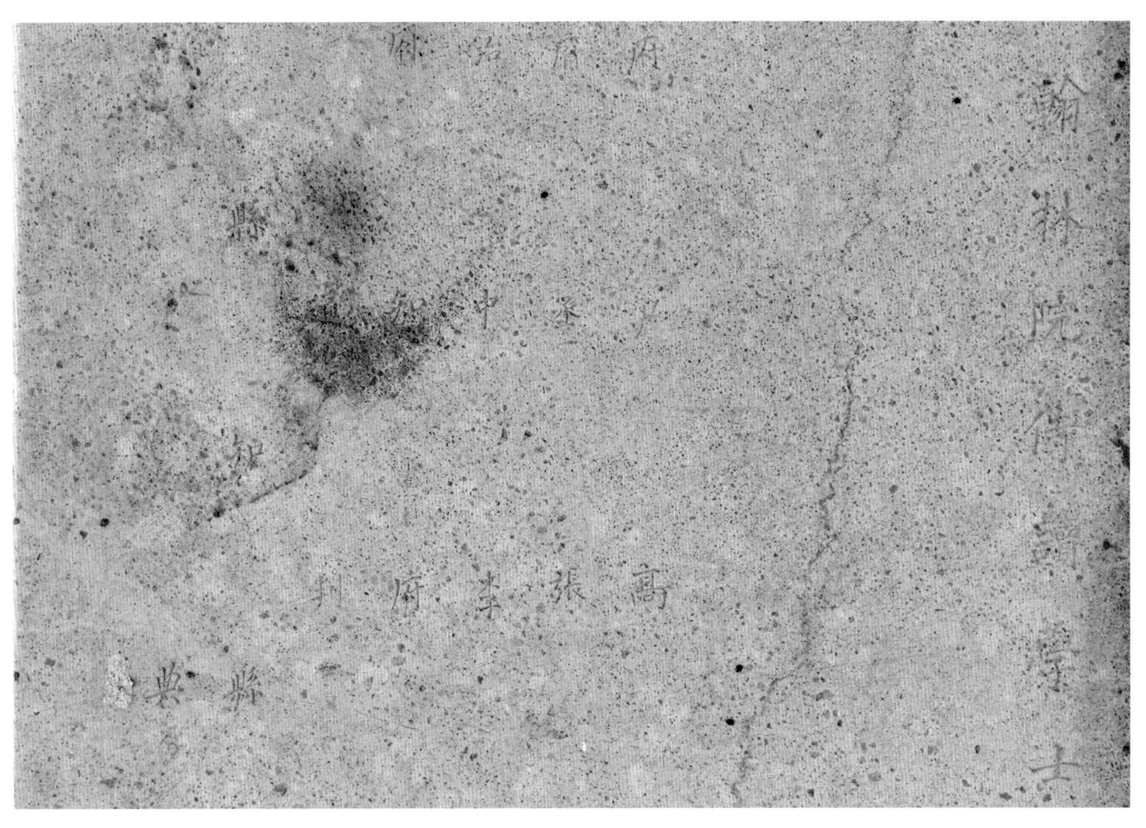

碑阴碑身局部（三）

碑阴碑身局部（四）

碑额

额题 汉文“御祭祝文”。

碑座

82. 汾阳知县卞三畏泰山摩崖石刻

卞三畏　字仲华，汉军正白旗。祖籍山东黄县，元末明初，避战乱迁居盖州，成为辽东名门望族，世袭怀远将军。其后代卞为凤与卞三元父子进入后金政权。三畏康熙二年（1663）癸卯科举人。十年，任汾阳知县。政事余暇，怡情翰墨，成为清初盖州著名文人。清代卞氏一门，文脉相传，人才辈出，仅《奉天通志》“乡宦表”所收录的卞氏成员就有二十余人，全部为举人或监生出身。

卞三畏泰山题摩崖石刻　汉文，康熙二十一年（1682）题。今刻于山东省泰安市泰山崖壁。

附录7. 明诰封怀远将军卞文明墓志铭碑

卞文明　号温泉，原籍山东登州府黄县。五世祖高家驴迁居辽东盖州。生于明嘉靖九年（1530）。诰封怀远将军。卒于万历二十六年（1598），享年六十九岁。生子四，长子即世祥。

卞文明墓志铭碑　汉文，明万历二十六年（1598）刻。原址在辽宁省盖州市王屯村，今存盖州市文物管理所。

墓志铭碑盖

附录8. 明诰封怀远将军卞世祥墓志铭碑

卞世祥　别号承泉。原籍山东登州黄县，卞文明长子。生于明嘉靖三十七年（1558）。二十岁从辽东总兵李成梁。历任指挥同知、广宁正兵营中军、委广宁卫掌印继管标下千总、委管本卫屯务转本卫掌印。卒于万历四十五年（1617），享年六十岁。

卞世祥墓志铭碑　汉文，明万历四十六年（1618）刻。原址在辽宁省盖州市王屯村，今存营口市博物馆。

墓志铭碑盖

83. 汉军处士卞国金之妻孙氏节操碑

卞国金　盛京正白旗恩庆佐领下汉军处士。妻是奉天正白旗孙国有之女。婚后十年，卞国金离世，妻年仅二十七岁，独自抚养幼子，坚守贞操二十九年，为表彰其贞德懿行，特为建坊立碑。

卞国金之妻孙氏节操碑　汉文，立碑年代不详。碑额额题“万古流芳”。今存辽宁省盖州市卞屯村。

碑身

84. 两江总督王新命立南巡记事碑

王新命　字纯嘏，汉军镶蓝旗。康熙十九年（1680），任湖广巡抚。二十三年，任浙江巡抚；同年，历来以能臣在朝中闻名，九卿会推，升任两江总督。二十六年，任闽浙总督。二十七年，任河总。三十一年，因挪移库银被革职。三十七年，复出负责永定河工程，因钱粮不清，蒙混亏空达万余两，被处以斩监候。

王新命立南巡记事碑　汉文，康熙二十三年（1684）刻。今存江苏省南京市明孝陵。

碑身局部

碑阴

碑阴碑身局部

85. 甘肃巡抚严泰谕祭碑

严泰　汉军镶白旗。康熙三十一年（1692），由刑科给事中调任甘肃布政使；同年，升任甘肃巡抚兼都察院右副都御史，加八级。三十四年，因病卸任；同年，病故，特颁祭葬。

严泰谕祭碑　满汉文合璧，康熙三十四年（1695）立。原址在北京市朝阳区潘道庙村，今立于朝阳区东四环南路窑洼桥以北两百米处的东侧辅路便道上。

额题 满汉文“谕祭”。

碑额

碑身局部

86. 诰授光禄大夫三等阿达哈哈番袭职四次致仕封光禄大夫都察院左都御史镶红旗汉军都统于得水墓志铭碑

于得水　字从跃，汉军镶红旗。祖居辽东盖平（今辽宁省盖州市）。祖父、父均获赠封光禄大夫、三等阿达哈哈番。生于万历三十三年（1605），授三等阿达哈哈番，承袭四次。随征湖广，夺取云南，有勇有谋，晋升副总兵官，发给功牌，诰授光禄大夫。时任安徽按察使的于成龙是其养子，向以廉洁著称。得水因教子有方，康熙帝赏赐其貂裘貂披领朝服；并传谕八旗诸大臣：父兄教其子弟，当以于某为法。康熙三十四年（1695），去世，享年九十一岁。父因子贵，又封为都察院左都御史、镶红旗汉军都统加四级。

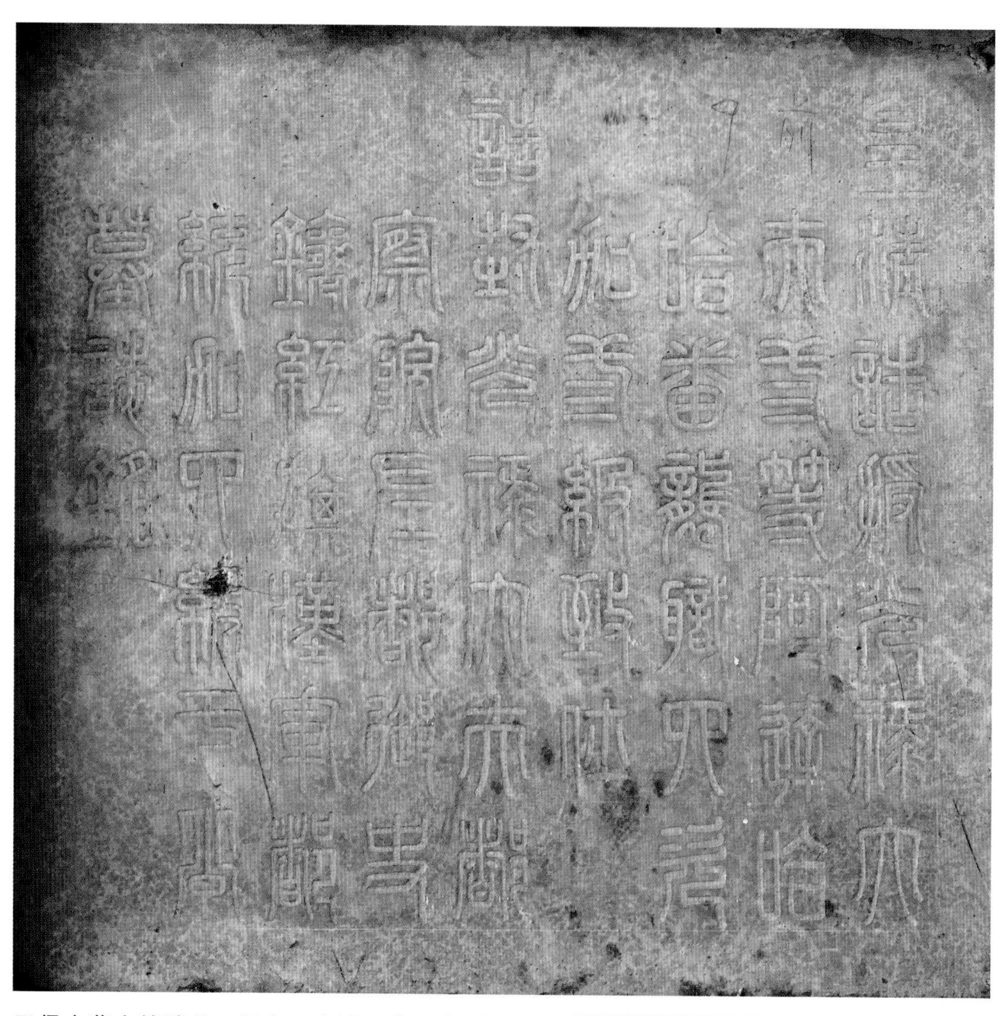

于得水墓志铭碑盖　汉文，康熙三十四年（1695）刻。原址在北京市石景山区杨庄村西，今存石景山区田义墓园内。

墓志铭碑

墓志铭碑局部

87. 诰授光禄大夫兵部尚书兼都察院右都御史总督河道提督军务拜他喇布勒哈番于成龙墓志铭碑

于成龙　字振甲，汉军镶黄旗。其父国安，养父得水。生于崇德三年（1638）。康熙七年（1668），以荫生授直隶乐亭县知县。其后历任滦州知府、通州知府、江宁知府、安徽按察使、直隶巡抚、都察院左都御史、镶黄旗汉军都统、河道总督、拜他喇布勒哈番世职，加太子少保。三十八年，以病乞假。三十九年，病故，享年六十三岁，谥号“襄勤”。

于成龙墓志铭碑盖　汉文，康熙三十九年（1700）刻。原址在北京市石景山区杨庄村西，今存石景山区田义墓园内。

墓志铭碑

墓志铭碑局部

于得水与于成龙父子墓园（旧照） 位于北京市石景山区杨庄村西，原有诰封碑、谕祭碑、墓碑、神道碑。选自《〈北京市石景山区志〉漫谈系列丛书·名人墓葬》。

88. 诰授光禄大夫銮仪卫銮仪使右都督世袭阿思哈尼哈番鲍敬及元配一品夫人金氏太君合葬墓志铭碑

鲍敬　汉军正红旗。山西应州（今山西省应县）人。其父鲍承先，明末曾任参将、副将、都督佥事，曾先后驻守开原、沈阳、广宁。天命八年（1623），在广宁率众归降努尔哈赤，仍授副将。天聪年间，多次从征明朝。三年，经宁完我推荐值文馆。崇德元年（1636），授内秘书院大学士。三年，改礼部右参政。四年，定汉军旗制，隶正红旗。顺治二年（1645），在京因病去世。鲍敬生于天命十一年。初袭二等阿达哈哈番，后授三等阿思哈尼哈番。顺治七年，授参领。八年，任兵部理事官。其后任河北、河南、大同等总兵。康熙二十九年（1690），升任銮仪卫銮仪使、右都督，进阶光禄大夫。曾参与镇压四川张献忠、湖北郝摇旗等抗清农民军。参加平定三藩与噶尔丹的叛乱。三十六年，去世，享年七十二岁，赐予祭葬和谥号，子孙世袭阿思哈尼哈番爵位。

鲍敬及妻墓志铭碑盖　汉文，康熙三十六年（1697）刻。今存北京市丰台区连山岗石刻园。

墓志铭碑局部

墓志铭碑

89. 诰授奉政大夫湖广荆州府彝陵州知州赠中宪大夫鲍孜及封妻宜人赠恭人王氏太君合葬墓志铭碑

鲍孜　字禹思，汉军正红旗。鲍承先第六子，生于天聪四年（1630）。康熙十六年（1677），授荫生，任湖广荆州府彝陵州知州。初任职彝陵时，盗贼出没无常，当地百姓受尽扰吓之苦，民不聊生。鲍孜派兵日夜巡逻，捉拿贼寇，彝陵得以安宁。他为官清廉，做官十年，家无积蓄。二十九年，因积劳成疾，于任内去世，享年六十一岁。士民为悼念他，建造庙宇。诰封中宪大夫；妻王氏先封宜人，后赠恭人，生子鲍复相；侧室亢氏，封孺人，生子鲍复振、鲍复礼。

鲍孜及妻墓志铭碑盖　汉文，康熙二十九年（1690）刻。今存北京市丰台区连山岗石刻园。

墓志铭碑局部

墓志铭碑

90. 山东巡抚王国昌泰山题字碑

王国昌　汉军正白旗。康熙七年（1668），由官生累升至内阁侍读学士。二十八年（1689），与索额图等赴尼布楚与俄定界，事后升任内阁学士、兵部督捕右侍郎。在兵分三路出征噶尔丹时，赴西路负责督运。三十七年，出任山东巡抚，四十二年，康熙帝南巡，赐御书“督抚箴”一幅。四十三年，卸任。雍正六年（1728），去世。

王国昌泰山题字碑　汉文，康熙三十八年（1699）题。今立于山东省泰安市泰山岱顶。

91. 振武将军太子少保兼管陕西甘肃提督事务给与世袭一等阿思哈尼哈番又一拖沙喇哈番加赠太子太保孙思克墓碑

孙思克　字荩臣，汉军正白旗。父孙得功，以明游击归附努尔哈赤。初授王府护卫。顺治八年(1651)，任牛录额真，并授刑部理事官。十一年，升任甲喇额真。康熙二年(1663)，升任甘肃总兵，后又加右督都。十五年，升任凉州提督、一等阿达哈哈番世职。十六年，晋三等阿思哈尼哈番世职。二十三年，授甘肃提督。三十一年，加太子少保，授拜他喇布勒哈番世职，加振武将军。三十二年，参加平定噶尔丹叛乱，在昭莫多率所部与诸军奋战，击败噶尔丹，受到康熙帝的褒奖。三十七年，加拖沙喇哈番世职。三十九年，病故，赠太子太保，赐祭葬，谥号“襄武”；又晋世职一等阿思哈尼哈番兼拖沙喇哈番。乾隆四年(1739)，定封一等男，世袭罔替。

孙思克墓碑　残碑，满汉文合璧，康熙四十年（1701）立。今存北京石刻艺术博物馆。

碑身

碑身局部

92. 奉天府府尹王国安等陪同致祭北镇医巫闾山之神碑

王国安　汉军正白旗。康熙二十一年（1682），任浙江巡抚。二十三年，升任浙江总督；同年，调任福建总督。二十六年，先任刑部右侍郎，后任左侍郎。康熙二十八年，由刑部左侍郎调任奉天府府尹。三十四年，以丁忧离职。三十七年，复授原官。四十六年，先任兵部右侍郎，后任左侍郎。四十八年卸任。

王国安等陪同致祭北镇医巫闾山之神碑　汉文，康熙四十二年（1703）立。今立于辽宁省北镇市北镇庙大殿前西侧。

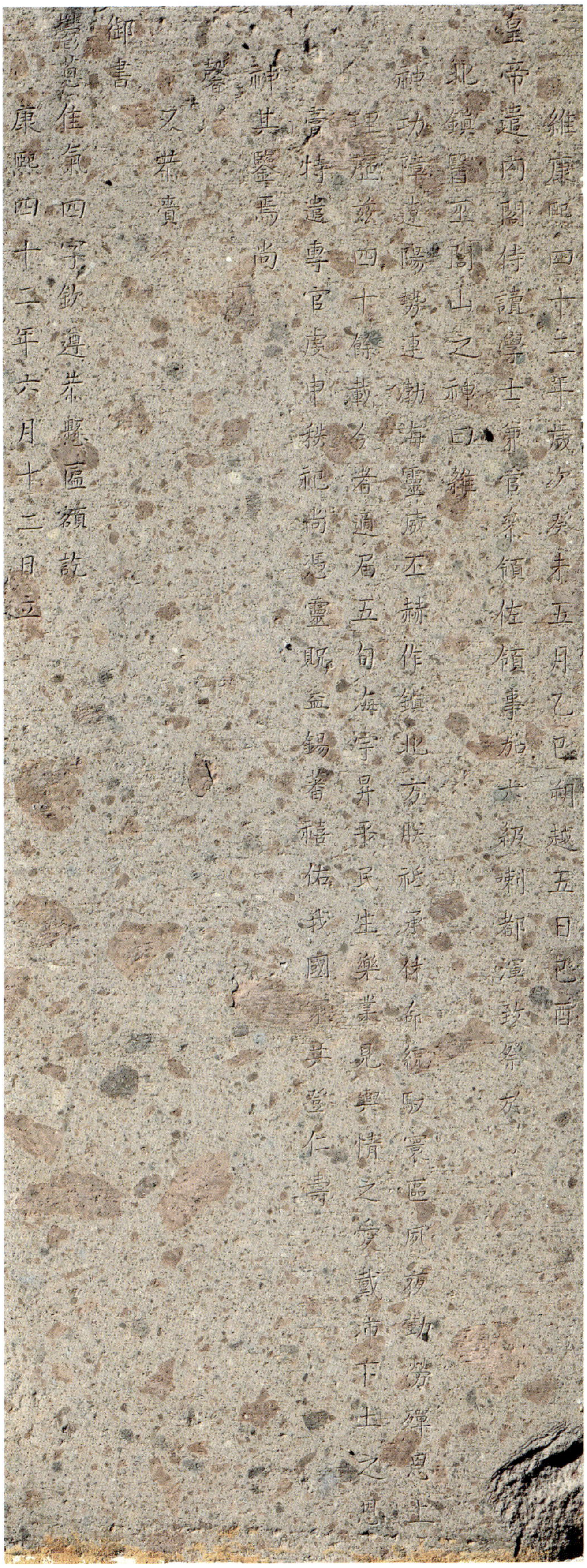

碑身

碑额

额题　汉文“御祭”。

碑座

93. 奉天府汉军副榜贡生胡天成书丹重修义州大奉国寺记碑

胡天成　奉天府广宁汉军。康熙四十一年（1702），壬午科副榜贡生。四十五年，为重修北镇庙禅林记书丹。

胡天成书丹重修义州大奉国寺记碑　汉文，康熙四十五年（1706）立。今立于辽宁省义县奉国寺大雄殿内西侧。

碑身

碑额　额题“重修大奉国寺”。

山门

大雄宝殿

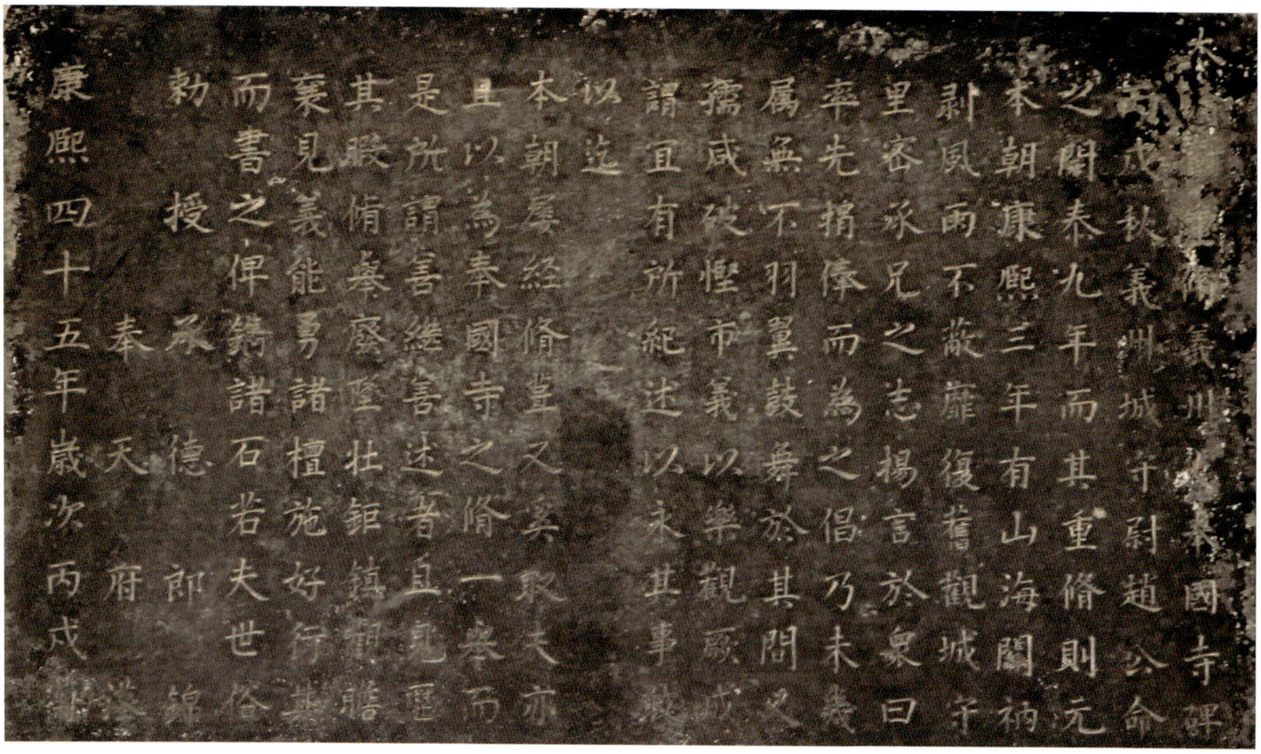

戊秋義州城守尉趙公命
之關春九年而其重修則元
本朝康熙三年有山海關祠
剝風雨不蔽靡復舊觀城守
里客承兄之志揚言於衆曰
率先捐俸而為之倡乃未幾
屬無不羽翼鼓舞於其間又
斋咸欣慳市義以樂觀厥成
請宜有所紀述以永其事與
以迄
本朝屢經修葺又奚取夫亦
且以為奉國寺之修一舉而
是所請善繼善述者且見歷
其暇脩舉廢墜壯鉅鎮鞏瞻
褒見義能勇諸檀施好行其
而書之俾鐫諸石若夫世俗
勅授承德郎錦
奉天府
康熙四十五年歲次丙戌

碑身局部（一）

麗閎於遼遍尚矣始創於遼
纍纍至
七年地震棟宇摧頹像飾漶
難之繼而其弟城守尉諱巴
跡而聽其隤礦烏乎可於是
竟之志復為經營壁畫而像
輪兆素封之家以及田野婦
輩變舟摳穲拱悉復其舊僉
遼之叡寺於茲奚取歷元明
聽其隤礦而漸淪於湮沒也
督鳩僝之役有志而事竟成
使人有餘力家有餘財乃以
力於神者至諸公之鼓舞贊
皆可紀乃即來意稍次其語
弗道也
謹撰
胡 天成 書丹
吉旦立石

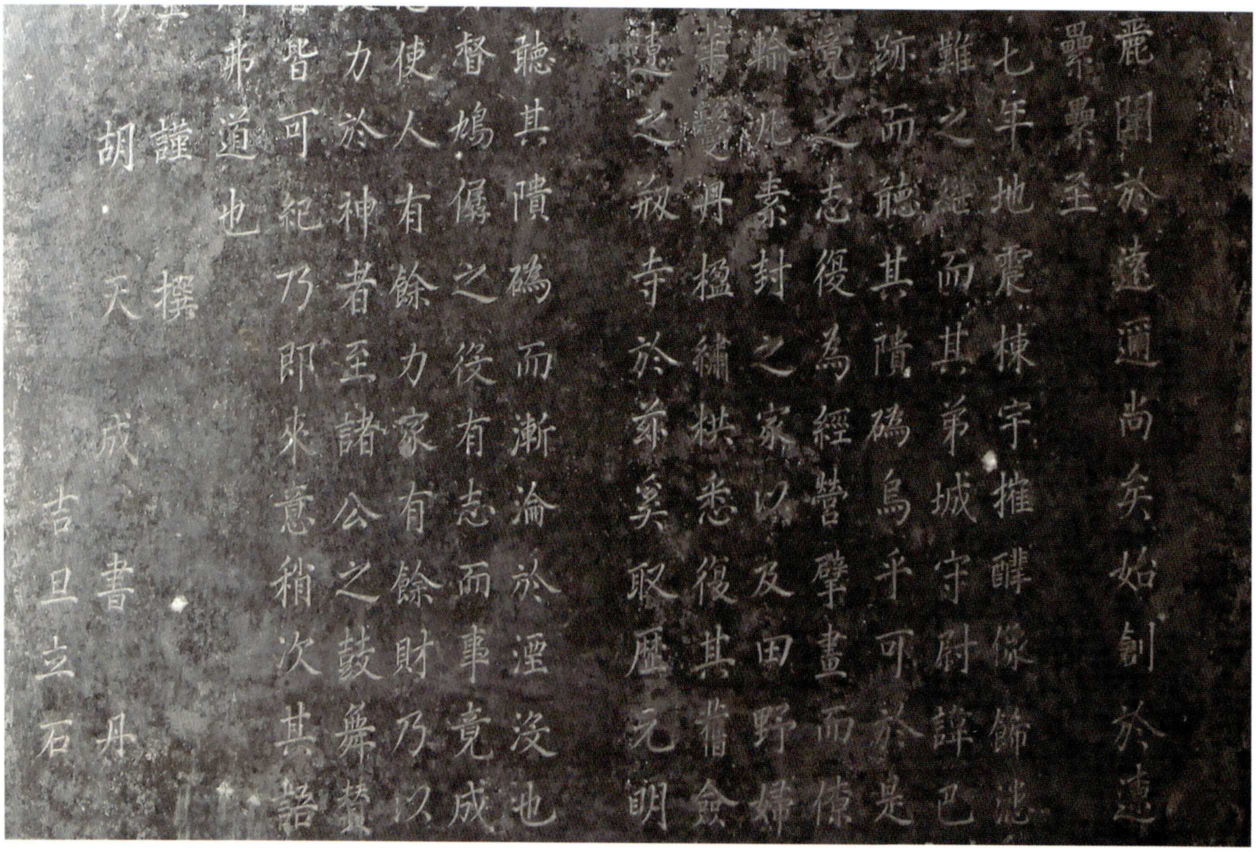

碑身局部（二）

碑阴碑身

94. 奉天府汉军副榜贡生胡天成书万寿碑亭记碑

胡天成书万寿碑亭记碑 汉文，康熙五十一年（1712）立。今立于辽宁省北镇市北镇庙大殿前西侧。

碑额

额题　“万寿碑记”。

碑座

碑身

碑阴碑身局部（一）

碑阴碑身局部（二）

95. 特授山东按察使司按察使蔡琦为通议大夫诰封碑

蔡琦　初任户部福建司员外郎；二任刑部陕西司郎中；三任刑部旗缺郎中；四任江南通省驿盐道按察使司副使；五任四川分巡永宁道按察使司副使；六任湖南按察使司按察使；七任山东按察使司按察使加四级。康熙五十二年（1713），以覃恩特授通议大夫，赐予诰命。

蔡琦诰封碑　满汉文合璧，康熙五十二年（1713）制。出土于河北省卢龙县中学，今存卢龙县文物管理所。

碑身

碑身局部（一）

碑身局部（二）

96. 诰封中宪大夫申朝信墓碑

申朝信　号孚远，汉军正蓝旗。辽东人，康熙初年从军。康熙二十三年（1684），因有战功，授予骁骑校。三十六年，又叙功升任铁岭章京。诰封为中宪大夫，妻刘氏、于氏为宜人。五十五年，去世，赐祭葬。

申朝信墓碑　满汉文合璧，康熙五十五年（1716）立。今立于辽宁省铁岭市申家沟。

碑额　额题汉文“敕旨”。

碑座

碑阴碑身局部

碑身

碑阴碑身

97. 山东巡抚李树德泰山题额石坊

李树德　汉军正黄旗。康熙五十五年（1716年）至六十一年，任山东巡抚。五十六年，修建泰山一天门石坊时题写坊额。

李树德泰山题额石坊　汉文，康熙五十六年（1717）题。今位于山东省泰安市泰山红门宫南的盘山道上。

坊额

坊额（左）

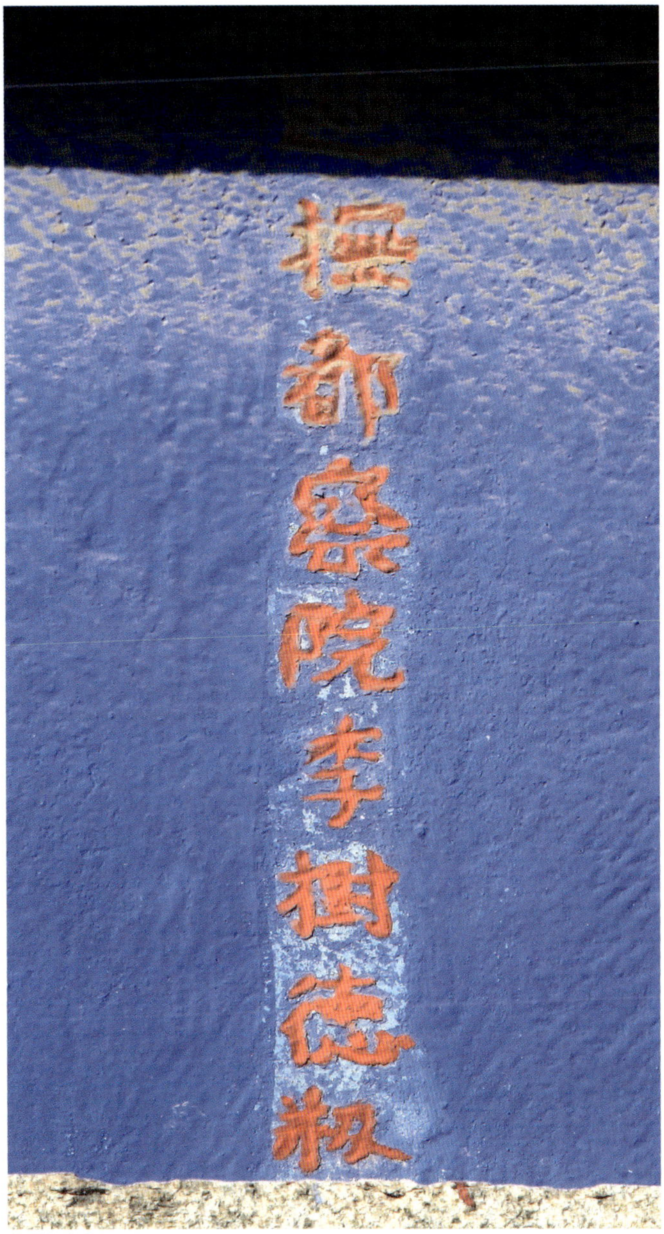

坊额（右）

98. 广西巡抚宜思恭撰游禹王台记碑

宜思恭　字允啸，号省庵。辽阳人。康熙年间，历任湖南知州、江苏布政使、广西巡抚。康熙五十七年（1718），借奉命巡视之机与友人和子侄游览禹王台，并留下碑中的诗文。

宜思恭撰游禹王台记碑　汉文，康熙五十八年（1719）刻。今存河南省开封市禹王台。

碑身局部（右）

碑身局部（左）

99. 广西巡抚宜思恭游禹王台诗碑

宜思恭游禹王台诗碑 汉文，康熙五十八年（1719）刻。今存河南省开封市禹王台。

禹王庙

碑身局部（右）

碑身局部（左） 诗中作者宜廷怀与宜廷枢，分别是宜思恭侄与子。

100. 诰赠资政大夫总督淮扬等处地方提督漕运海防军务兼理粮饷兵部尚书兼都察院左副都御史晋封光禄大夫蔡士英神位碑

蔡士英　字伯彦，号魁吾，汉军正白旗。原籍江苏宿迁，世居辽东锦州。崇德七年（1642），同祖大寿归降。顺治元年（1644），授世职牛录章京。因从征转战，立有战功，升任右副都御史。九年，出任江西巡抚，任内奏请蠲免税赋，解禁开采，为民所颂。十二年，任漕运总督，加兵部尚书。后因病回京。康熙十四年（1675）后病故，谥号“襄敏”。次子蔡毓荣，在康熙年间任四川湖广总督，分设四川总督后任湖广总督、云贵总督等职。因任内违法，戍边黑龙江，后被特赦。三十八年，去世。

蔡士英神位碑　汉文，立碑年代不详。原址在河北省卢龙县钓鱼台村，今存卢龙县文物管理所。

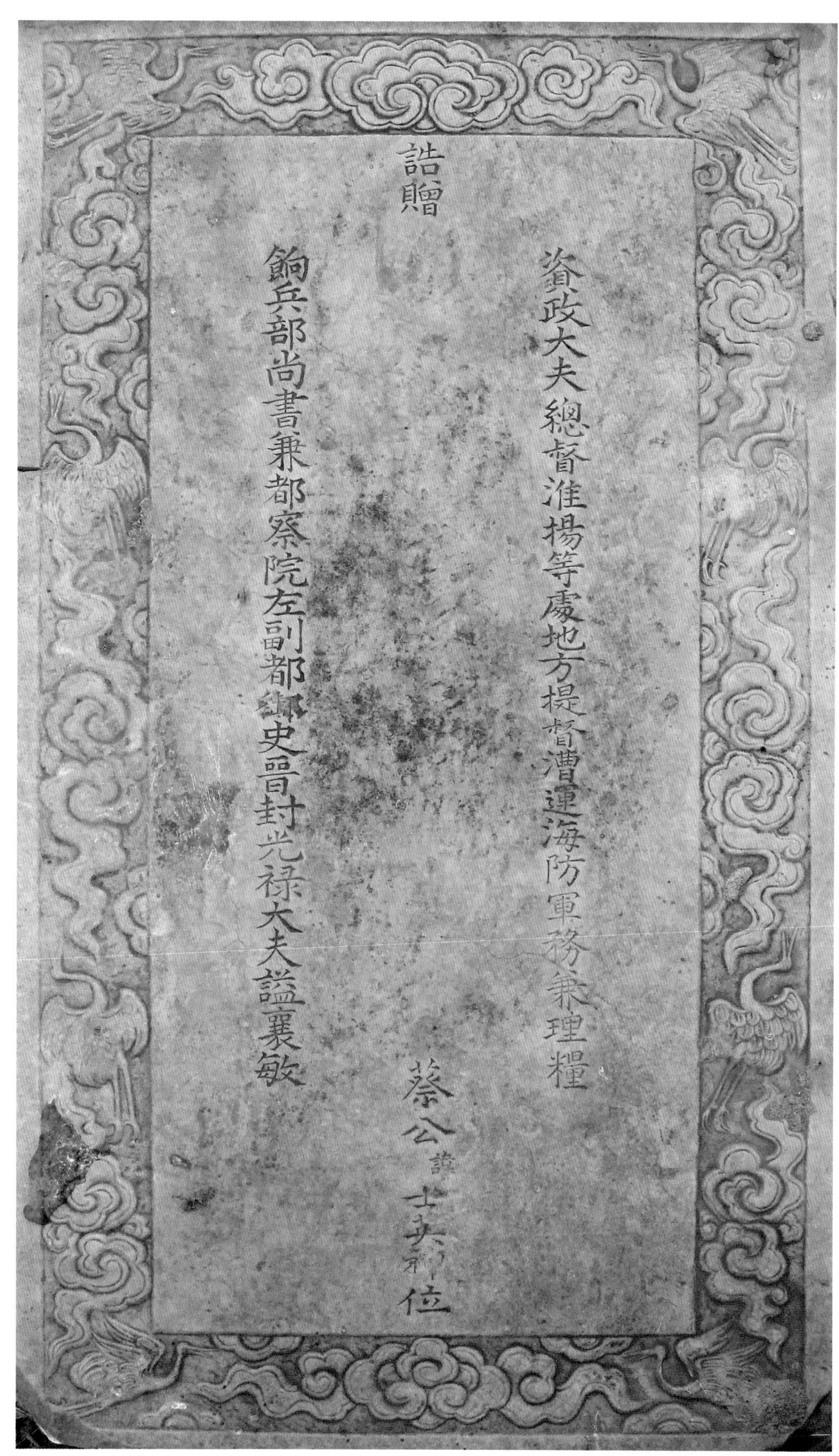
誥贈
資政大夫總督淮揚等處地方提督漕運海防軍務兼理糧
蔡公諱士英
位
餉兵部尚書兼都察院左副都御史晋封光禄大夫謚襄敏
碑身

101. 巡抚山东等处地方督理营田兼理军务兵部右侍郎兼都察院右副都御史赵祥星题岱庙石坊坊阴楹联

赵祥星　汉军正白旗，奉天义州（今辽宁省义县）人。清顺治年间，任山西赵城知县。康熙十二年(1673)，任山东巡抚、兵部右侍郎兼都察院右副都御史。十八年，卸任。

赵祥星题岱庙石坊坊阴楹联　汉文，康熙年间刻。今刻于山东省泰安市岱庙石牌坊阴面。

坊阴局部

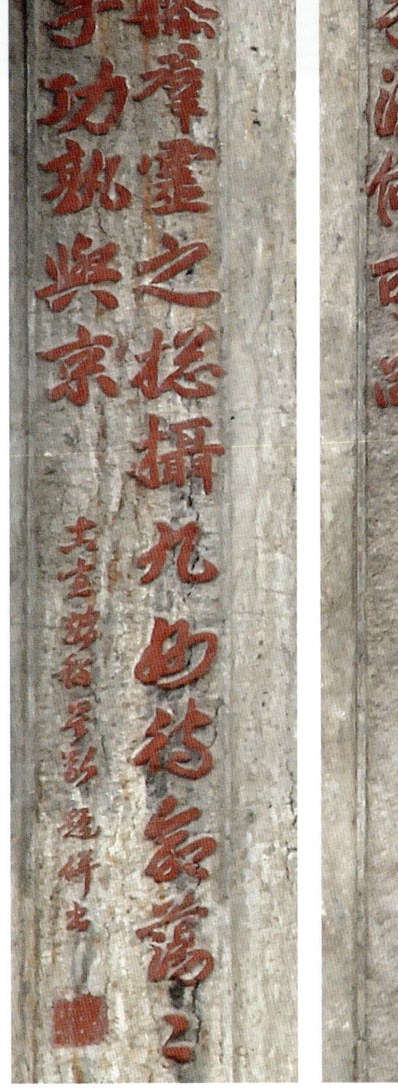

坊阴左联

坊阴右联

坊阴坊额（右）

坊阴坊额（左）

坊阳

碑文辑录

1. 平南敬亲王尚可喜凤翔山墓碑

平南亲王谥敬尚可喜碑文

稽古兴朝必有贤良之臣生则荣以高爵殁亦锡以丰碑所以劝忠盖甚备也尔平南王尚可喜性秉刚方材称敏练自航海归诚攻取诸岛平定朝鲜戮力戎马之间松山杏山等处立有战功及入关而后击流寇廓版图于湖南随宜剿抚所向克捷迨提兵广东克取省会南雄肇庆诸郡邑次第削平所有各巨寇后先擒斩藩翰东南厥功茂焉迩者逆诸倡乱尔益励忠盖以保严疆武略奋扬勤劳素著克笃臣节感戴国恩方期永倚藩屏何意积劳薨逝朕甚悼焉特赐谥曰敬勒之贞珉光及泉壤国典臣谊庶几垂无斁哉

康熙贰拾年拾贰月贰拾伍日立

2. 平南敬亲王尚可喜文安山墓碑

……则荣以高……练自航海归诚攻……流寇廓版图于湖……伪侯伯总兵各巨（寇）……奋扬勤劳素著……

3. 智顺王尚可喜新建三圣庙碑

新建三圣庙记

尝闻设□□□以神教感心其职断续之初良开葆赤之纯一□咸在诸□士暨谓佛号声闻无有不为世废而□主□悲天也洵及三圣母懋德之□□天之内锡祥拯厄未足尽状焉秉心非一日而夙构斯成庙貌焕而威仪廪禔撕在而顽贪消庶可为尘滚中醒□青疚中清浣毓胤钟灵何莫非圣母之慈之化也种种恒福可胜述哉故识短碣云

时大清崇德伍年九月中浣五日吉　智顺王尚可喜敬立

4. 平南王尚可喜撰重修飞来古寺记碑

重修飞来古寺碑记

峡居清远之上游茅君传所载第十九洞天其寺则始于梁普通年间舒州延祚贞俊禅师卓锡处也从峡二山神之请一夕随风雨飞来由是师亦旋至负荷大法阐扬正教自萧梁迄今千有余年虽至德禅居广庆之赐额屡更而当日之遗名尚在异迹犹存不穀先年提兵度岭底定东粤于军旅稍暇修葺寺院之破坏与道途之顷卸况此寺乃古道场也依山枕石俯瞰江流岁月已久兰若圮颓椽瓦拆毁像设剥落

断碑残碣雾锁尘埋猿啼鹤唳满目荆蓁有识者见之能不恻然不縠正欲克复前规适舒氏患病垂危焚香立愿修寺祈福果遂痊可即捐赀嵩官刘国泰李子红董率营办采买物料鸠工创造而殿宇廊庑与夫鼓阁钟楼之属俱焕然一新诸佛菩萨色相庄严清净妙好莲花贝叶金碧辉煌可谓峡山之香林荒服之祇园也经始于壬寅年八月落成于次年腊月共用过金钱若干原有岁额租谷若干石奈何缁流星散住持无人谨遴拨南华寺僧轮流守护庶不坠佛祖家风早晚虔修为国祝釐永奠舆图昔贞俊师说偈曰此殿飞来胡不飞去忽闻空中有动不如静之语则此殿静而久宜住世不应变动而复坏矣然兴废圮成循环相因不縠勉襄是举缔造维新此亦峡江之大观也俾后来者有扬帆而揽胜有登眺而瞻仰其间岂无继此而兴起焉者名山古刹当与归猿洞争奇竞美于是勒石记之以垂永久云　平南王尚可喜谨识

康熙二年岁次癸卯冬十二月吉旦立

5. 平南王尚可喜拜题鼎建大佛寺记碑

鼎建大佛寺记

大佛寺者故龙藏寺遗址南控城垣北肩拱北楼后改为巡按公署顺治六年己丑春余受命南征奉扬天讨先声所至电激星驰仰赖天子威灵底定全粤恢省之日署毁于兵时以军戎旁午未暇寻讨迩者岁不荐饥民不怨讟亦云风享有象已念欲祝厘佑国考访旧迹因从军旅之暇庀材鸠工董缮其事是役也始于癸卯之春于甲辰仲冬告竣东西若干步南北若干尺中置梵释诸相范金为身东西两翼为方丈香积又若干间庄严宏壮观者耸焉维时藩下文武将吏称词以进曰王㧉拓粤疆劳来镇定及兹十有六载惠铭尸祝功在口碑况比年缮修学校捐造舟船崇文饬武者虑无不举又如英清上游诸峡路当孔道蓁芜荒秽行路戒心以及飞来古寺湮没蛮烟瘴雨中蛇虺之与俱豺狼之所宅王举捐发帑藏一一更新之盖已惠泽旁流仁风翔洽矣又何必范金仙以锡福考钟鼓而宣慈也哉余曰不然夫策驽蹇者难与道骅骝之安逸足睹浅近者难与论要眇之深情余与镇兹遐方日从事于金戈铁马间虽天威咫尺而神京万里不得于鹓班鹄立诸臣虎拜扬言所借以媚兹一人称祝无疆者惟是晨钟暮鼓存骏奔对越之想况瞻仰慈容而令良有司念切如伤贤子弟爱深孔迩则作忠教孝均在乎是孰与夫铜柱标名刑书贾谤为余不谷邀福于大觉诸天也因各稽首唯唯请书其事于石

康熙三年岁次甲辰孟冬吉旦

平南王尚可喜熏沐拜题

6. 平南王尚可喜敬题大佛寺题名碑

大佛寺题名碑

此寺之所由建也于与祝国厘奠苍生寓敬天勤民之意前文已备载之矣无容赘也盖闻国之大事在祀在戎戎马之功效力于边陲者师武臣力固已其所以奉天子简书威镇岭南节制文武抚绥百姓同勦国事措粮饷执国宪揆文备武疏附先后奔走御侮一时咸有赖焉嘉绩既奏于兴朝而芳名宜垂于福地则勒石扬休宁敢独后于诸君哉不縠自底定东粤当时栉风沐雨恢复海疆所以共勦军国大事不可胜纪语云开创难守成正自不易今日荡平之功与开创相等始有尺地反侧一夫向隅曷足以歌功诵德乃年来威镇岭南者总制文武者抚绥万姓者暨诸司道府佐县令咸相拮据为国为民极一时之盛甲辰

秋奉命东征不战而屈非诸君之播扬天子威命有素曷克至此戎事与有同功应备列以光祀典时十有一月厥工告成不穀因命勒石垂不朽云

康熙三年岁次甲辰仲冬吉旦

平南王尚可喜敬题

（文武官员姓名略）

附：尚可喜题太平庵钟铭

钟铭

今上龙飞之七年平南王奉命恢粤二月初六日抵五羊城北白云山结营山阿凡九阅月将士奋腾兵马无恙期间铸炮制药随手而应阴有神助是年十一月初二恢省追溯不忘乃捐赀建造太平庵内塑佛像爰勒之钟鼎以志佛力于不朽仍镌以铭铭曰鸣镎肃旅以事南征绿岩列帐依岫分营百举汇应乃克坚城爰溯佛力铸钟铭用以永播其芳声

顺治壬辰岁三月吉旦

平南王建

广州府督捕通判周宪章监造

7. 平南敬亲王尚可喜墓志铭碑

皇清册封平南敬亲王尚公墓志铭

经延讲官光禄大夫户部尚书加一级前礼兵刑三部尚书吏部左右侍郎礼部右侍郎内翰林秘书院学士詹事府詹事兼内翰林秘书院侍读学士国史院侍讲学士弘文院编修内翰林庶吉士辛丑甲辰充读卷官丁未会试总裁壬辰武会试总裁癸未科进士出身同郡弟梁清标顿首撰文

赐进士出身资政大夫刑部左侍郎加二级前刑部右侍郎经延讲官吏部右侍郎兼翰林院学士礼部右侍郎兼翰林院学士内阁学士兼礼部侍郎日讲官起居注翰林院侍读学士翰林院侍讲学士内秘书院侍读国子监司业内国史院编修翰林院庶吉士纂修实录副总裁丙辰充文武殿试读卷官己酉河南正主考管理章奏撰拟诰敕秀水杜臻顿首篆盖

赐进士及第通奉大夫日讲官起居注詹事府詹事兼翰林院侍读学士加礼部侍郎加一级前左右少詹事兼翰林院侍讲学士国子监祭酒翰林院侍读侍讲纂修实录孝经壬子浙江正主考己未充殿试读卷官内翰林国史院编修萃亭沈荃顿首书丹

王姓尚氏名可喜字震阳其先真定衡水人也大父继官始迁海州父学礼为东江裨将皆以王贵赠如王爵王幼而权部骁果识量过人善马射以侠烈见称赠王战殁王代统部众勇绩屡振是时太宗文皇帝即位六年政迹愈极天人咸兴已有肇基一统之势王先机明断遂决意来归籍献所部将吏兵民万余口及所略定广鹿大小长山石城海洋五岛太宗大悦遣内院范文程都统陈旦木往迎王至复命亲王郊劳给万马以乘山水所部命驻于海州庐舍帷帐器用服饮备具赐敕书一道麟钮金印貂及雪里狲等裘二十四袭马匹弓矢甲盔骆驼四园帐房两架以不费弓矢为国家肃清海岛不烦国家兵力克建大功也明年随征大同宣府又明年太宗改元崇德封王为智顺王夫人为王夫人遂从征朝鲜战果木山皮岛从攻锦州击斩大将曹腾蛟于松山又从下杏山中后所前屯卫塔山皆有功世祖章皇帝元年李自成讧中

夏王师伐举王从大果入山海关自成走逐北至庆都遂徇下山西诸郡复从英王出居庸并塞南渡河入绥德与固山谭泰攻延安延安与肤施相犄角攻不克王敕诸将佯攻肤施而阴勒精兵传城猝用大炮击之贼师不支遁会豫王已克西安秦地定乃从英王分兵定郧襄降其将复与英王合兵承天令安禄别追战樊湖所部俘贼刘方亮等因随英王道九江凯旋复偕诸将下湖南定长岳衡水宝郡敌闻我师至各鸟兽散兵无留者遂入全州楚地悉定顺治六年天子以王智勇茂著将命从粤事改封平南王赐敕书三台龟钮金印加岁禄六千两偕靖南王趣广东将出师靖南王逝于吉安王始特将十二月晦克南雄三日下韶州次于英德舟师拔清远王从大兵陆攻从化听命遂围广州十月乃克檄降惠潮遣将南徇肇高雷廉设长吏旁属邑域据险弗下率掊击无遗种广东大定始广州未下城主杜永和以死守王按甲造战舰铸炮既成百道并进炮发烟火黑雾城上益矢石雨注不得近王怒脱铁甲披锦甲跃马渡濠督将士持刀欲先登左右泣抱王呼曰城不破我何报天子拔刀将自刎群下持之将士咸肉搏上既克即下令禁屠掠封府库收版籍护郡学粤民至今服王之勇且仁也王为人机警沈深决谋策若深山大林龙虎变幻不测遇敌彪悍猛厉莫能抗拒然性慈爱与人宽和将兵不妄掠妇女好文礼士广州平三月辄名博士弟子集讲堂陈琴瑟钟鼓称说诗书日旰乃退佛山距府六十里诸将请剿王曰此四方商旅辐辏地大兵一过肆市里灰烬百货弗至非吾利也不许又请剿石门亦不许厥□□安李定国之陷桂林也王疾遣军援定藩将吏复梧州已定国围肇庆陷高州□刘□□王亲督兵御再战大克之北至扬州定国焚桥遁海寇千艘逼潮城焚揭阳等县王自从征贼遁人海降将苏利据碣石叛合战南塘埔破利遂克碣石王顾粤地滨大海多溪谷丛林箐篁险阻嶕峣蛟蟠蚓结多为盗贼逋逃窟穴若文邨之王兴龙门海陵之周金汤李赏荣邓耀记福寨之萧国降满洲之陈豹□民则李荣周玉□千百计或奉故明宗藩或假明爵号盘踞洞穴出没瘴海间王德抚威拯或降或诛又扑剿五岛增城番禺□□□塘那□□奚山为贼羽翼者伏莽从戎伐用弗兴王既威武外鬯乃益储军实而辑和其民人于是恤□□叙勋伐治艎船分屯戍市战马平道路修城垣营文庙葺神祠广赈恤□益科举额制郡邑卫程册禁奸宄虐民者粤之咸用是大和自王起家辽海身褰旗斩将大小数百战既入关王师桓桓罴虎肇燕都扫赵魏荡秦关楚底定濒南北转战万里王皆奏绩行间未尝折矢遗镞而其平广也既专既久厥功尤茂世祖十三年赠王三代爵置守冢人户于海州衡水再增禄一千两子之隆尚主夫人享大国封今上御极复晋号王妃赐王裘马靴带奖赉优渥□□□□盖王之忠诚夙昔孚也既王自念春秋高居海疆已久上疏频乞回归故乡蒙天子怜悯得请而滇逆变作遂被敕留镇复晋号亲王食禄万石王闻变发愤誓师志弥蠡贼确保疆域□□□□□□□寸土岭南闽海咸用怖慑然王齿已登耄矣遂请以子之孝嗣统其众疏上诏曰可如其爵之更颁之孝以大将军印南征□□□□怒□□未几王以春秋日增卒然遂捐馆舍呜呼哀哉王奋迹几知佐命真人托体肺腑享有茅山丰蝉金印卒诏恤第珍衣赏饬上驷之赐填塞府厩土田园池第宅甲于戚里执圭执帛之宠逮及与台即古所称平阳高密算或攸逮真人杰矣哉传曰云起龙腾化为侯王自非攀附圣主依日月之光不至此缅怀我太宗皇帝招礼英杰秩冠五等德至隆矣世祖皇帝推毂分阃寄以岭外任至重矣今皇帝载锡崇封礼秩弗替恩至弘矣历稽图牒自汉唐以降眷遇勋旧未有若兹之分而弥笃者宜我国家之本支百世亿万年受天之休也王灵榇北返将汲济上天子遣近侍柯白等慰问至德州又遣銮仪正使索心裕等奉谕迎于天津遣礼部尚书吴正治赍御制文以祭越数日复遣侍郎富鸿甚谕祭如前礼既驻丹潞河会天子方省祷郊外颂嘱永叹谓王克□讨□逆忠贞勿贰勋绩未树剧殒阙命更诏近臣酹而劳其家复赐谥

曰敬煌煌纶命有加无已呜呼王之灵亦安哉王生于前明甲辰八月初一日巳时薨于康熙丙辰十月二十九日午时享寿七十三岁越五载归葬于海州故封礼也子三十三人女三十五人孙六十二人曾孙九人具载家乘不备录康熙十二年标受诏迎王于粤继复奉布恩纶留镇晋爵前后将事又获托王桑梓之末谨按状志而铭之曰

恒岳巍巍　遹亶上将　允德允威　鹰扬武壮　贞珉既合　豹变而升　箕腾井跃　遂战南荆　吁矣番禺　蛟鲸之渚　建钺往临　海隅丕叙　薅其稂莠　殖其良禾　功成磐石　民哺而歌　夏璜封□　分土列爵　笃弼三圣　功宗伊濯　大耋忽嗟　殒我河鼓　言葬于丰　稽礼则古　乃瞩辽疆　曰溥且将　乃卜幽宅　曰崇以康　壤□泉□　第名藩宅　永佑后昆　绍乃世德

8. 皇清册封平南亲王尚可喜神道碑

皇清册封平南敬亲王谥敬讳可喜尚公神道

9. 皇清册封平南敬亲王妃舒氏墓志铭碑

皇清册封平南敬亲王妃舒氏墓志铭

经延讲官光禄大夫户部尚书管兵部尚书事前户礼兵刑四部尚书吏部左右侍郎礼部右侍郎内翰林秘书院学士詹事府詹事兼内翰林秘书院侍读学士国史院侍讲学士弘文院编修内翰林庶吉士辛丑甲辰充读卷官壬戌会试文武读卷官丁未会试总裁壬辰武会试总裁癸未科进士出身眷弟梁清标顿首撰文

赐进士弟资政大夫礼部尚书前刑部尚书礼部左右侍郎兼翰林院学士内阁学士内国史院学士弘文院侍读学士翰林院侍讲学士国子监祭酒左右春坊秘书院编修国史院庶吉士奉旨纂修顺治内训通鉴全书乙丑会试正主考纂修圣训明史副总载癸丑己未壬戌充文武读卷官侍郎经筵眷弟张士甄顿首篆盖

赐进士出身翰林院检讨充国史纂修官乙丑会试主考宫翰林院庶吉士眷晚生潘应宾顿首书丹

岁辛酉平南王归葬海州余王先世阙里既名相随在矣丁丑年丙寅王妃复卒蒙嗣宣义公来告曰昔我先王尽瘁王室建树勋伐赖公德赐□□□□不朽今先王妃不幸无禄藐诸□□□悯凶摧怆弗能又恐先王妃嘉言懿行闪失弗扬顾今者而载此铭惟先王乙丑年奉诰入粤吏民咸称王妃贤有鹊巢夫人之风阅十三四载尤心识之弗忘□□□公□以□□□□□志曰妃姓舒氏辽东人也父克孝母孙氏代有积庆妃幼而恭庄贞静言笑不苟□邻里嘉叹号朴朴女平南王闻其潜德遂此礼聘焉妃既庙见夙夜恪慎庀饬内政王方任帝师妃殚心佐理□□一心佑□感□筹□或作□□娣为士卒纫补甲裳罔有弗逮是以王数十年宣力封疆□□□天□□无后虑者妃之力也□□又以姜女谏受成伯烈楚夫人邓□既畅军务见美口秋何以异兹诞承宠笔大藩妃亦坊□□下宅复南海时伏莽未靖大鹏碣石之贼雉嗛鼠窥往往而有王用惕尤弗克大定妃□□而无蠢兹小丑弗恭天感鬼神示之实震且怒恶罪既盈后遗齐毖王第缮甲兵简材勇和民人以俟王嘉纳之致广南大定顺治十三年册封平南王夫人于是补衣象服翠笄朱幩有频繁之庆然妃益不自满□芥施养事尝进规于王焉感不后□武不遗文王且董率将士式遏乱略然尤镇王惠黎庶而敦儒雅也由来王治兵粤土时禁戢骗悍敬礼贤士大夫修葺先师庙廷以至观宫梵宇咸极轮奂粤人丕称王绩莫知为妃赞也上御极推恩勋旧晋封平南王妃拜命之日悚惕

弥至名诸嗣子而勉之曰忠德之本也敬德之基也若父幸际圣天子穆济王爵施及箕帚载膺诰册国恩渥矣所以报称乃曹勉之惟忠惟孝可以事主可以顺亲及王薨归葬海州慨然曰未亡人事我先王垂五十年涉历南北昕夕竞竞以思妇职令老矣荷圣天子膏泽获归骨桑梓未亡人首丘之念毕矣无何耄耋既贲疠疾忽进属圹之际尤遗教曰未亡人幸得从先王于地下愿我子孙世笃忠贞乃心王室乃父母光未亡人且含笑泉壤矣妃为人慈和而律己严稳王妾媵袝贯鱼以进果欤江汜抚爱群嗣若鸣传之均与王白首偕老肃然大宾遇事则以义利多有齐婪戒旦之勒有楚姬进贤之义有安国兴邦之哲有堂邑保家之贤其今往若是用以屡被恩伦德有百保齿登上寿而诒谷后昆也宜哉妃以前明壬子三月十三日寅时生以康熙二十五年八月二十二日酉时卒于海州寿七十五岁子姓众多皆具王圹志中不赘述以卒之本年十一月初十日合窆于平南王之墓礼也铭曰

煌煌天孙　晰晰河鼓　天锡我后　作合藩辅　王奉国威　鹰扬□妃　毗□□思　内政肃欣　灿彼裳衣　且纫且补　非曰肄劳　遍我士伍　王莅海邦　疆域南土　妃克翼思　佐郈膏雨　浣衣粗粝　申命保姆　俭德乃恒　□矜綦俎　王登上寿　彤弓王首　妃克副思　翟衣肃辅　金册鸾章　炜煌堂庑　小大欢呼　天子所予　履泰席丰　妃弥谨惧　式训后昆　忠良惟矩　心腹肾肠　弼我圣主　勿替前劳　永作熊虎　王功东窆　妃抵辽浦　乐我故园　言言语语　大耋俄嗟　丹旌忽睹　烟月苍茫　楼台何处　往矣海郊　厥壤讦讦　松桧交门　丛兰撑户　作祔先王　神灵孔妥　敬勒贞珉　遗传终古

10. 皇清诰封一品夫人显妣杨氏太夫人墓志铭碑

皇清诰封一品夫人显妣杨氏太夫人墓志

太夫人出燕山杨姓望族适先君平南亲王以淑德著称年三十有四举□□□辽左之海州郡人今之海城县也顺治己丑从先君获隆入粤丁酉夏隆奉先君遗偕见季北上陛见尚王碑成遂居京邸违温清者十稔康熙六年丁未始得乞假观省缘复命期迨次年二月辄告辞返京越两祀庚戌因先君欲见□公主女□□□□□请□得挚妻女再抵羊城稍尽齐观而究以事君为大不敢久恋庭闱明年辛亥午月十月又□□□□维时□□□□□□关心虽悲感之情时见于颜色然犹精爽健□未有桀俭风□□□□之家□后□奉旨往广搬接先君羚棕省母妃家□北来三十外季鸟鸟之□于兹有遂□养而□太夫人颇以痛念先群君忧患漂摇故抑□多恙日奄奄羸弱矣方期竭力□旨以赎从前不孝之愆孰意三载未周太夫人竟弃隆等而长逝也呜呼痛矣死生永诀梦寐音容欲抱□□昊天罔极隆独□心能不伪哉太夫人事先君五十余年生之隆一人官太子太保和硕额驸尚□世祖章皇帝和顺公主孙男二人长崇序系命立年十五未娶次崇庆年一岁并孙女三俱系公主出长孙娶适和硕纯亲王为妃王早薨毓遗腹子袭王爵不一龄而□今□□□上以□世子赐嗣袭爵焉余两孙女俱幼未受聘太夫人生于前癸丑年十月二十六日午时卒于康熙丙寅年六月十一日辰时享年七十四岁自京邸扶葬于海城县南三十里之水泉山本年十月初四日卯时入圹先君讳可喜字元吉号震阳世籍真定之衡水随□赠王迁居海城由军功为边将太宗朝以从龙进关册封智顺王世祖御极之六年持简先君帅师取广东锡以金册金印改封平南王粤平留镇三十余年安定绥□□□恩威为岭表造福无算康熙十有三祀滇寇倡逆陆□四□应□□先君□死□守危疆鞠躬尽瘁皇帝嘉予忠贞册封平南亲王易金印为宝而增注其功于金册

先君之亮节公忠丰功伟烈光诸□□者□朝廷则有国史□□□□统志诸籍在家乘则有宗谱元勋纪略元功垂范等书均可永传不朽以备考□□□过聊述大慨以何庸口置喙焉先君生于前甲辰年八月初一日已时薨于康熙丙辰年十月二十九日午时享年七十三岁谕赐祭葬谥曰敬正墓在于海城县东二十余里之凤翔山其入圹则康熙辛酉□月二十四日立□时也乃太夫人则以□立墓□余□□别封焉□而刻□为□先君灵纳之□圹中以□合葬之义隆□□子□先容□以诚不以伪□不敢蹈□后虚□请□于焉绅先生徒铺张□事而直叙其实绩以写重达□云尔考隆石永志

11. 管领侍卫内大臣和硕额驸尚之隆册封碑

太子太保管领侍卫内大臣和硕额驸尚之隆奉册文

皇帝诏曰开国立家必行重亲之道正名定品仍隆配公主之恩此乃古今之大义朕居大位仿古制已定和硕额驸品级尚之隆念尔系平南王男故将和硕公主配尔为和硕额驸尔勿以配和硕公主为和硕额驸之势越分悖理有违正道□加谨慎务行善义竭尽忠诚勿负朕宠

康熙五十七年岁次戊戌　月　日勒石

12. 佐领尚之玿重修绣岭衔泉（茅儿）寺碑

海邑多名胜之所其东南一带千峰耸秀万壑争奇参差错杂不可形状而去城十五里之遥有绣岭山焉山不甚高大而迂回曲折林木翳然望之郁郁葱葱殊多佳气其上有三泉色清而味甘游览者每托足于斯以快其登临之志山之巅有寺即以名其山者名之寺之兴废有无在前朝者不可得而知而国朝康熙八年僧了空者创茅庵二间焚修其上俗又呼为茅儿寺寺遂自此始嗣是越二十年而邑人赵义元等偕僧祝用自安造南向禅房三间又六年而邑人李进忠蒋自贵等与僧传江演福造西向佛殿三间娘娘行宫一间至康熙五十二年平南王子佐领尚之玿孙尚崇埏并僧传福造西向山门三间粤自初创以迄此时历四十余年而规模次第略备焉则土木之功固未易易言矣寺之中虽不必有辉煌钜丽之观而居于绣岭之上登高望远千山之叠翠辽海之分波一览无余且春夏之交草树茂密鸟鸣花媚坐卧其间耳目静而心神怡万感为之消除其亦学士文人之所乐得而登眺者欤虽然未有寺之先亦第巍然一山耳豺狼所伏狐狸所居探奇寻胜者□不过而问焉乃几何时而遂别有一天地夫非犹是前日之苍烟白露而荆棘乎何以佳花美木列植而交阴也夫非犹是前日之晦冥风雨鸟兽之嗥音乎何以啸歌管弦游人络绎弗绝也此固诸君之踵事增华创前此所未有而贻后人以无穷之乐也则凡登斯山者又乌可忘夫寺之所从来欤因勒之贞石昭示来兹俾后之君子知前人创造之维艰而废者修坠者举不致倾圮而荒颓则诸君之力且与斯碑并垂不朽云

吏部候选文林郎丙子科举人王人杰撰　甲午科举人唐廷暄书　丁酉科举人王锡蕃篆额　赐进士出身文林郎知海城县事纪录二次王玉□　儒学训导叶扶萼　巡检司巡检邓万选　典史郑士奇　总理牛庄城守尉武□□　副城守尉朴自强　□□城守尉宝阁　壬午科举人文林郎吴巴泰代子关进宝　石头仝助修　石匠李盛林　□文举镌

康熙六十年岁次辛丑孟秋榖旦立

13. 佐领尚之珆及妻恭人金氏墓碑

大清光绪叁拾四年七月十四日立

皇清诰授中宪大夫晋封荣禄大夫二世祖考尚府君讳之珆　诰授恭人妣金太君之墓

七世孙昌后　昌五　昌言　昌恺　昌功　昌族　昌清　昌百　昌春　昌铨

八世孙其相　其元　其禄　其恭　其庚　其玉　其英　其惠　其福　其安　其臣

九世孙久润　久涟　久源　久庆　久徵　久如

14. 中宪大夫尚崇容及妻恭人常氏何氏墓碑

乾隆四十九年岁次甲辰清和月榖旦建立

皇清诰赠中宪大夫显考尚公讳崇容　恭人显妣常氏　何氏之墓

男玉洁　玉葆奉祀

15. 佐领尚维瀚等重修茅儿寺碑（一）

关左国朝兴隆地也名山胜迹正自不少若□邑茅儿寺在东南一峰向城十五里之遥绣岭名其山茅庵著其寺层峦叠翠茂树阴浓高崖泉碧曲径花深真尘世之蓬岛欲界之仙都也前人之述备矣予又何敢以记之虽然文以记其事事以传于文原斯庙之建也不知创自何时考诸碑额于康熙八年有僧了空者建修茅庵二间以及二十八年三十四年修葺二次至五十二年又有平南智顺王之子佐领尚之珆孙崇埏□然乐善谋诸本寺僧传福暨众檀越等斩荆伐棘协力重修觉前之规模狭隘焕然改观迄今百余年矣损者修之残者补之□不知几几而仍败落如故本境会首徒增悼叹其如斯庙何幸县父母恩太老爷过睹于此勃然心感乐捐己俸命住持僧沙亮及会众尚维瀚赵士忠王文成李成宽董维仁金文义高文一张琨王文法等董率修理恐事难成复令铺会首普化众善共助成功工起于乾隆乙卯之季春成于嘉庆丙辰之仲夏佛殿山门罗列有序娘娘宫龙神祠各整重新外修客厅三间多罗亭一座禅堂墙院无不备举於戏先斯庙而修者非此无以承其先后斯庙而修者非此无以开其后古人云今之视昔亦犹昔之视今云尔谨为文永赖不朽是记

辽阳州庠生王梅撰文　汉军庠生□兆吉书丹

特授文林郎知海城县事恩古达捐银一百两

世袭中宪大夫汉军佐领尚玉耀捐银二两　接引寺住持达乾捐银二两

经理人（略）

嘉庆元年岁次丙辰六月上浣穀旦立　住持僧沙亮

16. 佐领尚维瀚等重修茅儿寺碑（二）

重修茅儿寺碑记

闻之制必屡经创建而后炳其规模功必勤于补葺而后垂诸久远如茅儿寺之继兴于嘉庆元年也至道光元年一新之十年一新之迄今廿年更新之稍不如旧辄为新之考其间数次修理之人即今首事之人

寺之新有加而无已免其颓圮更肃其观瞻岂易易也哉夫人情往往喜事而不能测其事之由来既不知创又安知因知因矣虽显示劝化之意复不能轻其财勤其事至于再至于三数十年如一日也此乌可以寻常之兴造视耶工始于庚子五月十九日峻于八月初一日其中间有改易增补之处而规模愈备异境益开且于寺中所需器用俱新为完整庶可垂诸久远矣而可以长此久远而罔替者则仍望于后之又新焉至于山水之秀丽庙貌之幽静并台榭之足快登临则数次重修之碑碣匾额俱详兹更不复赘焉是为记

辛酉科举人拣选知县海城县训导李浩□□（撰文）　郡岁贡生候选训导王朝文书丹

赐进士出身翰林院庶吉士知海城县事加十级纪录十次强上林　海城县右堂加一级纪录二次劳廷锡

赐进士出身现任江苏宝山县知县加十级纪录十二次刘光斗　户部管庄六品官加五级纪录五次林德

敕封奉直大夫邱国弼　辛卯科举人候选知县德泰

敕封奉直大夫钟钊　己亥恩科举人候选知县佟汉源

貤封奉直大夫汉军庠生尚维瀚　原任内务府库使邱庆录

经理人　邑庠生尚政枢　太学生尚政善　邑庠生尚政□　董维顺　王作福　赵璋　原任锦州仓外郎□宗□

道光二十年岁次庚子八月上浣榖旦立

17. 总兵官耿仲明等奉旨建大金喇嘛法师宝记碑

（碑阳）

大金喇嘛法师宝记碑

法师斡禄打儿罕囊素乌斯藏人也诞生佛境道演真传既已融通乎大法复意普度乎群生于是不惮跋涉东历蒙古诸邦阐扬圣教广敷佛惠蠢动含灵之类咸沾佛性及到我国蒙太祖皇帝敬礼尊师倍常供给至天命辛酉年八月廿一日法师示寂归西太祖有敕修建宝塔敛藏舍利缘累年征伐未建寿域今天聪四年法弟白喇嘛奏请钦奉皇上敕旨都元帅孔有德总兵耿仲明总兵尚可喜八王府令旨乃建宝塔事竣镌石以志其胜谨识

时大金天聪四年岁次庚午孟夏吉旦同门法弟白喇嘛建

钦差督理工程　驸马总镇佟养性 委官备御蔡永年

游击大海 杨于渭撰

（碑阴）

喇嘛门徒　瓮卜 班第 扒必知 闪把 孛代 咱世甲 罗布藏端州 齐榜识 率尼榜识 战麻 毛胡赖 布什孩 阿牛 孛治 摆晒 麻害 来福 路子 小保子 二小厮贾友登 贾友明 重阳 夏永时 王善友 把大□ □□友 徐计忠 范和尚 朱朝功 王厨子 洪文魁 洪□□ 王孝中 王尽中 贾计祖 徐德 王二 小倪子 明□□ 祖喜 玄方□

侍奉香火看莲僧　大成 大塔 金刚保 常会 大士 大召 妙意 宽德 宽伏 □童 祖俊

西会广佑大宁慈航寺僧　信海 信椿 洪果 信稻 性惠 果正 常□ 洪德 □正　性宗 信清

镇龙 洪湛 大常 大京 大玲 大清 妙本 宽然 玄龙 玄乐 妙感 玄维 召贞 信福 惠静 性朝 游备 郎位 郎熙载 臧国祚

总镇副参游备等官 马登云 黑云龙 石国柱 石廷柱 高鸿中 金励 佟延 鲍承先 祝世昌 祝印昌

皇上侍臣 李思中 殷廷辂 杨万朋 佟整 张世爵 李灿 张士彦 李世新 范登仕 库适 张大猷 高仲选 吴守进 刘士璋 阎印 杨可大 崔应太 朱计文 吴裕 □马哈 金玉和 宁完我 崔名信 杨兴国 李光国 金孝容 俞子伟 赵梦豸 段成梁 龙十 殷廷枢 李延庚 秃占 秃赖 才官 率太 尤天庆 黄云龙 偏姑

教官 高应科 朱□□ 郑文炳 冉启倧 王之哲 冯志祥 曹振彦 蔡一品 张□□ 温台十 李方浦 高太功 严仲魁 韩士奇 薛三 樊守德 陈玉治 林友成 王友明 木青

千总 房可成 李三科 崔进中 周尚贵 木匠赵将 石匠信倪 宽□ 乞力干 金世逵 副□ 佟一明 韩尚武 铁匠潘铁 画匠胡净 □□□ 何不利 柯参将 杨旗鼓 马应龙 陈五 炮塔泥水匠崔果宝

18. 靖南王耿继茂河口万寿桥记题名碑

福州为八闽省会人物殷盛车马骈阗水部门外河口渡河狭舟小竞渡者众往往舟覆鼓山比丘成源恻然于中乃受上埕善士请募建石桥始工于康熙七年五月庚戌候潮汐退以松石累址结四墩分水为三道墩高二丈二尺其空处驾以石梁左右翼以扶栏其长二百三十尺广八尺余往来纷如不俟舟楫信步而趋人莫不利既而复造小庵于桥左中祀观音大士俾僧世守之又造阿育王石塔于右使主河神瞻敬呵护总额万寿取祝釐也以明年腊月己酉讫工共縻白金二千余两求诸施者是冬余自富沙还石鼓道由其中会诸宰官善信徘徊周览踊跃称颂以为难也又明年冬源具石请记遂书其事勒于道左

靖南王耿

（助缘信官姓名略）

康熙九年念三日石鼓住山道霈记 三山王逸书 叶元吉镌

19. 和硕额驸耿昭忠题字碑

太子少师和硕额驸耿昭忠题

洗心

康熙十年岁次辛亥新安胡之濬书

20. 和硕额驸耿聚忠册封碑

奉天承运皇帝诏曰开国立家必行重亲之道正名定品仍隆配公主之恩此乃古今大义朕居大位仿古制已定和硕额驸品级耿聚忠念尔系靖南王男故将和硕公主配尔为和硕额驸尔勿以配和硕公主为和硕额驸之势越分悖理有违正道益和谨慎务行善义竭尽忠诚勿负朕宠命

顺治十五年五月十五日

21. 和硕额驸耿聚忠谕祭文墓文合璧碑

康熙二十六年四月初九日皇帝遣礼部尚书伊桑阿谕祭太子太保和硕额驸耿聚忠之灵曰朕惟人臣服职禁廷分荣近戚必矢恪勤于罔懈克膺恩礼之加隆存殁惟均褒崇勿替尔耿聚忠夙承家训早列班行联肺腑于天潢作爪牙于陛楯驰驱尽瘁独昭夙夜之忱宿卫攸勤历效初终之节方意趋承三署被宠秩以流徽何期奄逝九原抚遗章而增悼用逾常等申命攸司奠以牲牢锡之纶綍呜呼念周庐之扈从臣职常昭霑戚里之恩波朝章特厚尔灵不泯尚克歆承

康熙二十六年五月二十四日

太子太保和硕额驸谥悫敏耿聚忠碑文

朕惟国家弘奖臣劳恩礼优渥矧服官禁近终始恪共则生被章服之荣殁荷贞珉之赐嘉名永树茂典靡遗尔耿聚忠荫席前人荣分近秩备宿卫之列趋跄久效于周庐居恩泽之班锡赉频霑于戚里星霜洊历益矢敬恭夙夜秪承弥加谨饬俄闻奄逝闵宣力之未终每眷余忱宜沛恩而无已谥以悫敏称厥勤施呜呼懋赏用昭成劳不泯爰覃殊数永贲幽光眷此丰碑其尚有闻于奕世

22. 和硕额驸耿昭忠耿聚忠撰文重修永安寺碑

（碑阳）

重修永安寺碑文

我先太王于龙定鼎之际建梵刹于辽阳大修佛事荐以诸兵火死事臣民其时则顺治三年其寺曰永安既而（我太）王征湖湘过金陵复请藏经于寺越二季我先王更增新广拓之于兹二十余季矣顾念□□就□非经营之不可于是捐资庀材增楹扩庑以奉伽蓝祖师其中有钟楼有鼓楼有禅堂有阁有厨库之属视昔制倍为庄严□丽而僧官祖亮义延名僧建道场阅法□且请勒碑纪事窃惟自古以来诸助臣名将功□□□□□后兴立寺庙请礼高流为幽冥津筏载于志□□在在可敬其伟识□□□□□隘论所能测量者哉我先太王先王创修于前□□经纶之广大□兄弟更新于后冀存锡类之孝思□□□□□□词曰既永且安寺名益彰亿万斯年上王□人□并欣保民无疆□□功德优昙雨香

时龙飞康熙十有二年岁次癸丑春王之吉

太子少师和硕额驸□品（多）罗额驸耿昭忠　太子少师和硕额驸耿聚忠同熏沐拜撰

（碑阴）

□□□□府□□□尹耿效忠

□（袭）爵平南王军机事务公品级尚之信

少师兼太子太师礼部尚书中和殿内秘书院大学士巴哈纳

□□□昌道辖顺义怀柔居庸等处地方屯田山西佥事加八级耿继□

（以下略）

23. 定南王孔有德墓碑

（碑阳）

定南王孔有德碑

国家报功厥有钜典生建大勋殁勤王事者尤宜表章俾传声称于后世尔定南王孔有德愤时崛起举众破山东登莱诸州郡航海来归我太宗文皇帝嘉其慕义敕为元帅继而册封为恭顺王世世不替朕定鼎中原王身当屡战多获捷功百粤未附特命挂定南王印率师往征首定湖南旋下两广只因桂林之役兵分势寡征调不及力竭捐生虽古之烈大夫无以逾此念王二十年来从征旅顺朝鲜皮岛锦州松山杏山中后所前屯卫继入山海关从击李自成直抵潼关大破其众克扬州定江南平全楚功绩懋著恩恤优加特赐谥曰武壮树丰碑于墓道扬纬绩于千秋云

大清顺治十二年三月初三日

（碑阴）

清定南王孔有德墓碑后记

辽阳吴瓯撰记　利津崔麟台书丹

孔有德在清史列贰臣传此苛论非定评也有德初隶毛文龙部一小校耳无专阃之寄守土之责也文龙被杀部下愤懑或至激而投敌有德独陈兵东海以都元帅自擅固分非明臣义亦不附于清强项独行有逐鹿之志抑亦人杰哉其后势乏归清不同于叛明既非明臣宁得以贰臣论乎登州之役有德释孙元化以报初恩桂林被围笃城亡与亡之义举室自焚盖庶乎矢死靡他见危以授命者且贰臣惟畏死耳有德殉节报恩岂贪生之流极其事不过亏夷夏种族之防讵可拘拘责以君臣之分哉有德既率家死难宗斩嗣绝事平女四贞以榇归京朝廷在阜成门外西郊为之营葬树碑旌其功烈而年远事湮墓荒碑没寖为废园二百年间不知几易主矣改元以来编入荒迷旗地廿三年春都人士李兰亭者市为菜圃领得部局单照砌墙掘井杂莳花木园中积土高峙如山为丘为墓父老罕能言者廿四年冬地归阜丰农园辟畦起土将大举种葡萄忽于丘南现碑角主者以为异督工深治而全石毕呈质地完好摩挲读之赫然孔王敕碑也有德固辽东人值事者高君纪毅与有乡谊慨其刚风大节不直于史官因斥金百余为之重树丘前以彰其迹盖自是而人知彼累累者果为孔王墓矣呜呼沧桑湮没岁纪已深而卒发露于爱护者之手精灵不爽此其中亦有数焉高君以慕古幽情阐扬潜光抑所谓成人之美昭人之覆者也夏七月高君属其友辽阳吴瓯为之记爰约述之如此

中华民国二十五年仲春穀旦　辽阳高纪毅重立

24. 恭顺王孔有德等新建东京弥陀禅寺题名碑

（碑阳）

东京新建弥陀禅寺碑记

粤自佛教流入东土不知阅几帝几王经几圣几贤尊崇则有之绝灭则未也人有善念对如来则翻然动所谓有种之良一触即惺有恶念对如来则赧然愧所谓未泯之真一剥即复盖含灵者孰无佛性况今上仁恩惠政乃大慈大悲之主而孔王又菩提其身明境其心哉按孔王讳有德恭顺其封号也昔王焉知苦海

无边回头是岸叨宠荣于北阙作藩翰于东京东京乃太祖定鼎之区人臣何幸获守兹土伊谁之恩九重之赐也伊谁之佑三宝之力也是以孔王同信官人等奋然发心先捐己资次募十方贵官檀越士庶英贤善信男女百工暨此共建弥陀禅寺中起雄殿设供如来圣像竹苞松茂鸟革翚飞极一时之工力焉前有天王殿后有华严堂其中菩萨地藏罗汉□□伽蓝祖师各有殿宇又设禅室僧舍以集云堂听经偈之朗朗闻钟鼓之锵锵蒲团能生贝叶木鱼可坠天花喜太平之有象乐圣德之无私孔王之善根亦夙具矣哉出迷入悟在此举昨非今是在此举如菩提之树昔摇动而今栽培如明镜之台昔尘埃而今拂拭一归正果万孽全消总之心□□□□□远也叙王之时势叙王之知遇叙王建寺之由碑记以示不朽铭曰

神祖创基于辽之阳千峰岩岩岱水汤汤岩岩之峰堪对灵山卷之一掬放之弥天汤汤之水可比法海逝者如斯慈航未改佛法无疆忻动孔王莲台灿烂金碧辉煌□□□□共建梵宫禅关不锁自有云封助我哲后大业早就于万斯年而臧而寿庇我蒸民游象饮醇太和在宇皇度维新佛力君恩并自难酬天高地厚怀抱悠悠永享茅土永守藩职奉扬王休请观斯石

时大清崇德陆年岁在辛巳仲秋吉旦

功德主信恭顺王孔有德　怀顺王耿仲明　智顺王尚可喜　秘书院大学士乐郊范文程

（碑阴）

信官苏民瞻

礼部侍郎柯汝极

信官都督府石廷柱

兵部承政佟秃赖

副将□□□ □□□ □□□ 连得成 崔承庆 徐成功 姜民望 吕国宝 耿继茂 杨大捷 李一先 胡万明 胡琏 曹得先 线国安 施尚弼 吴进胜 曹得选 陈继功 孙龙 郝成功 王国辅 徐元勋 全节 唐钥 程希孔 杨承先 李一茂 李思忠 许尔显 许尔升 班志富 吴进功 江定国 曾法孔

参游崔如□ 张遇恩 胡云鸾 张素养 刘承祖 潘学 宋国辅 王有功 张成勋 石明熊 田虎 耿仲朗 李茂先 洪计文 孙豹 丘国裕 刘明忠 袁珍 孙□ 赵完璧 张国柱 冯世爵 孙守功 李国雄 兴正国 程九思 洪文升 许尔官 李光进 卢可用 宁守祖 尚可福 李先德 黄云龙 王世功 刘安国 曹世爵

督工王守文 金汝贵

信官□□□ 线有升 刘大臣 佟养谦 郭肇基

备御张继武 朱有成 王世富 赵建国 武崇文 戴有奉 许伯周 张景梅 蔡斌 董有□ 贾世魁 杨成功 严国卿 高九功 戴成功 韩汝贵徐成明 祁正国 李天受

府吏朱登科 陈三聘 张希五 王思行 吕科孝

生员祝思信 王继贵 董凤魁 福秀□ 张瑛 魏际升 福永吉 孙光裕 田思孔 傅元弼 门维新 徐淳

信官谈性礼 傅洪藏 程有功 潘有深 孙仲举 谢承义 王得时 朱应龙 卢尚□ 王彦龙 牟兰 李汝春 李国宝 周翼凤 白云龙 白鸿凤 陈□ 魏□□ 石□河 王国□ 龙鸣凤 杜钟秀 展得胜 萧承□ 宋云龙 王成德 韩东弼

信官士□才　范有□　王贺□　□仲□　李恩惠　赵成太　深天受　高九功　孟□升　詹有官　连应成　□春芳　□成功　□世武　□世勋

（以下略）

25. 总兵官石廷柱等重建玉皇庙题名碑

（碑阳）

玉皇庙碑记

昔襄平西关西门外不越数趾有玉皇庙焉其来云旧未审昉于何代自罹兵燹时任其拆毁止存金身暴露先皇见之甚恫乎不自安遂命移演武厅焉更立一殿宇为神所栖也仅阅二祀又值无状者复为之毁新皇历此见而不胜痛疚乃曰人所乞灵惟神是藉岂以一废而至再也又岂以再废而遂止也于是命下委游击李灿董治其事重建其祠仍旧址也俱各贝勒议出第银两粮石木植砖瓦暨丹垩之类匠作之等系阿吉葛摩伦葛胎吉贝勒同发虔心协赞大事自己巳年四月内肇建至庚午年九月告竣试观大殿五楹圣像与塑神庄严巍峨庙貌聿新何其壮丽也大门一间庙祝住房六间犁然具备规模宏远何其改观也若门若殿有额有联悬而张之煜煜烨烨烺烺辉辉又何其掩映也矧玉帝至尊无对位都诸天之表所谓上极无上者矣至公无私总受诸神之奉所谓玄之又玄者矣世间之修悖顿异冥冥之祸福随至感应之机若桴鼓然未有报应既不爽而敬崇翻不佑哉是不然盖上清操启衷夺鉴之权握福国庇民之德今我皇上贝勒驸马总镇佟养性匪且敬神立祠惓惓在抱至于旭曛匪懈励精图治若将兵若士民靡不恩爱殷流堪与古人媲嫓如此众善骈集视如尊神按其所奏者必大俾戬榖则不思德业宁有涯哉繇是国无不福民无不庇炎炎大宝可计日臻矣畴谓蒙安袭庆有不自善源种种而来耶又有伏魔大帝一时同建殿三楹大门一间侧室三间咸为之增彩匾对亦为之辉煌祠庙俱立矣而贞珉可无竖乎又勒之碑以垂不朽焉是为记

天聪四年岁次庚午秋九月上浣之吉立

鸠工游击李灿　儒学生员杨起鹏撰

（碑阴）

□□龙　麻□　黑云龙　王□　石廷柱　石国柱　佟延　孙得□　佟整　金玉和　金励　李国翰　高鸿□　殷廷辂　殷廷枢　鲍承先　祝世印　祝世昌　李思中　马云龙　张世爵　张世彦　李世新　张大猷　刘士璋　朱计文　金孝容　李延庚　秃赖　秃占　尤天庆　杨万鹏　柯来凤　范登仕　高仲选　吴守进　阎印　杨可大　崔应太　吴裕　宁完我　崔名信　杨兴国　李光国　俞子伟　赵梦豸　段成良　才官　率太　黄云隆　郎位　张良必

□□侍奉香火道士夏天明　□必科　孙蓬蒿　祁永□

致政　李应隆　王守舜　曹振彦　汪道光　王友功　王国栋　□尚礼　拜才□　□奉□　□□□　□□□　□□□　□□□　薛应富　冯志祥　孙计武　李显才　韩塔剌洪

助工信士石应科　李应文　韩思教　芦应魁　金善□　王麻子

画匠张得义　杨守德　郭彦举　镌匠宽洪　泥水匠□□　李木匠

26. 总兵官石廷柱等大金喇嘛法师宝记题名碑

（见总兵官耿仲明等奉旨建大金喇嘛法师宝记碑）

27. 固山额真石廷柱等东京新建弥陀禅寺题名碑

（见恭顺王孔有德等题名东京新建弥陀禅寺题名碑）

28. 赠拜他喇布勒哈番管牛录吏部理事官石国柱为光禄大夫赠妻佟氏封继妻詹氏为一品夫人诰封碑（碑阴为墓碑）

（碑阳）

奉天承运皇帝制曰贻厥孙谋忠尽识懋传之泽绳其祖武恩荣昭上□□忠厚之道攸存激劝之典斯在尔赠通议大夫拜他喇布勒哈番管牛录吏部理事官石国柱乃拜他喇布勒哈番固山额真加一级赛音达里之祖父尔有贻谋以启□传至百世克勤王家褒宠之恩宜及大父兹以覃恩赠尔为光禄大夫拜他喇布勒哈番固山额真加一级锡之诰命於戏再世而昌无忘贻德之报崇阶特晋用昭宠□□奕代垂休九原如在

制曰孝子之念王母情无异于慈帏兴朝之奖劳臣恩并隆于□爰沛貤封之命用慰报本之怀尔拜他喇布勒哈番固山额真加一级赛音达里祖母赠淑人佟氏尔有贻恩迨于再世乃孙袭庆绩懋国家嘉尔壶仪宜锡褒宠兹以恩赠尔为一品夫人於戏章服式贲沛介锡于大母纶綍宠颁保昌隆于百祀永承家庆以妥幽灵

制曰推恩锡类曲体劳臣遂以闻孙亦及似妣斯同臣之上愿唯国之典章尔拜他喇布勒哈番固山额真加一级赛音达里继祖母封淑人詹氏孙枝既茂于后国懋无间于先爰因世美嘉尔嗣徽用藉褒章并申宠锡兹以覃恩封为一品夫人於戏德贻再□□兹从祖之荣功者后人□沛均慈之庆钦休命永庇来昆

顺治十四年三月初十日

（碑阴）

从来绳祖武者勋曰昭兹而贻孙谋者恒歌□□□……□□勒碑墓道以扬休烈因属词于余余何能揄扢万……制诰褒赠为之引神而详述焉公祖国柱起于三韩□……祖崛兴之时从龙最早勤劳王室忠□可□爰是一传再传而□□□……制曰再世而□无□□德之报崇阶特晋用昭宠锡……□言□于云汉公口□□光于前□□将不朽于后□……王恩之隆重益□世德之悠长诗曰□□戎□因锡尔祉覃其□乎覃□……

太子太保内秘书院大学大士魏裔介顿首拜题

29. 封云南巡抚石文晟继妻佟氏为一品夫人诰封碑

奉天承运皇帝制曰臣能报国亦利有家人之贞妇克相夫必赞成君子之德既壶仪之济美自朝命之均霑尔巡抚云南兼建昌毕节等处地方赞理军务兼督川贵兵饷都察院右副都御史加七级石文晟继妻佟氏早习规型夙娴图史敦修内政四德信其能兼蹈履前徽百禄宜其是荷兹以覃恩封尔为一品夫人於戏恩流闺闼式酬节钺之勋崇锡丝纶茂著蘋蘩之化祇承嘉奖益播荣名

康熙三十六年七月十九日

30. 旗鼓牛录章京大同知府曹振彦等重建玉皇庙题名碑

（见总兵官石廷柱等重建玉皇庙记题名碑）

31. 教官曹振彦等大金喇嘛法师宝塔记题名碑

（见总兵官耿仲明等奉旨建大金喇嘛法师宝记碑）

32. 副将曹得先曹得选游击曹世爵等东京新建弥陀禅寺题名碑

（见恭顺王孔有德等题名东京新建弥陀禅寺题名碑）

33. 江宁织造郎中曹寅等康熙帝东巡记事题名碑

（碑阳）

康熙三十八年春正月

（略）

是日又传传谕曰朕昨往奠洪武陵寝见墙垣復□倾圮可交与江苏巡抚宋荦织造郎中曹寅会同修理朕御书治隆唐宋四大字交与织造郎中曹寅制匾悬于享殿上并行勒石以垂永远钦此

（略）

（碑阴）

（略）

户部尚书文华殿大学士加四级在籍守制臣张玉书

康熙叁拾捌年拾月穀旦吏部右侍郎署理江南江西总督印务加五级臣陶岱仝勒石恭纪

总理粮储提督军务巡抚江宁等处地方都察院右副督御史加三级臣□□□

管理江宁织造内务府三品郎中加五级臣曹寅

江南江苏等处承宣布政使司布政使加四级臣刘殿衡

江南安徽等处提刑按察使司按察使加一级臣董昭祚

（略）

34. 曹雪芹墓碑

曹公讳霑墓

壬午

35. 曹氏后人重修祖茔及故居碑

（碑阳）

重修祖茔碑记

辽东曹氏位于铁岭腰堡小西山南麓自明永乐以降历五百载自上世纪中叶以平坟还田故夷为

耕地盖吾始祖叔振铎周文王子而武王弟也武王克商封之于曹子孙遂以国为氏而曹兴后世虽辗转迁徙而揆文奋武辅国济世者众焉汉丞相曹参魏武帝曹操皆著籍谯郡宋武惠王曹彬著籍灵寿至明曹端广自河北移籍辽左东铁岭卫卜居邑南腰堡择宅兆于斯也其始腰堡居者曹崔赵三氏后聚居者日众正统间置百户城自万历清太祖崛起吾氏多被虏归旗□远徙者至是曹氏则有汉人满人之分也著名红楼梦之曹霑雪芹者端广公之裔也夫红楼梦世界不朽之局制曹雪芹名腾宇宙中华民族之骄傲也嗟乎世事沧桑吾氏谱牒时续时断至今今之族裔于家世知者甚少幸赖红学界专家据残牒口碑史籍文献历时十载考证详明吾氏举族莫不由衷感念也今家乘复明爰立石于祖茔故址且为之记以明崇慕祖先功业勉后世自强不息之志也

时辛巳正旦曹忠本记于沈阳

公元贰零零壹年清明　　铁岭腰堡曹忠本　曹国平　曹强敬立

（碑阴）

已故先人名单（略）

附录1. 明赠怀远将军沈阳中卫指挥曹辅墓志铭碑

赠怀远将军曹公墓志铭　　乐郊乡贡进士后学郭宾上贤撰并书

大明成化乙巳春二月廿有五日沈阳中卫赠怀远将军曹公毙其子铭卜今夏四月十九日葬于榆林之原衰麻哭泣诣门奉行状白予曰惟先人之葬法宜有铭敢以累于阁下予应曰自幼尝受先君厚泽讣闻犹恸不已是有弗忍铭者然不铭则无以光于幽而传诸后也遂不辞而述其概公讳辅曹姓世居扬州为衣冠望族始祖子洪才德超迈博通经史受按察司照磨高祖俊资质刚果志气轩昂自舍人有功累进镇国将军曾祖升性秉纯良行实出类拜明威将军父得英敏果毅言论端庄亦任前职母陈氏生公兄弟二人公居长天资醇朴不事矫诈二十岁因父遘疾袭受明威将军才智卓荦文武兼全上官重之三拾岁委任军务则号令严明赏罚必信□□□迩皆称其道三十三上举贤能乐郊指（挥）使固非一人然廉干老成□□□□以故推选掌管本卫印信当是时也事上以诚莅下以敬纪纲法□□□振举凡其当务无不为急如公盖仓库城廓边疆昔废弛者公则□□□新较于往昔□壤悬隔在官程储与夫委积之属皆及时周备不□□□劳民不奢侈以伤财鳏寡孤独常存悯恤用是德政布于三边伟望□□朝野成化七年抚顺冲要东夷为害非有猷有勇者不能折冲镇守大□知公声价特委抚顺管操则胡虏远遁一郡无虞其居官也如□（彼）时□□旬公以子铭年富力强读书明理克承斯任遂解组而归隐于田里效范蠡之俦仿留侯之辈收敛心思欲为善事郡中庙宇神像有不堪供奉者即以金帛厩骥喜舍修饰不吝其财惟作乎善凡迩远城郊野暴露骸骨公令人收检设斋炼化其致政也如此居官致政两尽其道故享年矍铄今寿经六十有八以疾而毙闻者无不哀悼如丧考妣公原任明威将军以子有功进爵加赠怀远将军配宋氏镇国将军宋公女卒继鲁氏骠骑将军鲁公女亦卒子三曰铭曰鉴宋出长即铭任怀远将军次鉴往应乡试□逝曰□出女四大姐适明威将军杨洪卒三姐适武德将军宗镇八□□□总兵韩次子韩轩□姐适昭勇将军费锦孙男玄保呜呼天人有□行之善君子尚不泯也况公忠诚尽于国政事称于时阴德善念传诸后又奚翅一善之足言哉其可铭也已铭曰

□尔良将有威有仪克治家国名播斯时勇退栖迟善积是遗宪宪嗣子克昌维宜寿□以年归葬于

兹铭昭厥休永□其思

附录2. 明沈阳中卫指挥曹辅曹铭等重修沈阳长安禅寺题名碑

（碑阳）

重修沈阳长安禅寺碑

赐进士第前中宪大夫都察院右佥都御史奉敕提督军务兼理巡抚翰林院庶吉士纂修官□山吴祯撰并书

佛世尊以大法眼藏成无上等正觉于西竺其法以慈悲广大为门明心见性为悟自后汉流入中国为世崇尚历代靡违所谓开诱群迷阴翊皇度者也昔阿育王建塔寺遍夷夏虽经劫火焚毁而遗基故迹往往为后人修葺复完灯灯续焰代不乏人弥久益彰废而复举抑岂无所自哉辽东沈阳长安禅寺不知肇自何代基址砥平高阔爽垲国朝洪武中因筑城而始知为故刹永乐七年指挥方盛按旧基而立精舍以居众僧十二年住僧灵源柏庭二人始创建前殿宣德三年有笑庵禅师者复建后殿掘地得石罗汉八十余尊以奉之灵贶昭答人皆倾慕正统十年住持洪明又建僧舍庖厨仓库十二年僧深泉又建伽蓝堂天顺二年住持僧深潭募缘修造得都指挥鲁全田进指挥曹辅皆出金帛善士张道诚协力以助之遂建天王殿及外山门并廊庑十余楹乃焕然成一大兰若矣奈何经历年久其殿堂山门皆倾欹腐朽墙垣阶壁皆颓败荒芜今住持僧广宽慨然兴叹誓修复之适都指挥孙鸿叶广守其处共舍金资助以人力而广宽寔董其工不惮劳苦易朽以坚饰故以新倾者直之颓者正之殿堂墙壁完好一新遂感金佛一尊出见像貌端严永充供养既而金碧辉耀香火连绵规模大胜于前矣经始于成化十三年至今二十三年丁未落成广宽恐久而废弛以坠前人之功德复因都指挥郭洪助以白金兼砻坚石来征予文以垂不朽夫寺有显晦与物皆然不有哲人创始于前则不足以□金□之教若非贤者兴起于后又岂能续佛慧命于无穷哉今兹寺也既废而复兴已弊而复完斯固本其僧行之贤能亦抑赖诸檀越有以力助之也故记其修建之始末于前俾镵诸石以告夫来者尚当绳绳继继用图不朽于万亿斯年顾不美欤

大明成化二十三年岁在丁未夏四月如来诞日本寺住山僧广宽立石

（碑阴）

碑阴记

此寺为前代古刹道场屡经兵燹寺毁无存碑文载之详矣初创建之时既感石罗汉出现迨今六七十年寺多损坏广宽发心重修又感金佛示应固知佛教盛兴法轮常转乌得而泯灭邪由是十方檀越达官长者善信夫人共发善心同声喜舍重修殿宇筑砌墙垣变腐朽为坚固回瓦砾为金碧其功其德莫可称量是皆赖诸檀越之所致也谨具各官职名勒之碑阴永垂不朽既植德本则福不唐损矣

都御史刘潺　钦差镇守辽东太监韦朗　总兵官缑谦　钦差分守辽阳太监洪义　蓝永　副总兵韩斌　参将崔胜　周俊　罗雄　游击佟玉　辽东都司都指挥郭洪　田纲　孙文毅　鲁勋

沈阳中卫指挥曹铭　王玺　张华　杨洪　李凯　郑洪　方镇　费锦　脑玉　孟辅　薛英　郑玺　崔灏　训导何玺

镇抚郭桀　朱成　□□　卫镇抚庞源　戴洪　千户李镇　刘玺　祝英　卢钦　宗政百户田纪　田用　库使李敏

长安寺住持广宽　首僧广达　前住持深智　深溶　深湛　弥陀寺住持广聪　大林寺住持广庆　观音寺住持广玄　圆通寺住持广清　善士李杰　马礼　冠带人李勋（以下略）

明成化二十三年岁次丁未夏五月端阳日本寺住山比丘广宽谨识

36. 甲喇将军臧国祚撰重修舍利塔记碑

工部奉命重修无垢净光舍利佛塔是塔原系大辽兴宗时有本邑李弘遂等百余人见彼时君臣合德风雨顺人民安欲建塔以纪一时之盛乃纠僧人云秀法真同造此塔于崇（重）熙十三年四月告成迄今六百余年我大清宽温仁圣皇帝见此颓坏详察建塔来历于崇德六年命该部重修建佛殿三间令僧玄声等五名看守

督工甲喇将军臧国祚

37. 总理盛京城重修官重修舍利塔皇陵章京臧国祚撰增修舍利塔寺记碑

增修舍利塔寺碑记

盛京之西郊十里许旧有浮图曰舍利我宽温仁圣皇帝□大辽之遗址而重修者刱建正殿三间供佛□□□□□□□□□□□□□□而居焉□□□□□□□□□□□□□□□僧□□募诸檀越衔赀若干易材木砖瓦建僧房六间于两侧□□韦驮殿一间□□中塑当阳佛一尊菩萨四尊旧居僧处塑罗汉一十八尊金□□□与浮图而增□□□塔寺□新佑皇图于万载禅林鼎建□□□于一堂是役也其关系□□□哉故为之记……

时大清顺治二年九月□四日

□士□□宜朱□□熏沐稽首撰□□□□

总理盛京城重修官重修舍利塔皇陵章京臧国祚

38. 内翰林国史院大学士宁完我撰建塔诸臣恭记碑

（碑阳）

恭惟皇上仁孝性成天从平之主也亲政以来拳拳以爱养斯民为念是以雨旸时若岁称大有天心眷顾此其明征有西域喇嘛者欲以佛教阴赞皇猷请立塔建寺寿国佑民奉旨果有益于国家生民朕何靳此数万金钱为故赐号为恼木汗建塔于西苑之高阜处庀材鸠工不日告成因命臣等而为之记

内翰林弘文院掌院事大学士希福译满洲蒙古文　内翰林国史院大学士宁完我撰汉文　塔七哈哈番罗米书写满洲字　□史书写蒙古字　典籍杨振麟书写汉字

大清顺治八年岁次辛卯孟秋吉旦立

（碑阴）

总管修塔　工部尚书谭布　张凤翔　侍郎罗绍　启心郎吴达礼

管工　侍郎臧国祚　拜塔喇布勒哈方（番）毛弹　理事官石兔　副理事官哪木其　太监李奉

瓦匠头崔五　呈梯匠古录式西　铸铜匠那海搭儿汗　石匠头张守仁

39. 内翰林国史院大学士宁完我撰普胜寺创建记碑

恭惟皇上仁孝性成天从太平之主也亲政以来拳拳以爱养斯民为念是以雨旸时若岁称大有天心眷顾此其明征有西域喇嘛者欲以佛教阴赞皇猷请立塔建寺寿国佑民奉旨果有益于国家生民朕何靳此数万金钱为故赐号为恼木汗建塔于皇城东南隅建普胜寺庀材鸠工不日告成因命臣等而为之记

内翰林弘文院掌院事大学士希福校定

国史院塔七哈哈番罗米书写满洲字

内翰林国史院大学士宁完我撰文

秘书院笔帖式哈番阿沙里书写蒙古字

国史院典籍杨振麟书写汉字

大清顺治八年岁次辛卯仲冬吉旦立

40. 骠骑将军二等甲喇章京线应琦墓碑

戊申年十二月十七日丑时生

皇清诰授资政大夫骠骑将军线公讳应奇之墓

顺治十年二月二十七日申时卒

41. 精奇尼哈番品级祖大寿谕祭碑

顺治十三年八月十五日皇帝遣永平府知府罗廷屿谕祭故精奇尼哈番品级祖大寿之灵曰惟尔持身敬慎秉性成老方且蒙优忽焉告殒爰颁祭葬用表哀悰永奠佳城灵其来享

岁次己亥三月吉日立

42. 原任明总兵官左军都督祖大寿石牌坊

（阳面）

（上层）　忠贞胆智

（中层）　四世元戎少傅

（下层）　诰赠曾祖荣禄大夫提督辽东左都督少傅祖镇　诰赠祖父荣禄大夫提督辽东左都督少傅祖仁　诰赠父荣禄大夫提督辽东左都督少傅原任辽阳□守副总兵左军都督佥事祖承训钦差经理辽东挂征辽前锋将军印总兵官左军都督（府左都督少傅祖大寿）

（阴面）

（上层）　廓清之烈

（中层）　四世元戎少傅

（下层）　诰赠曾祖荣禄大夫提督辽东左都督少傅祖镇　诰赠祖父荣禄大夫提督辽东左都督少傅祖仁　诰赠父荣禄大夫提督辽东左都督少傅原任辽阳□守副总兵左军都督佥事祖承训钦差经理辽东挂征辽前锋将军印总兵官左军都督府左都督少傅祖大寿

43. 都统祖泽润家族墓园门额

皇清诰封光禄大夫祖公之墓

44. 都统祖永烈谕祭碑（碑阴为恩纶碑阴记）

（碑阳）

维康熙十九年闰八月初三日皇帝遣礼部员外郎黄懋谕祭都统一等精奇尼哈番加三级祖永烈之灵曰鞠躬尽瘁臣子之芳踪恤死报勤国家之盛典尔祖永烈性行纯良才能称职方冀遐龄忽焉长逝朕用悼焉特颁祭葬用展哀悰呜呼宠锡重垆庶享匪躬之报名垂信史聿昭不朽之荣尔如有知尚其歆享

（碑阴）

（略）光禄大夫礼部尚书王熙拜撰

（略）赐进士出身□□□都察院都甫篆额

（略）赐进士及第詹事府詹事沈荃书丹

恩纶碑阴记

康熙之十有九年正黄旗汉军都统特进光禄大夫世袭头等精奇尼哈番加三级前驻镇江南苏州……上闻轸悼特遣近臣齐□尚方珍茗□酹于□家□□病之所自慰劳备至已而有司以恤典上请 特颁谕祭司农□□葬命下之日礼官惠□□礼颁□兆域既卜松柏丸丸封斧归若荣恩异数加恤于□□后者□此之渥也越四年其弟世袭头等精奇尼哈番兼管佐领事祖永烈皇仁无极将□□颁谕祭□□奉敕之旨式用彰□天子恩宠因属下□其事□□□□□□□言曰自昔仁君御宇莫不有股肱心膂之臣以共勷一代之治不□其功端□□公任宁海将军□□□会□□惠□既□鲛鲸敛迹疆宇敉宁暨还后世者诚不□以一朝复简授都统精勤益励以仰□宸眷□隆而□□待物所部□不欢欣处□□□崇□让敦孝尤深笃至□躬□物终其身未尝有矜慢之色诚有古纯臣之风焉故有□□当之□□□声之风以谓其所遇之□□□公之明德感召所□□也况公之□盛朝鼎新入参帷幄出膺□□□□之庥宝光启之宜公龙光耀前后而楷模于朝廷恩遇之厚前人焉□□□□不负立碑之意云尔

附录3. 原任明副总兵祖承训等重修长山海云寺碑

（碑阳）

重修长山海云寺碑记

夫以古刈者创之往昔修□当今非好为纷更也乃兴废□以妥如在之灵而缵以前人□□里许有长山者层峦迤逦□滨环绕鱼而跃鸢而飞诚为一□□概四季烟景弘治间徐僧□□庵虽修真之寄而诵经拜□宁无皈依之□乃循先代遗□□□以寺盖因三面朝宗九雾□悉其数相沿已久七世时□变态殿宇佛像倾颓□渗□之□□相去什百矣僧人祖才等偕□赀募财积砖瓦聚灰石□□无梁宝殿业已□堂恐弥久□□□燃改畐仍贸材木植立俾如□倍难就功德主刘孟春刘□□□□□跋涉而来鸠工命匠以□□之经始于辛亥春吉成于癸丑金象彩饰鲜妍诸神焕然一新增立龙王土地二祠山门周

垣□皆美观矣遐迩之祀谒者云集首阳刘公走使者执币请□为记予不能辞遂援笔书之□□□久之记云

大明万历四十一年岁次癸丑菊月吉旦

宁远卫儒学教授张□□（撰）文　儒士刘国彦书

中后所参将李继功

复州卫参将佟鸣凤

原任副总兵祖承训

钦差广宁户部郎中葛家□

宁远卫参将刘世杰

中后所游击杨刻大　□垣　祖天寿

（以下略）

（碑阴略）

附录4. 原任明副总兵祖承训等重修龙王殿碑

（碑阳）

重修龙王殿勒碑记

原任辽阳副总兵都督祖承训

钦差中后所游击都指挥熊铨

大明万历四十二年甲寅夏月立

发心生员刘孟春弟刘孟夏德耆余隆张伯达沈□等并随录姓氏刻铭于后

（以下略）

（碑阴略）

附录5. 原任明总兵官左军都督祖大乐石牌坊

（阳面）

（上层）登坛骏烈　崇祯戊寅岁次仲秋吉旦　巡抚辽东兵部左侍郎方一藻题

（下层）诰赠荣禄大夫援剿总兵官左军都督府左都督祖镇　诰赠荣禄大夫援剿总兵官左军都督府左都督祖仁　诰赠荣禄大夫援剿总兵官左军都督府左都督祖承教　特晋荣禄大夫援剿总兵官左军都督府左都督祖大乐

（阴面）

（上层）元勋初锡　崇祯戊寅岁次仲秋吉旦　整饬宁前兵备左参政蔡懋德题

（下层同阳面下层）

附录6. 原任明宁远卫指挥佥事祖承教等墓地门额

都督府祖公之先茔

45. 固山额真二等精奇尼哈番佟养性墓碑

固山额真二等精奇尼哈番谥勤惠佟养性碑文

稽古建业驱策群力不吝爵赏以劝有功昭示后世用……抚顺城人能识时运诚心来归故赐女为婿……益励忠诚称乃□□□□□超哈固山额真率领炮鸟枪效有勤劳是真始终尽……述往事轸念□□□□勒诸贞珉光及泉壤国典臣恩庶几昭垂毋斁哉

顺治十四年□月十九日立

46. 游击世职追赠一等公佟养正墓碑

□传家推恩自远生者鞠躬于王事□□□□□后昆是宜宠綍□新贞□永□□以光昭世□优……□从龙夙勤汗马临阵而勇能摧敌□□功高见危而奋不顾身□生取义率长嗣以捐驱尽□兵……□平之节概耀简策之声华是以忠孝□门庆流奕叶勋贤之裔光启□□是惟戚□□□尽……□加赠太师谥曰忠烈呜呼凛然□气金石不磨卓矣家□渊源□溯尚□铭□华碣……

（进）士出身署理日讲官起居注翰林院检讨张廷珩敬书

47. 领侍卫大臣国舅佟国维捐资重修朝阳寺记碑

重修朝阳寺碑记

中后所城北有朝阳寺者在剌儿山之阳创于大明万历年间先缘修葺无人致殿宇倾颓廊庑圮坏佛像暴露僧无居舍登临其地者惟见蔓草荒烟瓦石堆积而已可胜悼哉幸于我朝甲寅年领侍卫国舅大臣佟国维勃发善念首肯施金修葺一人倡之众人效亡鸠工庀材因旧制而稍扩之殿宇而外前有门庑旁及僧舍丹之雘之无所不周一时雕梁画栋轮奂聿新鸾鸟修□庄严逾旧向之倾颓者今已竖立矣向亡圮坏者今已更新向之暴露者今已妙因相端庄向无居舍者今已房屋环绕矣登临其地者谁不耀目而快心也哉厥工告竣住持僧玄住乞友于余曰是不可不勒于石以著一时之之盛事余亦曰洵不可不勒于石劝将来之行善者是为之志有香火地一块于顺治三年艾大老爷奉部文杖地在山之南南至道北至山西至河东至路

时大清康熙二十三年岁次甲子季秋吉旦　孤竹吉广沐手拜撰并书

48. 领侍卫内大臣一等公国舅佟国维夫妇墓石牌坊横额

（额阳）

（右侧）康熙四十一年岁次壬午五月二十五日

（中间）仁善谨恪　（印章）康熙御笔之宝

（左侧）赐原领侍卫内大臣一等公舅舅臣佟国维

（额阴）

宿德壶范

49. 钦命总督江南江西等处地方军务兼理粮饷兵部尚书兼都察院右副都御史郎廷佐撰文关帝圣庙重修记碑

关帝圣庙重修碑记

自古帝王创业垂统奕叶云仍绵亘靡极或以为圣明英睿之谟元良弼亮之力不知上帝寔授之百神咸助之盖溟漠中所为辅翼赞襄者殆居多焉我大清定鼎燕京奄有匡夏声教东渐西被不数载而莫不尊亲彼神灵之协畀有炳如日星者初任总督擎宇马公始筑箭圃此地以励将士首建关帝神庙其间经之营之春秋烝尝晨民拜谒罔有不庄以肃者迨公谢政之后奉祀鲜人日渐圮侧予以樗材幸叨巨任而敢弗广其规模恢其制度以似以续也乎自戊戌夏月鸠工伊始暨今岁三月乃克告成计构殿凡三楹厢屋凡四间神马神卒等像大约画属捐俸以为之者由是而过庙下者正容敛手无不在上在前而怀瞻仰之忱焉由是而入庙中者长跽焚香无不如临如履而笃俨若之敬焉彼焉神明鉴其精诚为之将者好谋能断我车既攻我马既同无之非干城胆心之保也为之士者披坚执锐一可当百百可当万无之非熊罴彪虎之卒也自今以往四方绝域胥沐主化而海不扬波矣畿甸侯绥偕歌大有而旅不赍粮矣且也男耕女织老安少怀指日而睹唐虞成周之美俗矣猗与休哉猗与休哉敬以是告相继而莅斯土者是为纪

时顺治己亥季春中浣之吉

钦命总督江南江西等处地方军务兼理粮饷兵部尚书兼都察院右副都御史郎廷佐撰

50. 钦命总督江南江西等处地方军务兼理粮饷兵部尚书兼都察院右副都御史郎廷佐重修关帝武圣庙助工题名碑

（漫漶不清，仅有少数文字可辨认）

51. 总督福建等处地方军务兼理粮饷兵部尚书兼督察院右副都御史郎廷佐谕祭碑

维康熙十六年五月十六日皇帝遣礼部郎中加一级拜达尔谕祭故总督福建等处地方军务兼理粮饷兵部尚书兼督察院右副都御史加一级郎廷佐之灵曰鞠躬尽瘁臣子之芳踪恤死报勤国家之盛典尔郎廷佐性行纯良才能敏练克襄王事素着勤劳忽焉长逝用悼朕怀祭葬特颁以示悯恻呜呼宠锡重垆庶享匪躬之报荣垂信史聿昭不朽之名尔如有知尚克歆享

52. 诰封太夫人郎母道亨公原配马氏墓志铭碑

皇清诰封太夫人郎母道亨公元配马氏墓志铭

赐进士及第中宪大夫内阁学士兼礼部侍郎充经筵讲官前翰林院侍读学士内弘文院侍读修撰加二级予告养亲戊戌会试同考己酉顺天武乡试正主考年家晚生史大成顿首拜撰

钦定丁酉解元特赐戊戌进士国子监监丞前内翰林秘书院编修己亥会试同考官年家晚生吴珂鸣顿首拜书

太夫人姓马氏怀远将军国都之女也归于郎为三等阿达哈哈番道享赠公之配既而以诸子贵晋封太夫人后赠公三十八年而卒卒之明年将归葬于盛京启赠公而合窆焉礼也以成辱在年谊且备员史馆于一柱先生为后学习闻太夫人之令仪乃属成为之志以勒贞珉之石成歉然谢不敏添职之不称

也先生兄弟固请乃不敢辞固陋而为之铭谨按马氏为三韩望族夫人生而端淑自少即娴于内则动合古史怀远公珍爱之为择良偶乃字于道享赠公十六而于归庙见之日遂以不及事翁姑为妇职憾每与赠公相对辄欷歔交涕岁时必修频繁以致敬思孝优如也赠公性倜傥好义不事生产每缓急人夫人必脱簪珥为助未尝以不继辞赠公之义声动天下实夫人左右有成焉若夫躬御俭素膏泽不施岁时宾祭间一庄服而平居则浣敝衣终身不改蚤夜操作纺纴有程醯酱必饬少不以夫之贵而骄老不以子之贵而怠也方赠公之殁夫人年未四旬诸子皆少而义方督训不啻孟母敬姜之遗轨焉每述先世懿德泣下沾襟至诸子不敢仰视以故皆表建勋业并显于朝长君以世爵克赞先烈次则一柱先生始官内院参赞丝纶既而抚江右旋督江南所至布德施惠就养之余皆入奉太夫人提命己亥海氛突犯金陵先生坚壁清野指授方略东南卒籍保全寇退之日士女壶浆欢声雷动迨乎从寇株连又一意矜全存活不知几万姓江南童叟至今尸祝不衰者诵先生之德何莫非太夫人之遗泽欤迨乎季君之抚中州其就养而入奉母训者布德施惠曾无异乎江左右之歌呼遍野也其他分理曹署皆振振有声无非由太夫人之严以佐慈而诸君之能遗孝作忠也从龙之胄固多勋爵而有如斯之剔历内外功在社稷德在生民者垂诸史册洵亘古莫隆哉太夫人方将享期颐之寿孙枝环绕纶綍洊加百世未艾而莲胎不染仙鸾忽驭疾革之秋惟勉子孙以致君泽民无堕先业呜呼太夫人之所受于天者远矣太夫人生于明万历丁酉九月二日卒于康熙十一年壬子六月十有六日享年七十有六生子六人长廷辅一等阿达哈哈番兼一拖沙喇哈番管参领娶周氏封淑人次廷佐总督江南江西兵部尚书兼都察院右副都御史娶杨氏封夫人次廷弼壬辰进士礼部仪制司员外郎先大夫人卒娶徐氏封恭人次廷相巡抚河南都察院右副都御史加三级娶孙氏封夫人次廷秀礼部仪制司员外郎加一级娶卢氏封淑人次廷亮荫生先太夫人卒娶马氏继娶杨氏女三人长适副都统杨凤翔次适山东商河令殷克裕次适阿思尼哈番佟□先俱先太夫人卒孙九人应斗一等阿达哈哈番兼一拖沙喇哈番加一级娶祖氏廷佐出应室荫监聘赵氏廷亮出应奎荫监聘李氏应娄荫监未聘廷相出应昂荫监聘许氏廷弼出应觜聘吴氏廷相出应参未聘廷亮出应井未聘廷相出应柳未聘廷辅出孙女九人长适管佐领李辉祖廷辅出次适户部郎中柏英著廷相出次适荫生许文世廷秀出次适荫生卢承泽廷相出余俱幼未字曾孙锺未聘棣荫生聘蔡氏应斗出后此百世克昌未可量也葬以康熙十有二年四月三日铭曰

生则柔嘉嫔而黾勉夫子是襄其仪燕婉居示之俭出教之忠以穀嗣人趾美奋庸象服允宜而不偕老洩洩融融以获寿考俾臧俾炽降福提提淳懿有德天则佑之伉俪同藏有隆斯阜既固既安铭以不朽

53. 诰授资政大夫总督淮扬等处地方提督漕运海防军务兼理粮钱兵部尚书都察院右副都御史郎廷极墓碑

康熙岁次乙未□□正月穀旦立石

皇清诰授资政大夫总督淮扬等处地方提督漕运海防军务兼理粮钱兵部尚书都察院右副都御史加四级谥温勤北轩府君郎公之墓碑

承重孙振垲　孝男文烈　文寿　文勋　文煦同奉记

54. 江南总督太子太保兵部尚书兼都察院右都御史以年老原官致仕马国柱谕祭碑

维康熙三年九月二十日皇帝遣礼部主事加一级哈霓布谕祭故原任江南总督太子太保兵部尚书兼都察院右都御史以年老原官致仕马国柱之灵曰鞠躬尽瘁臣子之芳踪恤死报勤国家之盛典尔马国柱性行纯良勤劳政事方冀遐龄忽焉长逝朕用悼念特颁祭葬以表轸怀呜呼聿垂不朽之荣庶享匪躬之报尔灵之不昧尚克歆承

55. 湖广江西广西云南贵州总督武英殿大学士洪承畴墓志铭碑

皇清光禄大夫经略湖广江西广西云南贵州等处地方总督军务兼理粮饷太傅兼太子太师兵部尚书都察院右副都御史武英殿大学士三等世袭阿达哈哈番致仕一品顶戴谥文襄字亨九洪公墓志铭碑

少师兼太子太师刑部尚书内国史院大学士加一级曲沃后学卫周祚顿首拜撰

赐进士出身通议大夫礼部右侍郎钱塘后学黄机顿首篆盖

赐进士出身通议大夫刑部左侍郎汉阳门人吴正治顿首书丹

粤在世祖章皇帝时经略洪公屡疏乞休奉特命还京调理家居静□期绵期□不意于今上康熙四年二月十七日□□期上下□悼□□□祭奠恩礼命撰碑文送文案生□死哀可谓盛矣□□□于□□之念五日出殡□□□公光□亚□□铭予于子以后学谊不□□□按状公讳洪畴字彦演号九亨闽之泉州南安县人谱原初姓陈籍隶京兆府万年县始祖扆官至太子太傅忤李林甫谪闽卒封鄗国公谥忠顺十四传至洪进宋太□典国间封岐国公赠南康郡王谥恭顺又数传至温齐公赘于洪遂易姓为□祖双林公以季子贵封中宪大夫生宗南公自命文章与同里李文节黄文简齐名南□上□都人士推重焉蚤卒夫人戴氏方遗腹生次子是为幼迹公□光禄大夫戴母以节孝旌幼迹公生□岁性庄重未尝露□长事母至孝□□□有□□生文襄公都督不少间母傅夫人篝灯□读尤□以故文襄公弱冠万历乙卯举于乡丙辰成进士初任刑部主事公正执法（富）豪□息□学制羽翼经传号称得人继分臬江右参储三泰未几抚榆林制三边办寇恤民不避艰险旋有辽左之役以至历数有归遭逢我大清太宗文皇帝恩养有加不强令服官凡值大祭祀宴会必令亲随赐房屋庄田男女有差服食无虚日顺治元年春闯贼破燕京后始奉世祖章皇帝命从大兵入计贼至京召入内院办事赐第庄田人口有差十月以登极覃恩荫一子入监读书顺治二年世祖章皇帝以南方未靖不忍讨伐命公往绥缉之赐朝帽玉带貂蟒口领口貂裘鞓带靴袜天驷骆驼蒙古人□帐房凉棚银盘□□以文德物有差随行员役令都给缎袍靴帽并马匹六十余匹公驻江宁三载仰体朝廷德意□以文德□□□举贤才严饬将吏心计手批每至夜分不辍先是江南改京为省百务创□举有江南地广事繁诸司职掌作何分任□酌妥具奏之旨公斟酌时宜□询与赞如抚军分辖地营伍更定经制饷额调剂盈缩人员衡量补用以至本折钱粮解留款项措处客饷接济楚师无不悉心筹划至当具题允行顺治五年疏请还朝特召赐宴及大蟒袍靴袜等项又蒙太皇太后特恩赐宴仍命入内院办事是年加上四祖尊号覃恩封赠三代皆少师兼太子太师三代配皆夫人仍荫一子入监读书己丑命会试主考最称得人顺治八年世祖章皇帝亲征命掌都察院朝夕勤惕匪懈赐貂皮披领八月以上昭圣慈寿恭简皇太后尊号覃恩荫一子入监读书顺治九年命掌内弘文院大学士印与修太宗文皇帝实录赐大蟒纱朝服一貂皮外褂一凡应诏（或录滕）奏甚多咸蒙俞允又特疏荐

举人才皆蒙录用顺治十年五月世祖章皇帝以湖南煽动滇黔□阻□□欲以文德绥怀命公经略五省特晋太保赐内鹿马玲珑鞍辔袍帽貂裘外褂靴袜及嵌宝石鞓带玲珑撒袋嵌宝石弓矢刀等物有差陛辞前五日赐宴又奉特旨每日俱赴内廷侍膳随行官一百二十员俱于陛辞日赐蟒袍上御午门天颜甚悦制敕巡抚提督总兵官以下悉听节制文官五品以下武官副将以下有违命者听以军法从事一应抚剿事宜不从中制事后具疏报闻文武各官在京随时□用所属各省升转调用一面调补一面奏闻应用钱粮即与解给吏兵二部不得掣肘户部不得稽迟功成之日□加爵赏事定之后即命还朝委任之隆亘古未有十一月抵武昌即有微臣到任一疏内有云多得贤良安民劝农以守为战简拔将领练兵制胜以战为守联络土司使不为贼用以树我之藩篱计离贼党自为解散以溃傥之腹心识者谓得东南之肯綮云湖南荒残之区糇粮为艰公买牛屯种为持久之计初抵长沙城皆□砾公招降流移兵民始聚□以官兵初集战具未备疏请发内库盔甲鸟枪弓矢器械又疏请给战马益造坚甲俱蒙允给而壁垒一新矣又以分布扼防为用兵要领公调拨经略官兵举郧抚设郧镇以堵刘郝诸逆立武昌城守设洞庭水师以壮全楚腹心分一提三镇驻武陵以固辰沅门户立一抚两镇驻宝庆以遏武靖狡窥永州祁阳等处□节节设镇以控五千里之长边又以朝廷发大兵取滇黔必光复广西开入滇之路乃设抚提两大镇驻桂林又设全帅一大镇驻苍梧此其大较也顺治十二年常德告警公同长沙大兵至衡洲堵防宝庆以分贼势而荆沣大兵直趋常德乘夜出奇大破贼众捷闻特敕褒嘉赐内库玲珑盔甲撒袋弓矢腰刀嵌宝石鞓带貂帽貂裘外褂靴袜等项有差总之我世祖章皇帝天纵圣智八旗大兵罴之士如云进取滇黔不出□庙算久以矣非大兵无由借以懋功非公得上之心而无中格亦无以展布区画也以是叹帝臣相遇之美也是年嗣公成进士例应选州守上推念公以部曹用诚异数云十四年三月以太祖高皇帝太宗文皇帝并配覃恩封赠三代应加太保衔又以是年考满晋太傅赐羊酒荫一子入监读书公在楚以疾予告未行适义王率众来归固已知我世祖章皇帝德威遐被无思不服矣读公之前疏计离贼党使自为解散何先见之明也又公在楚深知水陆输輓最苦请造官船八百余艘募篙工四千余人□□□（泛舟）桂林扬帆宝庆境济荒边兵食又□穷民生计凡公之善为地方筹利便□（类）如此既而世祖章皇帝遽裁独断今三路大兵进取滇黔仍命公调度五省事公念道险隘量务为急□积□之处辄因粮预备其无以发价土司备其□土人筹负鳞□而来不惟省□输之□亦寓招徕之策当是时也三路大兵进滇世祖章皇帝命广西兵从□□出李定国逆势遂因之而穷东南兵燹之后仳离载道上发帑银三十万两赡兵赈民东南之民□□□□□荷□澄征公之疏□尽其公历行闲身先士（卒）□思□行巨细无必亲调和兵民尤殚苦心至于规划将士措置□饷真有古名将之风□……世祖章皇帝念公真疗特命还京调理迨归而世祖章皇帝遂有升遐之变□呜呼痛哉未几公请老今皇上特予武功世职先是皇上登极覃恩再得封赠三代俱加太保呜呼大臣遭逢之恩可谓极矣归立心朴贤做直正大人不□干以私……之劳爱惜三军能同甘共□率先任事以风励下属好奖拔人才以鼓舞后进人咸乐为之用事父母至……荫有□□□□□□戚推恩有序居家□□（小物）必谨尤谆谆于敦（教）子儿□□□尝录圣贤格言以或□诲□忠孝大节□公□登进士品……公卒于康熙四年二月十七日距生万历癸巳年九月二十二日享年七十有三谥文襄原官如故元配李夫人……..封一品夫人……夫人出现任光禄寺少卿娶前太子太保礼部尚书林公欲□女女三俱李夫人出长适前山东布政司□□使……生□□□□三适前□□巡抚鲁化龙男痒生为升孙男一奕□未聘孙女二长□陕西汉□道副…………铭曰……

56. 湖广江西广西云南贵州总督武英殿大学士洪承畴及元配一品夫人李氏合葬墓志铭碑

（略）

57. 诰封资政大夫江南总督三等阿达哈哈番马鸣珮墓志铭碑

皇清诰封资政大夫总督江南等地方处军务兼理粮饷兵部尚书兼右副都御史三等阿达哈哈番润甫马公墓志铭

光禄大夫少师兼太子太师刑部尚书文渊阁内国史院大学士通家旧治生曲沃卫周祚顿首拜撰文

光禄大夫太子太保户刑二部尚书前太子少保户部左右侍郎奉敕酌修直省赋役全书两侍经筵三充读卷官池阳王弘祚顿首拜书丹

赐进士第资政大夫礼部尚书管左侍郎事前礼部右侍郎兼内弘文院学士翰林院掌院学士内秘书院侍读学士右春坊右庶子左春坊左谕德司经局洗马左春坊左中允国子监司业内国史院检讨庶吉士充顺治大训孝经衍义纂修官壬辰科会试同考戊戌科武会试主考五充文武殿试读卷官教习庶吉士甲辰科知贡举经筵日讲官都门王熙顿首拜篆额

尝读诗至思皇多士生此王国又曰济济多士文王以宁未尝不叹其盛也窃见世祖章皇帝时一时从龙之彦郁郁纷纷皆舟楫霖雨才也如润甫马公为辽之名士受世祖章皇帝特达之知敭历中外绩高南北无何退居绿野竟赋玉京震器坦公请铭于予予虽素昧平生曾在子民之谊敢不志诸按状公讳鸣珮字润甫派出扶风先世为山东登州府之蓬莱县人始祖讳英为辽东保义副尉遂占籍辽阳左卫至四世祖保义副尉讳越公配丁氏生宣义郎文举始为关东望族配岳氏陈氏岳氏生重德公以文学著授江南太平府别驾廉恕明断有政声以覃恩诰赠资政大夫阿达哈哈番配杨氏诰赠夫人生三子长与进次与遴次与选与遴公克承先业尤邃于理学赠资政大夫阿达哈哈番配赵氏赠夫人生二子长即润甫公次鸣玳中副榜早卒润甫公生而刚毅敏达从父受戴记蚤夜力学博通子史尤工于书父恒抚之曰振吾家声者其此乎年十七为诸生即有文名会父母丧哀毁骨立乡党以孝称我清应运龙兴公以文学受知于太宗文皇帝授工部启心郎公负经济才知无不言上甚称之世祖章皇帝定鼎燕京公从入都授山西潞汾道左参政值地方初定公威惠兼施郡邑攸赖未几转分巡下湖南道靖盗安民政声赫然特简户部右侍郎总督江南各省粮储兼理钱法公受事七载综核有声会裁缺回部补户部侍郎俄而命总督仓场转户部左侍郎国计军糈督催罔诎顺治十一年特命总督宣大军务时晋宁营伍废弛民生凋敝公受事修缮城堡密布方略外歼贼而内抚众境内宴然先是总督江南江西责重政剧择堪任之人世祖章皇帝特命公往适海氛窥逞崇明失守公苦心运筹出奇制胜崇明旋复东南半壁卒保无虞公尝在制府早起晏卧裁决政务心力劳瘁以致目瘄因而具疏恳辞奉有马鸣珮谨慎老成效力已久今引年称目病不能办事情词恳切著吏部议奏之旨后议上奉旨是马鸣珮着回京调理病痊起用公回京日杜门静养惟教子课孙间延乡里耆旧谈宴赋诗而已其他一无所涉自孟夫人仙游后不蓄媵妾林下十载不改其常尝购贷千金赎族叔昆弟俾完聚复业虽遵父之遗命人皆贤之公在任时屡有血疾宿患未除乙巳夏偶举

发浸淫渐不能起至丙午正月遂卒卒之日惟以竭力报国勉承先业嘱其子其他不及一语呜呼真丈夫哉公累授资政大夫总督江南江西等处地方军务兼理粮饷兵部尚书兼都察院右副都御史三等阿达哈哈番生于庚子年二月初十日亥时卒于康熙五年正月二十日酉时享寿六十有七元配王氏继祝氏赠夫人俱先卒继孟氏庠生孟养恬长女封夫人子一雄镇宗人府启心郎加一级孟夫人出娶张氏原任巡抚山东都察院右副都御史张儒秀次女赠淑人继娶李氏佐领加一级李登龙次女封淑人女四长适关处士子关键次未字俱早卒次适原任巡按江西监察御史王志佐六男学圣次适原任巡按江南监察御史钟有鸣次男韵亮长孙男世济官监生娶董氏原任巡抚直隶都察院右副都御史加三级董天机侄举人董子华长女张淑人出孙女五长未字张淑人出余俱幼未字李淑人出兹于康熙□年□月□日葬于□□之新阡是宜铭铭曰

真主龙兴　攀龙附凤　翊赞文英　协于帝衷　运饷江南　鄭侯伯仲　统率文武　机宜渊洞　绿野归欤　栖迟梁栋　白玉楼成　欻然如梦　惓念哲人　物情悲恸　松柏亿年　兆祥厥中

58. 诰授资政大夫广西巡抚加赠太子少保兵部尚书马雄镇及妻一品夫人李氏合葬墓志铭碑

皇清诰授资政大夫巡抚广西等处地方提督军务兼理粮饷盐务都察院右副都御史加赠太子少保兵部尚书谥文毅坦公暨配特赠一品夫人李氏合葬墓志铭

赐进士出身光禄大夫礼部尚书武英殿大学士奉敕总裁实录圣训方略前礼工两部尚书都察院左都御史兵部督捕左侍郎管右侍郎事刑工两部左右侍郎陕西按察司按察使江西分守南瑞道左参政右春坊右庶子兼内翰林弘文院侍讲内翰林国史院编修庶吉士经筵讲官纂修玉牒副总裁诰敕撰文甲午科顺天乡试副主考丙辰科会试正主考甲辰等科文武殿试读卷官汉阳眷弟吴正治顿首撰文

赐进士出身通议大夫经筵讲官内阁学士兼礼部侍郎加一级教习庶吉士充平定三逆方略副总裁明史总裁前日讲官记注起居翰林院侍读学士加詹事府詹事同修实录左右春坊庶子翰林院侍读侍讲国子监司业翰林院编修主己酉顺天武乡试丙午浙江正主考内弘文院庶吉士京口眷侍生张玉书顿首篆额

赐进士及第通议大夫经筵侍班记注起居日讲官詹事府詹事兼翰林院侍读学士加礼部侍郎加一级前左右少詹事兼翰林院侍读学士国子监祭酒翰林院侍读纂修实录孝经衍义翰林院侍讲整饬通蓟道分巡大梁道河南提刑按察司副使内翰林院国史院编修壬子浙江正主考己未充武殿试读卷官华亭眷侍生沈荃顿首书丹

圣天子用神武锄反侧戡定遐荒既已爵赏诸有功犹恻然南顾曰嗟我旧臣有抗节封疆九死不渝者朕甚伤之于是有殉难各官应加褒恤之谕而巡抚广西右副都御史襄平马公阖门死事为最烈先是将军傅公具以事闻吏礼兵三部佥议优恤如典礼上特命加太子少保兵部尚书谥文毅舆榇既还赐给全祭葬贶赠溢于家门爵赉延于后嗣又亲题御笔俾揭石于隧道之阡为诸臣所未有下及一时仗剑相依患难者九人出死入生并得被恩叙录以为天下劝天下闻公义烈泣鬼神动天地莫不慷慨叹慕至凄然流涕呜呼盛哉自古国家当多难之秋人臣之致身非一其生者僇力疆场收戡乱之功其殁者亦以一死激忠义之心而寒乱贼之胆用是国势张而兵气益振所以睢阳嚼齿禄山不旋踵就屠司农奋笏朱泚不逾时授首也始公仗钺粤西寇方充斥左江右江皆岌岌煽动而平梧土寇与猺獞诸蛮出没无常公剿

抚兼行折其渠魁余全活以万计又为民请命省脚费平盐价宽木禁停采买复有司边俸建郡国学宫善政班班具举及吴逆反孙延龄继叛以公系人望首欲协之同乱公不可遂被重围即署中投缳几绝贼排闼入救引刃自刎又不得殊死乃尽室羁系者四年公亦谓逆焰虽张人心尚固倘未死而义旅一集中外相应立可瓦解故潜遣二子一孙间行赴阙事机不偶滇逆踵至公被执贼营竖发裂眦骂贼不屈甘死如饴二子九仆一时遇害妻妾妇女次第自经死者三十余人呜呼生死之际大矣重以四载之幽囚一念少移没身莫赎非公识定于平时行孚于同室不及此而粤人亦因痛公之死愤贼益甚王师一至扫荡曾不反掌是公身死而全粤之恢复实赖之未几戎首孙逆先公被诛而滇中群逆未死者寸磔枭街已死者扬灰都市公杀贼之志已释然无遗憾且圣恩崇重褒恤宠荫有加长公早登副宪次子及孙方先后擢用益大其家声公虽既死垂光史册岂不千载奕奕有生气哉公讳雄镇字锡蕃号坦公本山东蓬莱人始祖副尉公仕辽因居辽阳左卫至宣议公族始大公之高祖也曾祖别驾公讳重德通判太平府司榷芜关清德著闻祀名宦祖司训公讳与进以学行名家并以总督公贵赠资政大夫曾祖妣杨氏祖妣赵氏俱赠夫人公父总督公讳鸣珮字润甫从龙入都历官兵部尚书右副都御史总督江南江西多丰功后泽为昭代名臣少时读书采经史格言辑忠孝事为论注传于家元配王氏继祝氏早卒并赠夫人继孟氏是为公母封夫人公始以任子入仕起家工部司宝源局督琉璃厂营造孝陵夙夜恪恭各底其绩既而入为佥都御史寻迁学士顾问称旨由是有巡抚之命自山右改任粤西赐宴内殿又赐御衣名马眷注加隆宜公之感激而捐糜以报也公生于天聪甲戌年正月二十八日被难于康熙丁巳年十月十二日享年四十有四元配张氏诰赠夫人继配李氏生于崇德己卯年正月初七日同日殉难特赠夫人长子世济次世永即从抚署重围中先后穴垣夜逸奔奏阙廷者也世济奉旨优叙候补大四品京堂见任左副都御史元配董氏特赠淑人继娶连氏诰封淑人张夫人出世永荫监生候选知州娶王氏女四俱李夫人出孙国桢后选知县娶程氏世济出公遇难时李夫人及家属尚在幽絷初闻难家子妇董夫人即拜姑请死次二女暨公妾顾氏刘氏长公妾苗氏皆相携就缢李夫人一一为含殓毕乃自系帛绝吭慷慨从容盖古今罕俦者康熙二十二年三月十九日世济等奉公柩卜葬于玉泉山黑塔村之原李夫人祔焉因具状请铭于余窃念公历官宦绩多卓卓可纪不具论论其大节光昭天壤者如此系之以铭铭曰

泰山峨峨石崭崗岳降臣人挺贞直间气遥分辽海侧经文纬武千夫特清门奕奕称通德臣忠子孝垂懿则开府苍梧炎瘴息两江五岭无丛棘一朝豺虎肆侵逼望阙驰书泪沾臆四年幽系情凄恻恨不双飞生羽翼发指冲冠骂狂贼七星岩畔妖氛黑阖门九死惜不得桂林白日青磷色吞声野哭人千亿伏波膏泽留蛮域公叩天阊陈悃愊封豕长蛇请诛殛荡平王路无倾仄生荣死哀耀南北君恩不赀臣死职天地纲维自此植公乘白云归故国霓旌桂旗俨可即

59. 广西巡抚马雄镇遇难处碑

光绪十五年岁次己丑四月

广西巡抚马文毅公殉难处

抚学使者归安沈秉成重立

60. 诰授资政大夫淮阳总督马世济及妻特赠淑人董氏诰封淑人连氏合葬墓志铭碑

皇清诰授资政大夫总督淮阳等处地方提督漕运海防军务兼理粮饷兵部右侍郎兼右副都御史元恺马公暨配特赠淑人董氏诰封淑人连氏合葬墓志铭

赐进士出身光禄大夫吏部尚书文渊阁大学士经筵讲官总裁方略典训三朝国史前吏部尚书管理巡抚直隶等处地方兵部右侍郎兼都察院右副都御史兵工二部侍郎提督顺天等处学政翰林院掌院学士教习庶吉士戊辰武会试正主考殿试读卷官内阁学士兼礼部侍郎翰林院侍读学士编修庶吉士安溪年家眷弟李光地顿首撰文

赐进士出身光禄大夫礼部尚书文渊阁大学士经筵讲官总裁典训大清一统志前礼兵刑工四部尚书吏户二部左右侍郎内阁学士兼礼部侍郎翰林院侍读侍讲学士左右春坊赞善翰林院检讨编修庶吉士癸巳会试正主考庚午顺天乙卯山东乡试正主考丁丑等科文武殿试读卷官提督浙江学政太仓旧治年家弟王掞顿首书丹

赐进士出身通议大夫提督顺天等处学政前翰林院侍读学士翰林院编修食五品俸翰林院庶吉士京江旧治年家侍生张逸少顿首篆额

光地伏读圣天子御制马文毅公碑文凛然喟兴辄以未瞻风范自惜及在朝与哲嗣总制公深相知备闻文毅公节烈颠末光照天壤又以大忠臣有子之贤幸得为交道最也今总制公忽焉去人间世为思勋业德谊而伤慕之其孤藩参君国桢适遣书请志窆石不敢以不文辞按状公讳世济字元恺先世扶风马氏析居山东蓬莱本枝祖英仕保义副尉占籍辽阳高祖重德通判太平民祠之曾祖与进以理学授司训并以总督公贵赠如其官祖鸣佩字润甫从龙历兵部尚书右副都御史总督江南江西是为开国名臣父雄镇字锡蕃号坦公由国史院学士擢副都巡抚广西甲寅春二月将军孙延龄叛应吴逆百计逼公不从遂慷慨骂贼阖门殉难事闻上悯悼特赠太子少保兵部尚书谥文毅元配张继配李李从死并赠夫人生四子公居长张夫人出也幼爱书史未入塾时即多成诵者稍长誓忠孝随父粤西逆变起仓猝文毅公三上密疏其第二疏则公以年少突围重茧逃伏阙下告急者也时甲寅六月日钦命以卿员用旋痛父惨殉泣疏奔收骸骨既得旨怜允仓皇跋险阻经年舆榇还恤典优畀更蒙御笔碑文褒示不朽茔葬毕服除授大理少卿未期晋光禄正卿自是日侍上承顾问宴赐悉领渥恩若乾清宫宴召命公上宝座亲予饮一金瓯公九叩眷注弥深升平之宴上倡韵制柏梁体诗公得句荷嘉许御书全诗勒贞珉亦以一帙赐公壬戌擢左副都御史督造四省漕船于江南酌经费以核工便运归报称旨于是论用大帅不宜循资格任极关系封疆祈简在著为例又劾逐江南总督中军官怙势蒙蔽者奏皆可摄工部侍郎理钱法论销毁滋弊鼓铸违轻重之宜下九卿詹事科道议咸是公言乙丑由刑部侍郎迁兵部知武闱贡举参处奸人攘夺举子供者士今永赖丙寅钦命重臣四人会同三法司清理刑狱以公廷尉少司寇时有令闻故遣乃遍鞫三百一十七人全活者及半公能仰体圣主好生至意平反折衷是冬迁吏部右侍郎数月命巡抚贵州黔界滇苗各壤民疾苦需贤能开府陛辞宴赐异等比至监临文试即主考武闱严内外登选称得人黔民岁困无名之役吏侵渔虐使民公下令首除之户相庆纾患多矣戊辰军政罪贪婪克饷务取经术安边使远考兵燹后知盛世湛恩之乐沐拊循莫大焉未几命总督漕运控制七省公念所辖皆远千里外惟洁己率下一切风行而兴利必先革弊弊莫要于革心于是斥贪惩蠹豪猾悉惕息旧例征漕一色苦瘁瘏难应公下

令红白兼收省民劳费无算然公日昃不遑勤甚不自知其惫己巳值南巡中道趋迎圣驾蒙垂问体羸使以原衔奉朝请公还京始治疾忆先德之非常感特达之知后先肺腑犹以未报君父为惓惓即家居学导引琐事不复关怀然诚忠诚孝之素愿固天所笃生以酬荩节以肩柱石者也公勋望卓荦每奉特简必著绩于便民体国如前史骏英所为第优悠东山人咸冀公复出而年未耄老何一旦诀不起也惜哉公于庚午犹荷钦点从裕亲王征厄鲁特败敌于乌兰布通凯旋功一等嗣又承内帑分任河防保高堰伏汛濒溃者得以完固下游亿万生灵遂无忧恐呜呼公致身建谟猷三十余载历竭臣心义切翊赞诸奏疏具古大人器识以故采纳裨益非浅鲜矣公笃于孝友弟世永方八龄文毅公遣原推官李子燮同奉密疏告急累官盐法道与公相得益彰公善书工咏吟所著有重兴志手录格言训子若孙以故治家有法度子孙恂恂然公生顺治庚寅正月二十八日壬午卒于康熙甲午年十月六日甲戌年六十有五元配董夫人生顺治辛卯年九月初三日殉节在康熙丁巳年十月十二日年二十七诰特赠淑人继配连夫人生顺治乙未年正月初九日卒康熙丁卯年正月十八日年三十三封淑人男四长国桢九龄时随前侍诏朱昉赍大父沥血陈情形第三疏乘夜穴垣出桂林间道奔京师今现任江南布政使司守江常镇道参议加五级董淑人出娶程氏国模太学生侧室张氏出娶丁氏国机候选县丞连淑人出娶佟氏国楷太学生侧室刘氏出娶邓氏女五人孙男六人日炳现任广东文昌县知县娶王娶氏日煊候选县丞聘□氏俱国桢出日焕国模出日炯国机出日煜国楷出俱幼业儒未聘孙女五人曾孙男三人弘基太学生聘张氏弘埙弘尧俱未聘曾孙女四人盖文毅公及公纯忱厚泽足以长世而昌后廷赉宠眷有非笔述所能尽馆甥戚属多冠裳而藩参君克家以绍洵辉映于不替哉今将以康熙五十六年四月初一日葬公于文毅公赐阡之右两淑人附焉铭曰

姓始扶风 蓬莱析宗 辽阳仕绩 鼎盛从龙 尚书伟业 少保孤忠 公能继述 门阀巍崇 随父粤西 贼臣逞乱 祸焰凶飚 躬几被难 赍疏潜奔 请师伐叛 万里赴阙 天子悯之 留憩京邸 加以煦慈 矧其才志 实副畴咨 乞假哭骸 时犹道梗 踯躅扶归 恤逾常等 窀穸经营 泣血沉冥 特遴卿月 不伐不矜 回翔九列 备著威棱 人怀誉望 霖雨股肱 秉节遥临 黔疆得岁 膏政覃敷 旋膺漕计 七省军民 群歌恺惠 劳绩高坚 冰壶玉衡 始终慎饬 直节生平 仰答恩遇 接武家声 倏骑箕尾 名腾史籍 徽德未湮 丰碑赫奕 郁郁佳城 千秋永宅

61. 诰赠淑人马世济夫人董氏墓志铭碑

皇清诰赠淑人马夫人董氏墓志铭

赐进士出身光禄大夫保和殿大学士兼礼部尚书加三级前兵部尚书加四级工部尚书都察院掌院事左都御史加一级礼部尚书管左侍郎事内弘文院学士礼部右侍郎翰林院掌院学士内秘书院侍讲学士左春坊左庶子右春坊右谕德司经局洗马左春坊左中允国子监司业内国史院检讨庶吉士壬辰会试同考充顺治大训孝经衍义纂修官戊戌武会试主考戊戌己亥庚子辛丑丁未庚戌癸丑壬戌十二充文武殿试读卷官甲辰科知贡举教习戊戌己亥两科庶吉士籍田从耕充册立东宫副使经筵日讲官监修明史奉敕总裁实录圣训平定三逆方略宛平眷弟王熙顿首拜撰

赐进士第通议大夫吏部左侍郎兼翰林院学士加一级前礼部左右侍郎内阁学士兼礼部侍郎内国史院学士弘文院侍读学士国子监祭酒加一级左右春坊庶子谕德赞善秘书院编修国史院庶吉士

戊戌科会试同考庚子科武会试主考纂修圣训副总裁癸丑科知贡举充文武殿试读卷官潞河眷弟张士甄顿首拜篆

赐进士第通议大夫经筵侍班记注起居日讲官詹事府詹事兼翰林院侍读学士加礼部侍郎加一级前左右少詹事兼翰林院侍讲学士国子监祭酒翰林院侍读纂修实录孝经衍义翰林院侍讲整饬通蓟道分巡大梁道河南提刑按察司副使内翰林国史院编修壬子浙江正主考己未充武殿试读卷官华亭眷侍生沈荃顿首拜书丹

康熙甲寅粤西之变巡抚马文毅公以身殉王事阖门从死者十九人而董淑人称最烈淑人为今中丞君世济之正配文毅公冢妇也生长阀阅又当文毅公开府建牙习见华朊享逸乐而淑人克尽妇职平时上奉舅姑下御仆隶敬谨靡懈宽严得中凡织纫馈瀡之仪罔不娴整斯已难矣况当颠险之际而能倡率阖门从容就义之死而不之悔其节□之概真可与日月争光宁止为圣朝扬徽彤管已哉余故取其殉难一事详志之按状淑人为山东陵县令董君□华长女年十五归中丞君越五年随侍文毅公官广西又二年值孙延龄叛拘囚三载至文毅公被害遂偕妾苗氏俱自缢于梁间是为康熙丁巳十月十二日也方延龄之遥应吴逆而叛也仓卒祸起时巡抚久不督军务无标兵卫御府第被围文毅公计贼党虽众皆乌合易破乃命中丞君诣阙言状请援兵临行淑人泣曰君行矣若王师至破贼与君相见甚幸脱事不济惟一死以报耳因遣长子随中丞弟潜走京师时内外相持久贼党百计诱胁文毅公终不屈而二子一孙北来乞师者相继贼侦知之且忿且惧籍公家尽收其家人执之囚室严逻防守淑人□流离困厄时事尊嫜倍谨诸子女接踵馁死无怨言迨逆孽吴世琮诱杀延龄文毅公骂贼抗节淑人奉姑李夫人系禁所守卒有房李二千总者登梯以卤问告淑人向姑哭拜曰氏所以隐忍不死者尚有所待也今事已至此愿相从侍奉地下遂自缢绫断仆地者再额足皆毁卒不挠妾苗氏亦从死呜呼死生亦大矣士君子读书明道义者居恒非不侃侃自命至临危辄依回澳涩不能自裁一旦丧其生平者比比然矣况在闺阁岂不难哉事闻奉特旨□赠淑人给应得诰命淑人虽死亦可慰贞魂于九泉矣淑人生于顺治辛卯年仅二十有七男女共六人长国祯候选知县即先赴京者其次子女并以饥寒死于囚室先是淑人既死守着哀其节烈收遗骨埋于桂林北关外广福寺后及中丞君迎文毅公李夫人椓并携以归康熙二十二年三月十九日葬于玉泉山黑塔村之原铭曰

生鸾族陨 鲸□罹百 忧坚一节 妾同归成 双烈事徵 信非空设 谷为陵铭不灭

62. 诰授通议大夫江南布政使司分守江常镇道参议马国桢及妻淑人程氏合葬墓志铭碑

皇清诰授通议大夫江南布政使司分守江常镇道参议加五级贞庵马公暨配诰封淑人程氏合葬墓志铭

赐进士及第朝议大夫提督浙江全省学政通政司右参议日讲官起居注纂修圣祖仁皇帝实录詹事府少詹事前翰林院提督四译馆太常寺少卿提督广东肇高等处学政礼部左侍郎内阁学士兼礼部侍郎翰林院侍讲学士甲辰会试同考官癸卯江南乡试正主考翰林院修撰东昌年家眷弟邓钟岳顿首撰文

赐进士及第内廷供奉翰林院修撰戊午福建乡试正主考丙辰顺天乡试同考官内阁中书舍人秀水年家眷弟金德瑛顿首书丹

赐进士及第内廷供奉翰林院修撰金坛旧治年家侍生于敏中顿首篆额

公讳国桢字幹臣号贞庵一号云鹤山人先世山左蓬莱人本支祖讳英仕保义副尉占籍辽阳高高祖讳重德通判太平府民祠之高祖讳与进以理学授司训并以总督公贵赠如其官诰授资政大夫总督江南江西军务兼理操江兵部尚书都察院右副都御史三等轻车都尉崇祀名宦讳鸣佩者公曾祖考也诰授资政大夫巡抚广西等处地方兼理盐□都察院右副都御史死吴逆难特赠太子少保兵部尚书谥文毅讳雄镇者公王考也诰授资政大夫总督淮扬等处地方提督漕运海防军务兼理粮饷兵部右侍郎兼都察院右副都御史讳世济者公考也高高祖妣杨高祖妣赵曾祖妣王祝孟祖妣张李妣董连并赠封夫人公董出也前康熙甲寅岁广西逆帅之变抚署被围文毅公密遣客朱昉携公走妣董以一珠贻公曰勉旃相见无期此珠所以识也公泣受拜辞穴垣夜逸赍沥血疏奔辇下时公方九龄手画口数言其大父拘凶惨毒状声与泪迸举朝惊叹乙丑公以太学生御试高等除河南安阳令世有官方催科听讼各有法邑漕例运小滩交兑官民两病公即邑之伏恩村旧址建廒采兑条其事永著为令岁丙子军兴中州军需车骡安邑倍之公解俸克期取办民无所累旱魃为虐公设粥厂亟请蠲赈全活无算蝗蝻生公率里人虔祷雷雨立至竟不为灾邑西南有渠曰高平起于珍珠泉由洹水入运河年久壅阏公疏浚闸口令民灌田东北之慕村洼东南之广润陂与漳相近一当淋潦而弥漫莫戢浚之以远水患特建滚水石堰于清流口开新惠渠于杨家庄则维以堤蓄泄得宜为民久远计他如修学宫平官价修桥辑志凡所措施一本古循吏为政断张烈妇冤邑人愈称神明焉庚辰升广西浔州府同知士民遮道扳留于安阳桥建祠肖像以祀颜曰德配洹流总河于公成龙手书真民父母为额盖纪实也公抵桂林谒双忠祠焚香誓以恪守祖训祠即文毅公殉难后敕建者值八排猺蛮梗化黔粤三省会兵进剿巡抚萧公永藻委公监纪转输军饷以能称两摄桂平贵县治绩如安阳至弭盗以靖地方兴学以广文教救北关之烈焰拒官桂之采买浔人尤歌咏之署本郡篆去榷税□弊绩用益著巡抚疏荐寻擢湖广按察使司佥事分巡上荆南道蜀江泛涨荆治水与堤平公首筑黄潭顶冲始有安澜之庆景沔诸县水发请帑赈济复相度形势修筑视旧建加固新为石埭疏泻毕备民德之曰马公堤戊子旱祷于息壤甘霖立澍转江南布政使司参议分守江常镇道泰通涨沙百里□卤民灶纷争历久不决中丞张公伯行以此属公不期月事竣绘图册俾民灶无争称平允焉又建挑丹阳运河修丹徒旧闸疏瀹启闭以时至今赖之署按察使司篆廉明果决奸盗屏息闻总漕公讣归濒行攀辕雨泣者数千人舟不得行居忧丧葬尽礼服除值遴干员军前运粮九列以公名荐遂赴西宁领橐驼米面进藏至木鲁乌苏藏交楚复派赶驼回宁次毛里木素瘴疠大作顾左右惟以王事不终为恨疾遂不起公自粤西所受董太夫人珠寒暑必贮衣内至是并董字墨迹付嘱世守呜呼亦足见公志矣雍正二年西藏平议叙恤一子入监十三年冬诏从祀安阳名宦祠公天性至孝事总漕公先意承志务尽力以乐其心母董太夫人殉于难每念未尝不流涕也生平好读书工诗善行楷所著古今体诗卧游草问心录西藏日录承恩堂摹贴共四十卷藏于家公生康熙五年丙午十二月初三日戌时于康熙五十九年庚子八月初七日亥时卒于途年五十有五配程夫人河南通许县县丞云衢公女年十六归公庄静勤俭有贤孝行佐公宦游廉洁相砥砺生子日熙早殇惟课两庶出子以起其家己卯家居以长嗣刺史日炳会诏邀特典夫人受淑人封丙辰恭遇□庆皇太后上徽号诏赐金黄绢蓝纻共五端乡党以为荣夫人以乾隆三年戊午四月十七日巳时终于内寝距其生康熙六年丁未七月初三日亥时年七十有二男二长日炳浙江金华府知府侧室何恭人出娶王氏日煊河南陈留县知县侧室成孺人出娶张氏继王氏女四人孙

男九人弘基娶张氏弘埙娶董氏弘尧聘乌氏并国子生弘圻幼俱日炳出弘玺娶刘氏弘增娶王氏弘筠弘埈弘垍俱幼日煊出弘基公所荫也孙女五人曾孙男一人松柱幼曾孙女二人雍正十三年十一月初一日葬公于文毅公赐阡之前左夫人以是月二十八日启公之兆而合葬焉侧室何恭人以子承祧并祔兆域礼也铭曰

乾坤正气万古存忠孝节义聚一门啮指书血奏至尊黄口万里潜逃奔间关重茧归叩阍口未陈列声先吞青天雨泪白日昏举朝耸听纷涕痕垂髫声誉众早喧况有家学恣讨论历仕政绩民不谖自邑令起讫参藩晚岁异域属橐鞬濒死不及家一言泉深土厚埋昼春泽垂永远裕后昆此烈妇子忠臣孙

63. 特授江宁巡抚韩世琦为光禄大夫诰封碑

奉天承运皇帝制曰国家思创业之隆当崇报功之典人臣建辅运之绩宜施锡爵之恩此激劝之鸿规诚古今之通义尔巡抚江宁等处地方工部尚书兼都察院右副都御史正一品加二级韩世琦性姿端谨才识渊通简任巡抚恪慎无惭于职守宣劳政务夙夜克矢乎寅恭任用有年小心益励崇阶洊陟历试能勤欣兹庆典之逢宜沛恩纶之宠爰颁新命以示褒嘉兹以覃恩特授尔阶光禄大夫锡之诰命於戏推恩申命爰弘奖夫忠贞树德懋勋尚益勤于笃棐祗服朕命勉尽乃心

康熙六年十一月二十六日

64. 都统张天福诰命文谕祭文合璧碑

奉天承运皇帝制曰朕惟崇德报功国家之大典效忠尽职臣子之常经昔古圣王莫不以威武安黔黎以文德致升平朕效古制爰及文武用以报功而示劝也受兹谕者必忠以立身仁以抚众智以察微防奸御侮机无暇时能此则荣及前人福延后嗣而身家永昌矣敬之勿怠尔张天福原系明朝时官辅政淑德豫亲王统兵破流贼灭福王平定河南江南时同兄张天禄率官兵三千员名归顺又昆山嘉定民不剃发叛来攻城尔战却之又有贼万人来攻尔复战却退嘉定县民不剃发据邑以叛尔同总兵官李成栋攻克其城授一等阿思哈哈番再准袭拾辈

康熙六年九月初一日皇帝遣光禄寺卿白清额谕祭故原任都统因病原品解任张天福之灵曰鞠躬尽瘁臣子之芳踪恤死报勤国家之盛典尔张天福性行纯良才能称职方冀遐龄忽焉长逝朕用悼焉特颁祭奠用展哀悰呜呼宠锡重垆庶享匪躬之报名垂信史聿昭不朽之荣尔如有知尚其歆享

康熙六年岁次丁未九月季秋朔一日吉旦立

65. 太傅兼太子太师一等精奇尼哈番内秘书院大学士范文程墓碑

太傅兼太子太师原任内秘书院大学士一等精奇尼哈番加一级谥文肃范文程碑文

稽古兴朝必有贤良之臣生则荣以高爵殁亦锡以丰碑所以劝忠盖甚备也尔范文程性行端良才猷敏练博通经术弘资调燮之能参赞丝纶克展靖共之谊累朝历事忠悃必摅王事久襄勋劳茂著爰事酬雍之典锡以世及之荣因积劳而抱疴令解任以调摄伫俟病痊以需召用忽闻长逝甚悼朕怀特赐谥曰文肃勒诸贞珉光及泉壤国典臣谊庶其昭垂毋斁哉

康熙七年五月初二日立

66. 福建总督加赠太子少保兵部尚书范承谟墓碑

原任福建总督加赠太子少保兵部尚书谥忠贞范承谟碑文

朕惟朝廷简畀重臣授以封疆之任平时则竭诚殚力以靖厥职猝逢事变则有凛乎不可犯确然不可夺之节舍□取义□□□□古所谓不二□之臣如此而已尔范承谟名臣之子奋迹甲科入侍禁行出□节钺咸□□绩著于当官洎闽疆莅镇之□□狂竖盗兵之日寇起门廷祸生肘腋智未及施勇不暇展而尔志耻偉生义无苟免奋身骂贼誓不共天遂致阖□幽囚三年拘□□□其衣食迫胁以甲兵凶焰弥张贞操愈劲卒蹈白刃以作完人慷慨从容兼有其美兹者底定疆陲申明命讨□人斯得□节益昭倍深轸悼之情特厚饰终之礼宠以隆秩谥曰忠贞呜呼褒忠显善帝王治世之大权恩命迭颁朕曷有私于尔以□正□□□人伦庶使选愞之士睹盛典而知兴慕义之夫闻休风而加劝勒诸贞石其永有誉于无穷哉

康熙二十一年四月二十六日立

67. 兵部尚书范承勋墓碑

（碑阳）

雍正十一年岁次癸丑九月穀旦

皇清兵部尚书范公承勋之墓

少保保和殿大学士年家世晚生张廷玉拜题

（碑阴）

公姓范氏讳承勋字苏公号眉山其先自宋参知政事文正公仲子忠宣公九传至明云梦丞岳谪居沈阳遂为沈阳人嘉靖中兵部尚书锪公高祖也公为本朝开国内秘书院大学士加太傅兼太子太师谥文肃讳文程第三子累官总督云贵两江兵部尚书事迹见太仓相国王公所撰墓志康熙五十三年二月朔日卒于家距公生崇德六年三月十八日寿七十有四赐葬祭如制以五十四年八月十二日葬于京北密云县青甸之原亥山巳向兼乾巽即公自卜寿藏曰清溪庄继配赵氏诰封一品夫人生于顺治十年七月二十三日卒于雍正十年十二月十六日寿八十岁以十一年八月廿二日合葬于公之兆子一时绎现任工部尚书兼管兵部尚书事孙□弘宾弘宗弘定弘宬曾孙二建符建节

雍正十一年岁次癸丑九月穀旦

太子太保文华殿大学士年□家□晚生嵇曾筠记

68. 兵部尚书范承勋墓志铭碑盖

皇清诰授光禄大夫兵部尚书军功加七级又加六级眉山范公墓志铭

69. 一品太夫人范母金氏墓碑

诰封一品太夫人范母金太夫人之墓

70. 杭州将军世袭一等男范建中谕祭碑

嘉庆六年四月十二日皇帝遣礼部侍郎刘跃云谕祭原任杭州将军世袭一等男谥恪慎范建中之灵曰勋门济美劳克绍于前休疆琐宣勤简任方资于重镇惜老成之徂谢宜备礼以饰终爰考彝章用颁馨荐尔原任杭州将军范建中世维望族夙负通才袭封而爵列甸男领职则营分骁骑蚤娴戎律襄节制于屯兼运边筹通转输于万里西陲移镇久历回城南海辖防俾临粤峤重勋资之累绩旋京秩优迁佐冬官而并饬五材掌民部而总司九式简持风纪霜台共仰垂绅出秉军符逝水复膺专阃曰嘉乃绩聿资安辑之猷庸选尔劳伫奏藩宣之效何沉疴之遽遘允优恤之宜加锡以恩纶陈兹奠醊於戏文通武达承家无愧于令名内直外方听履难忘于旧德维灵有觉尚其来歆

71. 特授工部郎中拜他喇布勒哈番参领管佐领事常汝贵为光禄大夫封妻单氏为一品夫人诰封碑

奉天承运皇帝制曰国家思创业之隆当崇报功之典人臣建辅运之绩宜施锡爵之恩此激劝之宏规诚古今之通义尔工部郎中拜他喇布勒哈番参领管佐领事加三级常汝贵性资端谨才识宏通佐理冬官恪慎无惭于职守宣劳政务夙夜克矢乎寅恭任用有年小心益励崇阶洊陟历试能勤欣兹庆典之逢宜沛恩纶之宠爰颁新命以示褒嘉兹以覃恩特授尔阶光禄大夫锡之诰命於戏推恩申命爰弘奖于忠贞树德懋勋尚益勤于笃棐祇服朕命勉尽乃心初任骁骑校二任管佐领事三任工部郎中管佐领事四任授为拖沙喇哈番仍为郎中管佐领事五任授为拜他喇布勒哈番仍为郎中管佐领事六任加一级七任参领仍为郎中管佐领事八任加一级九任又加一级十任今职

制曰作朕股肱良臣自矢夙夜釐尔女士内则尤效勗勷休命用申壸仪维懋尔工部郎中拜他喇布勒哈番参领管佐领加三级常汝贵妻单氏相夫克协宜家著范尔夫恪勤尽职藉尔黾勉同心内则既娴褒纶宜锡兹以覃恩封尔为一品夫人於戏眷此勤劳之佐久藉同心嘉尔贞顺之娴载颁异数益修内德以答殊恩

康熙十四年十二月十四日

72. 诰授光禄大夫江南安徽等处承宣布政使司布政使常明扬神道碑

皇清诰授光禄大夫江南安徽等处承宣布政使司布政使加三级常公神道碑

顺天府庠生锦水王秉纶撰文丹书

从古邦隆之世必有一代伟人□□休□以奏□功□来世虽百世而下犹□□咏□以志明□于□谊□□□当其际耳□□光彰彰较著者乎我朝□□可庆具举士大夫际昌明之会其得乎山川之灵扶舆磅辉之气者盖尔匪伊朝夕矣以故方伯常公讳明扬者由前明大将军常遇春世裔入正白旗汉军籍公父讳汝贵以功授骑都尉□任工部郎中方伯公幼时即多神异工部公特爱之稍长命就学经籍寓目咸诵既为惊叹以为异日朝廷之栋宇必若人也年弱冠即抱异才应童子试一出冠军逾年登贤书以道于严命筮仕初选陕西巩昌府泰安县泰安地处□三政务纷纭流寇甫平民多凋敝间命郎携童仆先往下车之日周视疆理体察舆情豪强兼并之私滑吏刁民之弊一一得其隐征有讼狱者片言而折阖邑称

颂邑有积匪赵七者以讹诈射利为事公廉得其□□□之持法百姓称快又樊智者贸易在外积赀颇丰迟十五年谋归中途遇害凶犯逃匿案久不结历任皆以此被劾公潜易服遍访乡里一日偶于僧寺晤周全者语及此事全殊变色公因殆至署中数语吐实民益视公如神矣泰安地瘠民贫公捐俸修桥创立义学兴贤举能彰善瘅恶不可殚述任满升监察御史巡视南城诸豪滑闻公之名多为敛迹然京师商贾辐辏旗民杂处往往滋事到任未逾月即有铜商金姓王姓者与茶商争□并连命案不下数十人公察其冤止就首犯治罪余皆释宥民颂其德至今感佩越二年特授山东济南道体察僚属宽严有法事有阻于上者为请之有便于民者为举之一时上下称颂循吏咸谓当世罕觏正思图□维新旋丁外艰解组归京三年守制哭泣几至丧明盖亦至性不可遏抑然也服阕补陕西平庆驿盐道甫一载丁内艰治丧守礼如前再补陕西汉兴道百姓闻公再至举手加额踊跃欢忭不啻雅子之□慈父母也有为公咏旧□者曰十年不愧赵清献七邑重逢张益州至今传为美谈尝遣人搆茶山中始知茶商积弊以及官吏侵渔若累多端悉皆详请革除大慰民情三十五年改授直隶口北道口此地邻边塞辽关难治兼之宸舆驻跸官从多人公事上接下咸得其宜事毕闾阎不扰百姓安堵抚宪尤雅重之随以卓异升湖南按察使司湖南古楚地民多狡焉思逞有提标旗牌绰号夏包者猖乱□城公驰驿赴任昼夜兼进时余祖任湖南方伯与公雅相善共相谋画首获渠魁余党悉平余祖与公不欲以功自居恙以推首事者上下悦服当是时山泽之利未广江汉之盗尚多目相搆讼终年无间公严核有方督率属吏不事苛求事皆赡举公长男讳宏祖年尚弱冠随公任所余祖一见而奇之因以余姑归焉两公既结婚媾之好益相与留意民瘼勤理庶务民赖以安晚年以善为乐常捐赀刻感应篇附以注解使人易晓名宿前辈宋荦及余祖悉为序行之不意旧板父□后人无知者公孙讳国枢任銮仪卫冠军使素奉感应篇偶谓同僚韩君曰是篇有注解者甚少韩出是本归之岂非□承祖志默默感应有昭然不爽者耶康熙三十有七年公疾笃余姑与姑父昼夜奉汤药不解□□神□□以身代俗谓股可疗疾余姑潜割股肉杂米粥以进逾五日病竟痊始知孝可格天为不诬耳四十有一年晋江南安徽布政使司安徽地界河南颍凤淮泗民俱强捍健讼命盗不少逋欠尤多公宽□均得其平由是文威怀德习俗大变也若释冤狱抚流虽清屯田免□税量丁输课惠爱元元正如危者持之颠者扶之困者苏之病者疗之恩之所被不异白□而肉之耳四十有三年以疾告归逾三年病革谆谆语如梦中皆天下国家事也以医□罔效遂至沉剧未几身骑箕尾矣公长君讳宏祖者哀痛过甚戚里咸钦服除由捐赍选授直隶东光县知县此地民多负气畿辅数百里外即有劫盗公抚驭有方道路以宁有张守贵者邑之豪滑也以私债逼命至六七案公按其寔令抵法欢呼之声达诸远近寻以随钦差大臣艾公旱□运粮特邀议叙升授卢沟桥同知地当孔道南北通衢民无恒产外来商贾尤多每每聚讼公任事未逾三月前案悉清□□□理称神明者不下数千百也旧习□头不畏官吏公严惩一二人悉皆守法时有大盗牛子侠绰号金眼者以盗官物金珠勒限擒捕各官被劾公得捕后刘三元不数月被获如京师南城邓标卢沟张信皆人所畏□□公恩信素著俱为公出死力锄恶捕盗比里宁谧由是政绩愈新颂声日作矣是时方尚骑射公幼好骑马射箭一时同僚诸公惟公居首上宪深器重之甫经卓异以生母成太恭人之丧束装归里日惟天位哀毁□庆营葬事毕即庐墓前制除特授江南徽州府知府徽郡为朱子故里公访其贤裔倍加礼敬且营膏火之田修理先贤祠并讲堂经阁使诸生肄业其中暇则课文以定优劣文风日盛乡会获售者公之门弟子为较多焉郡有前任参革绩溪县令雷公因欠公项不多拟以大辟公察其冤为力请得免其时制宪某骄横人不敢争或谓公胆量何巨公笑而应之曰人言理直气壮不料予亦

偶然同尔倘以长吏之命犹不敢争百姓之事尚堪问耶所属婺源县有仇告命案因戚谊害累经宪驳公静室沉思一夕恍有神助提审各犯始知原告即为凶首搆数言折服不假刑求亦其精诚所感然耳岁丙午郡大旱公陈请赈恤犹恐稽迟捐俸□求苦于力薄余姑为脱簪珥助理成事是年民得无恙全活者数十万人上宪褒奖百姓感公再生之德因忆方伯公昔年惠政多端徽省士民公举咸请入名宦祠由七府持详上宪核寔报可事在安徽省志则公之上以尽忠下以全孝其懿行美德可胜道哉公有幼时知交之子贫无所依公并其子携至署中教以礼义日与公子训练武技因得成立后遇公命与兵弁较艺竟以枪法胜□卒四十余人因渐拔武阶官至四品其子亦由武卿会殿试一甲第三名公于弟尤深友爱丁艰归里囊橐萧然公中之产留以奉佟太夫人者公独迎养太妇人而以产让公弟向有佟太夫人旧弟公弟居之因创王府官占例得抵偿公恐其受愚安某抵持市□价胜旧居且更找发价银一千余两俱归公弟越数年公弟以在旗行走有年得官佐领随以派往西省出兵公又竭力经营俾无内顾之忧后著绩西陲升授为参领皆公力也凡此皆其盛德所致非人力所可强□而至者随以疾告归优游田里岂非天使得终寿考宁不信为吉人之与更可异者碑立于佟太夫人来尝刻字历数十年后有公孙讳国枢者年逾七十清俸不赡勉为盛举亦戛戛乎其难哉乃公孙独谓余日空碑遗之子孙以俟后之承先志者此不可必之事也不可必者而得之此意外之机不可失也虽然为之者余两人也使余两人得为其所为者天也天不可知凭之于理而已矣今日者非祖宗功德有以上格苍穹讵能使百年来潜德幽光应时而发俾后之考信者得援所据而书载之史册以垂不朽其宁有大于此者乎抑孰有奇于此者乎因不禁鼓□大笑而叹为生平之快举云按公讳明扬字宾轩由明经累迁光禄大夫江南安徽等处承宣布政使司享寿六十有二娶佟氏诰封一品夫人子二宏祖侧室成太恭人出原任江南徽州府知府诰授中宪大夫以子贵加昭武功大夫娶王氏原任光禄大夫湖南承宣布政使司讳道熙长女原任广西庆远府知府讳琠胞姊诰封恭人以第三子贵加封二品太夫人天祐侧室席太淑人出原任正白旗汉军参领娶杨氏原任昭威将军讳某孙女现任直隶布政使司讳景素胞姑诰封淑人长房孙四国柱国林国楹现任銮仪卫冠军使兼公中佐领以覃恩诰授武功大夫娶佟氏诰封二品夫人国梁俱王太夫人出次房孙一春原任广东四会县都司曾孙八人元勋元熙元烈元煦瑢元休大兴□房曾孙二永福永舒四世孙六坦常有常廖常生皂保五十六悉刻于石

大清乾隆三十八年秋八月吉旦嫡孙国枢敬立

73. 江南徽州府知府常宏祖德政碑

总理西路捕务稽查营汛驻扎卢沟桥保定分府加六级记录三次常宏祖德政碑

公三韩人也是传阀阅功业在天壤间博且厚矣天眷乃德笃生我公倚欤美哉邦家之桢与初公之出宰东光也政尚简要涤烦苛□以铲强扶弱而横逆风清弭盗安民而萑苻悉化遇折狱以流言案无留牍立催科之法民免棰楚至今奉为章程永锡之福时又以河决为患公经营措置刻日告成远近骇为神人其邻封之免为泽国者争往谢公之恩而道路几无余隙是畏公之威而怀公之德已无远勿届迨三年报最适我西路缺乏鹰扬大宪特简入告帝曰咨哉若时厥为登庸于是特授我公而急往迎焉公携琴鹤就道东邑之民攀辕卧辙嘻今我公也容可夺耶及下车四境肃然盖西路为畿辅之要区地当孔道四方杂处所辖涿鹿尚云天下繁杂第一州则兼综而理者其难其剧宁得与东南朔三辅恃财力可胜任者同

日而论哉乃公处之裕如而德威所至罔不化焉向之缄扃维严者今则夜户不闭矣向之剽掠是虞者今则道不拾遗矣向之强梁为虐雀角时闻者今则消虞芮之争无三罚之罚矣旗民兵农商贾行旅咸熙游于浩荡之天而敬公如神明亲公如父母爱公如时雨吾不知公何以抚绥而感格之如此其神且速而尊亲之□至耶然则公之德渊渊莫测吾侪欲颂公之德亦何可端倪如仅曰盗戢民安犹其小焉者也况饱公之德者心有铭口有碑又何必书丹镂石方足以显我公也哉则是举也不亦隘乎乃佥议以为公之德不借此而显吾侪既爱戴之私欲借口以志不朽使千百世之后亦甘棠之遗意而且为公铭钟鼎之先兆云尔于是群言乐成而相与歌曰

西山翠葎仓穹颠上有祥云时盘旋我公乘龙下九天风流强仕地行仙□□□□□□□□□□优庆自然指挥八阵惊雷电五花作判如□□□□□□□隅偏民仰高风近日边下扫秕糠绝尘织草木昭回春光妍阳鲚潜消枹鼓悬月□犬乐花阴□□顽为善废蒲鞭疑德修身贯百川我时无襦顾影怜今朝五袴歌便便公庭鹤瘦怯风前换得民肥更值钱会稽江名太守传卢沟之水清且廉记颂仁施何所似长此流芳不计年

时康熙五十八年岁次己亥仲秋望日阖属军民士庶公立

74. 初授包衣牛录章京董得贵为拜他喇布勒哈番后升为二等阿达哈哈番世职诰封碑

奉天承运皇帝制曰朕惟尚德崇功国家之大典输忠尽职臣子之常经古圣帝明王戡乱以武致治以文朕钦承往制甄进贤能特设文武勋阶以彰激劝受兹任者必忠以立身仁以抚众智以察微防奸御侮机无暇时能此则荣及前人福延后嗣而身家永康矣敬之勿怠董得贵尔原系白身包衣牛录章京定鼎燕京入山海关之日击流贼马步兵二十万尔同固山额真谭泰兵战对阵败之嘉尔故授为拜他喇布勒哈番顺治二年二月一十八日天下统一仿古圣王之制尊崇太祖武皇帝功德配祀上帝礼成念诸旧臣世效劳绩故由拜他喇布勒哈番加一拖沙喇哈番顺治七年十月二十三日天下大定仿古圣王之制上圣母昭圣慈寿皇太后尊号礼成由拜他喇布勒哈番兼一拖沙喇哈番升为三等阿达哈哈番大婚礼成亦仿古制加上圣母昭圣慈寿皇太后为昭圣慈寿恭简皇太后尊号礼成由三等阿达哈哈番升为二等阿达哈哈番世袭罔替顺治九年正月二十六日因年老身病将职替给亲男董殿邦仍承袭二等阿达哈哈番世袭罔替如前

康熙十五年十□月二十五日

75. 特授二等阿达哈哈番管牛录侍郎品级内銮仪使董得贵为光禄大夫赠嫡妻舒穆禄氏封继妻纳那氏为一品夫人诰封碑

奉天承运皇帝制曰国家思创业之隆当崇报功之典人臣建辅运之绩宜施锡爵之恩此激劝之宏规诚古今之通义尔二等阿达哈哈番管牛录侍郎品级内銮仪使加三级董德贵性资端谨才识宏通悉力扈从恪慎无惭于职守宣劳政务夙夜克矢乎寅恭任用有年小心益励崇阶洊陟历试能勤欣兹庆典之逢宜沛恩纶之宠爰颁新命以示褒嘉兹以覃恩特授尔阶光禄大夫锡之诰命於戏推恩申命爰弘奖于忠贞树德懋勋尚益勤于笃棐祇服朕命勉尽乃心初任管牛录二任拜他喇不勒哈番照旧管牛录三任拜他喇不勒哈番又一拖沙喇哈番照旧管牛录四任三等阿达哈哈番侍郎品级内銮

仪使五任二等阿达哈哈番照旧侍郎品级内銮仪使六任世袭二等阿达哈哈番照旧侍郎品级内銮仪使加三级

制曰作朕股肱良臣所以矢夙夜蠡尔女士内则亦以效勗勷休命用申壶仪维懋尔二等阿达哈哈番（管）牛录侍郎品级内銮仪使加一级董德贵嫡妻赠夫人舒穆禄氏相夫克谐宜家著范尔夫克勤尽职藉尔黾勉同心内则既娴褒纶宜锡兹以覃恩赠尔为一品夫人於戏眷此勤劳之佐久藉同心嘉尔贞顺之贤载颁异数幽灵不昧佩此明纶

制曰人臣宣劳于外宁恤其家朝廷代体其心均从乎贵爰申宠命以奖令仪尔二等阿达哈哈番管牛录侍郎品级内銮仪使加一级董德贵继妻纳喇氏嗣相尔夫克著令仪踵彼前徽彰兹合德内则无忝并锡褒纶兹以覃恩封尔为一品夫人於戏显命特颁用表宜家之范小心是式益勤内助之贤永相尔夫用谐予治

龙飞康熙岁次丁巳仲冬榖旦立

76. 诰赠骠骑将军湖广沅州等处地方总兵官董郝善及妻郭罗罗氏继妻黑摄李氏合葬墓碑

皇清诰赠骠骑将军镇守湖广沅州等处地方总兵官加一级董公暨配赠夫人郭罗罗氏继配赠夫人黑摄李氏合葬墓碑

公讳郝善姓董氏为奉天东宁人父良庵公积功官光禄大夫銮仪卫使世袭二等阿达哈哈番生二子公其长也幼开敏练达性孝友以□臣子选为銮仪卫整仪尉历治仪正云麾使冠军使能于其职初设内务府十三衙门改会计司郎中管佐领事康熙十三年滇逆犯楚境朝廷发大兵讨之乃特授公岳州水师副将军中每出堵贼有功十四年调湖广督标左路副将防守荆州沿江八亩滩陈家渡王家厂等处贼不敢犯十五年随大兵过江击贼于太平街转战三昼夜克之十六年复岳州进兵长沙三月朔击贼多斩馘九月从长沙取江西间道攻茶陵十月望复之十七年三月复永郴兴宜嘉禾桂阳临蓝两桂等州县五月贼众十万乘永兴公与都统喇公副将廖公誓死守阅三月贼引去永兴复完十八年二月以兵二千征长宁时伪将军胡国住等九家椐城中公率众冲其锐贼弃城走复长宁秋又复道州江华全州东安复宁等处九月会师武冈分攻黄茅鸡坡二岭克之于是论功最诏晋公总兵官驻武冈不四月调沅州二十年征古州八万猺峒贼黄明歼之二十一年凯旋沅州二十二年十二月三日卒年五十六公可谓勇战敬官而以死勤事者已康熙二十四年五月十三日葬良乡县南方（坊）村之原以原配赠夫人郭罗罗氏继配赠夫人黑摄李氏祔两夫人皆出名族能执妇道以佐公者也子花子孙二人皆能克家者是为表　赐进士及第光禄大夫经筵讲官刑部尚书加一级德清胡会恩撰并书

康熙五十一年十一月二十一日吉旦立

77. 光禄寺少卿内务府总管董殿邦墓表碑

光禄司少卿内务府总管董公墓表

公讳殿邦字□公世为辽海人以从龙华胄袭替二等阿达哈哈番历官会计营造两司员外郎郎中兼佐领参领奉旨特补光禄司少卿仍兼郎中事旋以慎刑司掌印郎中代内务府总管兼管奉宸苑印嗣补放畅春园总管又总理三陵内务府总管又总理畅春园西花园事务自康熙十五年袭爵迄乾隆四年

致仕统计六十余年黾勉供职其间□兵者一奉差粤□□再出浒墅□差者一以管护军参领中路随驾者一差往热河查行宫者一屡跻复起始终一节三膺诰命累朝宠眷至优至渥年八十四考终正寝子九人孙十二人曾孙七人比肩□□□□□□呜呼公可谓三朝之硕乾一代之伟人矣公学识该洽经济优长随所服官皆有建树当公之扈跸南巡也奉旨图写全河形势日与河臣商确修蓄泄之要动中机宜江淮间素苦□如砥□□澜公与有力至今故□有能言其事者尚□时感□俎豆不忘云晚年□德尤深著自儆□其言皆怡然理顺乙卯岁□□尔□阿登贤书□友皆为公称贺公□曰读书以敦伦立品为先克尽其道终老牖下可也不尔徒为科名增愧耳众服其至论子延龄延悧延恺先后补博士弟子员公亦唯日勉以检志行□之道俾之崇质实而去浮华公之所见卓□□不□出□当□□□□余壬子岁来京都以公长子头等护卫众神保为居停因得接公□仪闻公绪论私心折服恨相见晚今公之没也其子若孙皆以余为稔知公者特乞片言纪实表盛德□贞珉义不敢以言之□文谢也作光禄司少卿内务府总管董公墓表（因碑文朝地仅能以拓片抄录）

赐进士出身礼部仪制司主事陈大复拜撰

赐进士出身日讲官起居注翰林院侍讲观保拜书

78. 广东巡抚刘秉权墓碑

巡抚广东等处地方提督军务兼管粮饷盐法兵部右侍郎兼都察院右副都御史谥端勤刘秉权碑文

稽古建业驱策群力不吝爵赏以劝有功昭示后世用传不朽所以励忠盖甚备也尔刘秉权性行端良才能敏练简任巡抚正己率属勤职惠民进剿潮氛得获炮台等处亲督行阵招复三县民人殚心效力克奏肤功方冀遐龄忽焉长逝朕甚悼焉特赐谥曰端勤勒诸贞珉永光泉壤国典臣谊庶其昭垂无斁哉

康熙拾伍年陆月初四日立

79. 盖州夸蓝达滕天成谕祭碑

康熙二十年七月二十五日

奉皇帝谕旨遣鸣赞官沙哈致祭于阵亡二等阿达哈哈番夸蓝达滕天成之灵曰……尔滕天成赋性忠勇才能尽职舍身报国效力师中奋不顾身力战阵亡朕因悯念特赐祭葬之典以慰幽魂……（《滕氏家谱》中抄录）

80. 盖州防守尉滕兆枚片石岩重修宝林寺题名碑

片石岩重修宝林寺碑

按盖牟山之峙郡治东南者多纡郁岿峣莫如石状而独于塔子沟笔架山侧双龙洞之南有岩石焉高数十仞峭拔青暝□浮银汉诚邑巨观之最□者不特此也于岩际之曲隅远见有堂殿焉冀然林峦钟磬声达天际而响答山谷者此昔人所建石岩之宝林寺也噫异哉古刹之擅胜于盖者不一矣而斯寺独盘此焉困□焉面邑诸峰背依崖岫其一种幽麓奇绝之致匪惟得之山中者在人衣履间揽不盈掌设蹑巉岩披蒙茸远而沧溟近而村陌都仿佛望见焉学道空门者愿于此游焉息焉陶性情以剔尘纷即高登览胜之事亦往□为之□连□不□□无何寺自肇基以来中间之或兴或废父老不能悉晓其始末而邑

来垂兴舆地书又记略不详仅于瓦棘中捡得断石补缀□□始□创之者明嘉靖十二年而修之餙之实万历十一年也会我清定鼎三韩而辽左之屋宇精所多败于兵燹然则斯寺之颓毁虽经世易时殊□天运之乘除使然耳今康熙壬午岁八月有盖平众善士不忍寺之倾圮延丰山清凉寺禅师普慧偈募众力鸠工庀材易旧地西□建正殿三楹两廊大庑飞□丹□不改前制若山门若韦陀殿左洹墉悉崇闳坚絰偕斯庙而焕乎一新五百年之巨观不一朝积复乎且以所募资装成佛像与罗汉韦陀天王诸神像俱藻倚星云护之倚欤休哉林寺之废不知几何时矣今日者珠官绀殿璀璨山巅宝相金姿焜煌岩畔卜年卜世之长诸君者虔诚启请山僧普慧师能导扬善类似大启故迹则凡后之学三乘法者不又当以慧师之志为志哉是岁四月维夏之初旬工即告竣一时之绅衿士女既欣既愉攀级扪萝来观者不绝予持志其□缘勒之贞石以岩石同不朽焉是为记

盖州头等阿达哈番滕兆枚　沙喇哈番云赖　蔡应文　邵有德　孔天爵　周应元

防守尉□达礼　乌林达阖会　金士奇　蔡应朝　李登科　张文木

赐进士出身文林郎盖平县知事赵守易

奉天府承德县儒学廪生能翔汉撰文并书

皇清康熙四十二年岁次甲申年夏四月初八日穀旦立

81. 奉天府府尹高尔位等陪同致祭北镇医巫闾山之神碑

（碑阳）

维康熙二十一年岁次壬戌四月戊寅朔越十五日壬辰皇帝遣日讲官起居注詹事府少詹事兼翰林院侍讲学士□詹事府詹事崔蔚林致祭于北镇医巫闾山之神曰维神杰峙营平雄蟠辽海发祥兆迹王气攸钟朕祗承神祐疆宇荡平特遣专官用申殷荐惟神鉴焉

康熙二十一年九月初十日立

（碑阴）

日讲官起居注詹事府詹事兼翰林院侍读学士加礼部侍郎臣沈荃同时遣祭辽太祖陵奉旨书丹　奉天府府尹高尔位　府丞张尚礼　治中李提龙　锦州府知府孙成通判朱梦熊　广宁县知县项蒽　典史屈大伸　石匠陈万银

82. 汾阳知县卞三畏泰山摩崖石刻

松云绝壁

康熙岁次壬戌

长白卞三畏题

附录7. 明诰封怀远将军卞文明墓志铭碑

明诰封怀远将军温泉卞公墓志铭　盖州卫儒学廪膳生铭台朱世勋撰

卞公号温泉原籍山东登州黄县其祖讳高加驴生子二长成次能能生子五长贵次海次江次友次聪海生英封镇国将军英生子四长文秀封镇国将军次文才赠明威将军次文明封怀远将军次文奎驿

宰文明即温泉公也其母徐氏封淑人公秉性勤俭制行端庄耿耿直直无乖无戾口不厌美珍身不着文绣自髫年以讫终世不事浮华惟崇雅实善居屋实能训子仆隶蒙仁育乡党沐恩光优游涧谷烟霞自怡真古君子遗风诚为里闬所景慕而宜跻鹤算也者忽染一疾而遽仙游焉公以嘉靖九年十月二七日戌时生以万历二十六年五月初八日午时卒享寿六十有九娶刘氏有阃范封淑人生子四长世祥□□□闲骑射累功进指挥同知原营广宁卫□□事务先娶范氏龚氏继娶杜氏次世忠冠带儒士娶姜氏次世官冠带儒士娶罗氏次光裕吏部听选监生娶杨氏生女二长适李思忠外甥李遇春次适孙汝成外甥孙可儒孙男四长成龙忠生娶董氏次成国应袭娶备御田氏女次成鳞俱祥生次成凤官生孙女七祥生三忠生二裕生二忠之长女许张挥阃胄子侄子共二十二秀生七长世奇驿宰次世功封镇国将军次世祥次世勋次世巨生员□次世卿次世相冠带儒士才生五长世武卒次大德指挥佥事次世治卒次大成次大受奎生十长世祯监生次世俊次世贤次世善生员次世盛承使次世栾卒次世凤次世庆次世选次世孝祥等将于七月廿六日葬公于新茔属余勒志以垂不朽因想其行以志而为之铭铭曰

嗟惟尊灵 令德悠悠 笃生忠良 天降其休 风诏辉煌 福禄来求 载光前烈 克昌厥后

万历二十六年岁次戊戌孟秋念六　不肖男卞世祥等同勒石 石工金文崇镌

附录8. 明诰封怀远将军卞世祥墓志铭碑

皇明诰封怀远将军承泉卞公墓志铭　文林郎原任江西赣州府龙南县知县孙可儒撰文　盖州卫儒学增广生员董万化书丹

万历四十五年岁次丁巳十一月二十八日酉时承泉卞公以疾卒于第越今年戊午其家嗣台衡君卜以闰四月二十六日葬公于城东四十里许地名背雾之祖茔将起先淑人之圹而合窆焉因特请铭其墓公讳世祥承泉其别号也原籍山东登州府黄县人始祖卞高家驴客游辽东遂家盖牟焉是生福果福果生成成生能能生海海生英英生文明娶刘氏生公公兄弟四人长即公次世忠世官俱冠带又次光裕吏部听选监生历八世于兹矣公生而敏慧不类群儿甫成童魁岸不凡父老奇之曰是必能尤卞宗者比长器体惟杰疏通练达有折冲御侮之才尝云士之处世文不足以经纶邦国著名当代武不足以阐扬智略立勋天朝生无裨于时殁不闻于后安所称大丈夫哉于是年二十即从李总府徽下数建其功历升指挥同知盖请缨弱冠志不减于终军而功弘开创亦且大有造于卞门者居无何即擢广宁正兵营中军蒙钦赏银三次名誉自此日骎骎起矣军门抚按交章荐奖者不啻数十随委广宁卫掌印继管标下千总其荐奖语略姑不备述如云伟然远到之器绰乎大受之才如云勇由天赋智在人先又有云分阃予知名重有云谋略堪当一面观此则公之扆时望而能干其官可知已洎强仕后谢辕门重任归侍太淑人于堂前而当道者终不欲林下隐连城也复委管本卫屯务既而转本卫印居官有体敷政无私不皎皎以绶公亦不矫矫以干誉盖金玉君子也头上人委任之心正殷而公则勇退之思盖决角巾东里仿洛社蓍英之会与二三知己觞羽闲棋日阳阳如也此公阅世之大凡已而李广不侯议者惜之为人性至孝当太翁不禄事太淑人定省不少竦躬奉其旨欢承膝下有潘安仁之遗芳焉处昆玉始终无间言花萼联辉油然行善之风且也治家犹治官内外亚于肃肃雍雍一如高蜜侯之修整闺门云待亲族朋友能折救其疾苦而匡扶其所不逮凡与人接不立城府不设町畦倾盖推诚真视四海之人皆兄弟也以若所为讵不烈丈夫哉而竟止耳顺之年何天之于公即丰其禀而乃啬其寿耶公娶淑人范氏继龚氏杜氏郑氏妾李氏范生长

男为鹏袭封怀远将军娶田氏备御永丰田公女也龚生为鸿娶董氏上舍云衢董公女也杜生为鹤娶挥使仁轩吕公女也郑无生李生为鸾定游击定宇刘公女未娶女一卞大姐系范出适监生潘君堂长孙一名日升为鹏生定张门女未娶女孙二为鸿生长许备御京源徐公嫡孙男次未许人公生于嘉靖三十七年八月初三日午时距其卒也得寿六十岁呜呼余与公有握手谈心之雅今兹铭公矣九泉有知尚鉴余所以铭公者乃公真哉铭曰

维皇建极 虎啸龙兴 豪杰响应 爰有卞公 硕大且颁 万夫之维 英姿义气 式协宸衷 矢心振国 立身扬名 时平事定 善始令终 有子继述 凛然父风 夙膺天眷 俾承厥宗 磊磊落落 不添所生 孝思笃至 丧葬恪恭 盖牟之墅 背雾之中 阴阳合吉 土厚木风 勒兹硕珉 垂于无穷 共彼山水 长流沨沨

万历四十六年岁次戊午闰四月二十六日 不肖男为鹏孝泣血稽□立□

83. 汉军处士卞国金之妻孙氏节操碑

伏以奉天正白旗孙国有之女守贞皇清待赠孺人卞母孙太君系盛京正白旗恩庆佐领下汉军处士卞国金之室于归十载夫亡遗嗣上祀先翁□抚幼儿冰霜矢志柏舟同心虽遭茕独无告幸有方期相依忆自青春失偶年仅二十七龄白首安贞时逾二十九载形单影只坚守贞操松筠之节冰玉其清闾里传闻耆士褒荐恭逢覃恩特典表彰用赞嘉言勒兹石坊贞德懿行永垂不忘

内务府正黄旗汉军童生刘系印拜撰

盖州正白旗汉军军功六品孙士宽敬书

84. 两江总督王新命立南巡记事碑

（碑阳略）

（碑阴）

总督江南江西等处地方军务兼理粮□□江兵部右侍郎都察院右副都御史臣王新命敬谨勒石（以下题名略）

85. 甘肃巡抚严泰谕祭碑

康熙叁拾肆年伍月拾壹日遣礼部郎中加三级舒图祭文皇帝谕祭甘肃巡抚兼都察院右副都御史加八级严泰之灵曰鞠躬尽瘁臣子之芳踪恤死报勤国家之盛典尔严泰性行纯良才能称职服官年久著有勤劳方冀遐龄忽闻奄逝朕用悼焉特颁祭葬以慰幽魂呜呼宠锡重垆庶沐匪躬之报名垂信史聿昭不朽之荣尔如有知尚克歆享

康熙叁拾肆年拾贰月拾捌日立

86. 诰授光禄大夫三等阿达哈哈番袭职四次致仕封光禄大夫都察院左都御史镶红旗汉军都统于得水墓志铭碑

皇清诰授光禄大夫三等阿达哈哈番袭职四次加三级致仕封光禄大夫都察院左都御史镶红旗汉军

都统加四级于公墓志铭

赐进士出身光禄大夫经筵讲官工部尚书加三级前吏部左右侍郎兼翰林院学士总裁国史内阁学士兼礼部侍郎戊辰辛未甲戌文武殿试读卷日讲官起居注翰林院侍讲提督江南学政纂修三朝圣训明史甲子陕西正主考右春坊右中允兼翰林院编修检讨己未会试同考内翰林院弘文院庶吉士年家眷晚生李振裕顿首拜撰文

赐进士及第资政大夫工部左侍郎加二级前管理钱法右侍郎都察院左副都御史加一级太仆寺卿通政使司左右通政国子监祭酒日讲官起居注翰林院侍读侍讲充实录纂修官左右春坊赞善兼翰林院编修检讨己酉甲子顺天文武乡试正主考内弘文院编修年家眷晚生李元振顿首拜篆额

赐进士出身翰林院庶吉士门下晚生查升顿首拜书丹

古之树丰功大业彪炳旗常声施不朽者类皆有英伟卓荦之概明于君臣父子之大谊始可享人世之宠荣使人称道弗谖而名与天壤俱敝也若此者其惟大司马兼御史大夫于公之伯父从跃公始克当此而无遗憾也乎按状公于姓讳得水从跃其字汉定国之裔也世为辽左人其先大父讳大恩与公之父讳国忠者皆以公贵累赠至光禄大夫上柱国三等阿达哈哈番公生而岐嶷至性过人与人略无城府不侵为然诺大端悉本之以忠孝值明季海内多故公仗剑从军豫镇许公一见大奇之多所信任临阵辄夺鏊先登英锐无前遂超擢忝府皇朝定鼎首劝许公归款非知顺逆之先哉者不及此复以效顺功钦授三等阿达哈哈番袭荫四次继此随征湖广取云南皆以勇略著闻晋副总戎给功牌不一而足盖公之运筹制胜殆与汾阳临淮相伯仲云公与移□赠光禄大夫公讳国安为□从昆弟即大司马兼御史大夫公之本生父也公艰于子嗣乃谋诸赠公曰弟行年五十有九矣继嗣尚无其人兄宁忍不为若敖鬼耶赠公以弟之子化龙对公弗应继以己之仲子攀龙对公又弗应已而曰我之意在长者兄其许我乎赠公曰诺遂以大司马为公后盖大司马方移龀时公已识其为非常人矣大司马天纵英姿如精金美玉原无事于镕冶磨砻而公督教之不少假借如严师之提命无一不以忠孝廉节相策励初仕乐亭令即著有冰蘖声而慈惠爱民一一如公所训诫也既而以逃人诖误里民遮道攀留呼吁大吏迨题升通州守复以逃人降调两次皆奉特旨留任是不但德泽之入民者深而清操且有以上达九重矣此固大司马之才能肆应而公之训诫大司马者不也历历有成效乎未几题擢江宁观察又特授直隶巡抚公勖之曰三命滋益恭尔其识之故大司马精白之衷冰兢夙夜正己率属吏治一清乃至洊膺圣眷赐御书手卷有始终如一之温旨两赐帑金各一千两表里二十匹并赐宴继而有黄韁鞍御马御貂裘御袍褂及靴及缎之赐复加宫保之衔扈跸南巡两日赐一羊赐围场所获之兔赐第前后隆恩异数夫固已书不胜书矣而公于恩赐之颁一一皆有教戒其大旨必以君恩愈重报称愈难惟有鞠躬尽瘁庶可稍效万一继而特升御史大夫兼镶红旗汉军都统总督河道爵位愈崇而公之教戒愈切方河道之命初下也公书君恩臣职运道民生水衡国帑节用爱人躬行表率二十字投诸怀虽古圣贤过庭之训何以加兹则公之善教与大司马之克承厥训久在皇上睿鉴中矣襄于南巡之后召公至乾清门赐貂裘貂被领朝服谕以所赐者遍示八旗凡教子者皆当如于成龙之父是公之得于皇上者深矣诸如奉命赈饥读武殿试卷无一不秉公之成训公与大司马可谓父子间两无愧矣公原任三等阿达哈哈番诰授光禄大夫袭职四次加三级致仕封都察院左都御史镶红旗汉军都统加四级生于故明万历乙巳年正月十四日戌时卒于康熙三十四年乙亥七月十四日辰时享年九十有一元配王氏诰赠一品夫人继宛氏诰封一品夫人嗣公一总督河道提督军务兵

部尚书兼都察院右都御史授为正一品加四级讳成龙娶李氏赠一品夫人继娶周氏封一品夫人女三长适敕授文林郎黎守明王太夫人出次适现任顺天府平谷县知县郎秉和季适现任四川威州知州李天植俱宛太夫人出孙男四长永祯以只身御贼没于兵次永裕袭三等阿达哈哈番娶原任户部总督仓场侍郎马公讳汝骥子现任山东沂州知州讳云会女三永禔监生聘原任广东潮州总兵副都统马公讳云从女季八十九幼未聘孙女三长故原适原任贵州布政使董公讳显忠五子候选州同知廷佐次适原任通政使张公讳吉午次子荫生瓒季幼未字是皆公之休德懿范有以远追古人故嗣公之勋名然为一世楷模其女若孙及诸孙女皆婚配名门例得备书惟公之识量高出一世敦诗说礼真可媲美方召因而享有大年区区卫霍公乎哉公于康熙三十四年乙亥十月初八日午时葬于西山之杨家庄大司马以公之行状请铭余与大司马交最久因得备悉其家世仅就状之大凡而撮其概如此因为之铭铭曰

曰医无闾 延袤千里 云蒸霞蔚 英杰群起 于惟于公 粹德渊冲 允文允武 勒勋鼎钟 挥戈返日 世莫与京 纶音宠锡 奕叶峥嵘 公之生也 流虹降岳 公之没也 麟亡星落 功在社稷 名垂汗青 百尔君子 视此刻铭

87. 诰授光禄大夫兵部尚书兼都察院右都御史总督河道提督军务拜他喇布勒哈番于成龙墓志铭碑

皇清诰授光禄大夫兵部尚书兼都察院右都御史总督河道提督军务拜他喇布勒哈番加十级振甲于公墓志并铭

赐进士出身资政大夫经筵讲官刑部尚书前都察院掌院事左都御史户部左侍郎钦命祭告西岳西镇江渎户部右侍郎督理京省钱法兵部督捕右侍郎辛未科会试总裁都察院协理院事左副都御史三朝国史副总裁编纂续类亟总裁詹事府少詹事兼翰林院侍讲学士钦命祭告南海国子监祭酒翰林院侍读侍讲纂修明史戊午科顺天乡试正主考壬子科四川乡试正主考济南年家眷弟王士祯顿首拜撰

赐进士及第通议大夫工部右侍郎前都察院左都御史太仆寺卿通政使司左右通政顺天府丞通政使司左参议国子监司业日讲官起居注翰林院编修充大清一统志、续唐类亟明史纂修官校对御选古文渊鉴、奉命祭告少昊金天氏帝尧陶唐氏先师孔子阙里乙丑科会试同考丁丑科殿试读卷官己卯扈驾巡河年家眷侍生吴涵顿首拜篆额

赐进士出身中宪大夫通政使司右通政前鸿胪寺卿通政使司左右参议掌山西山东京畿河南道事掌登闻院侍经筵稽察两局巡视南城广东道监察御史翰林院庶吉士奉命祭告辽太祖陵庚午科顺天武闱监试甲戌科殿试受业阮尔询书丹

国朝有清忠强直经济名臣曰两于公皆讳成龙其一官总督江南江西兵部尚书卒赠太子少保谥清端其一历官总督河道兵部尚书兼右都御史前都察院左都御史太子少保谥曰襄勤则公也字振甲世奉天盖平人徙居广宁父得水光禄大夫三等阿达哈哈番以公贵进封光禄大夫都察院左都御史镶红旗汉军都统本生父国安移赠如前官公少有威棱慷慨负大志起家乐亭县令恤民缉盗有殊绩以诖误去乐亭民数千人再叫阍乞留奉俞旨复官以才望推举知通州治视乐亭而加严逋盗屏迹会禁旅班师令行禁止市肆不扰是时于清端公填抚京畿雅重公治行尤喜其戆直无隐遇之有加礼会清端擢总

督江左右开制府于金陵特疏公守江宁引以自助公莅江宁益励清节事关利害侃侃持之虽制府意不肯苟同清端愈益重之徐州奸民某走京师以左道惑众上变事下制府檄江宁镇江两守会鞫公力白其冤状制府疑故纵诘责甚厉公庭争曰某一身不足惜残民以逞其去屠伯几何以一官易数百民命某实甘之制府无以夺疏上部议不可谳狱者皆丽考功，法当免官公闻之怡然卒荷恩得释濒江芦洲土沃赋轻明时为勋戚产今多豪强隐占累民公锐志澄清豁坍江升欺隐凡密芦稀芦泮滩草滩水影各有差等芦政一清京口水师设沙船数百艘每遇修舱之期例发各郡无许派民他时一船或费至千金公躬亲视事竹头木屑未尝轻弃比讫工计一船之费不出二百缗制府善之康熙甲子上南巡至金陵诸守臣迎驾通济门外上首问于成龙安在公趋跪马前上注目者久之至行宫赐御书一卷至宿迁特擢江南安徽观察驾至京师召公入朝赐貂裘二袭仍传谕八旗父兄教其子弟常以于某为法其宠异如此寻以观察移督下河会河议起众喙纷纭公被召留京未几特擢佥都御史巡抚直隶乙丑二月也升辞天语褒嘉谕以奉公守法洁己率属公奏曰圣训八字臣职分所当为然臣受恩深重非行他人不敢行之事不足答殊知于万分一臣此去赴任止知有君父不知有权要又谕尔当廉洁爱民以宽济严不可太刻朕御下以宽尔具知之宜体此意出至后左门侍卫传上命赐白金千两表裹二十四公既莅上谷谕众曰何利可兴但能无害于民便是利矣其治首在肃官常严盗贼禁科派于是首疏狐皮采买累民请额征折色奉俞旨三省所解狐皮准解折色于京师采办山西河南咸食其利又请免追浅夫已给工食请停州县协运灰车请除派解芝麻绒花刊刻由单梨板请豁派买食盐内黄县卤地包粮请豁任县被水地亩宁晋县水荒钱粮先后得旨允行又特请旗民杂居之地概编保甲以清盗源请设四路同知专司捕盗盗发立禽戮之终公之任桴鼓不鸣即椎埋胠箧无所容其奸势家苍头庐儿皆屏息勿敢横于市虽赵广汉尹翁归之治京兆无以过也又收案恶徒刘平成旗恶沈颠宦官张进升大盗司九张破楼子等若干人置重典豪猾胆落丁卯四月上谕谕吏部国家设官分职原以绥靖地方惠养黎庶督抚为封疆大臣表率属员尤须才守兼优方于吏治民主有裨直隶巡抚于成龙自为县令以至郡守素秉清操爱民尽职遂自臬司超擢巡抚简任以来孤介自持清廉益著厘奸剔弊扶弱锄强境内宁谧旗民允服殊为可嘉特加太子少保以为廉能称职者劝十月驾幸霸州公迎谒行在赐坐赐食赐御乘良马及黄鞍鞯黄辔白金千两谕以惜身报国皆异数也戊辰赐御服貂裘己巳南巡视河公以巡抚扈从班都察院之次赐团龙御衣二袭回銮后值畿辅岁侵发帑赈济公遴守道刘殿衡清苑令邵嗣尧三河令彭鹏司其事预传示饥民勿离其家官按尺籍携帑金分路诣给饥民免颠踣道路之苦全活亡算庚午内擢都察院左都御史寻兼镶红旗汉军都统以御史大夫兼固山额真前未之有也公在台不事弹劾博大宽怀而人自敬惮之家素清贫虽洊历至大官不能营居室上知之特赐甲第一区公始得迎父母同居朝夕定省人谓上之曲体劳臣下之洁廉奉公盖两得之壬申冬总督河道缺上难其人改公兵部尚书兼都察院右都御史出总河道癸酉君莅官亲阅两河相其缓急首帮高堰宽五丈许堤既固则周桥不开裴家场水出如驰复于清口出水之处加筑大墩逼洪泽湖水什八敌黄什二入河济运历三年所淮杨奠安民获耕稼乙亥以外艰归庐于墓侧绝意仕进明年噶尔丹寇外藩蒙古部落上亲征诏起公田间以左都御史总统督运中路大兵粮饷军兴重任莫过于此故特以属公且谕内外文武官员听其调遣又奉六部不得掣肘之旨公慨然曰人臣竭智抒忠正在今日合计米车六千馀辆辆须牵挽马骡四计无所出乃请命令大小臣工洎士庶输助予之叙录旬日不烦购买而足以三月二十日发京师车分二十七运运有队伍守卫相助行驻以时赏罚有令井井如也次和儿拨昂吉兔沙碛广至四百馀里车不得行公下令军中能伐道左柳枝□□沙佃路者奏请叙录令己下马自持利刃为士卒先众皆意奋不数日而路成车马如行康庄头纲达御营才五十九日后纲脚尾已至拖岭适西路大军粮绝大将军费扬古飞章告急有旨令公速拨运以济西路士饱马腾六月上班师诏以余米贮查汉那罗及魁苏以需后命其冬驾复出西塞公司邮递丁丑春驾幸宁夏命公扈从公先驰入宁夏三日迎驾于河口上抚公肩密谕良久也人莫得闻寻以公为总督粮北进至船站奉命验赏蒙古官兵带甲数十万鱼贯而前照耀川谷军容之盛古未有也公帅众长驱至郭多里巴尔合孙适大将军移久粮运勿前公遂于斯筑城率众防护留屯三月已而大将军捷至逆渠授首大军振旅而还七月抵郭多里巴尔哈孙粮无匮乏公同诸臣回京上劳之曰卿辈劳苦得成大功引额鲁特为将军丹吉喇示之曰此总统大兵粮饷于都御史也叙功授拜他喇布勒哈番世袭戊寅二月命公以总督兵部尚书兼右都御史管直隶巡抚公去上谷至是已九载矣凡公所措置废弛略尽畿内士民闻公至相与歌舞于道豪右咋指相戒勿以身试法四月莅官以浑河泛滥命改河道于固安县北直达湖淀自天津入海仍发帑金三十万公奔驰胼胝不一月而告成赐公东珠凉帽御书绫扇又谕公赞皇积寇当何以治之公请帅师亲剿上曰不可当先抚之如不就剿之未晚公故遣官往谕祸福贼渠十八人遂出降其冬河督又缺上复以命公而公已病不敢控辞十二月之任领黄淮两河敝坏已极拦黄坝筑而河底日高周桥闸开而下河成壑公仰天而叹无所措手己卯春上再往视河讶公羸瘦赐药及御书澄清方岳匾御制诗一幅御书乐休祉御书堂联送驾后力疾河务不敢自暇逆食少事多病以增剧十月上诏公长子永裕问病状命驰往省视以闻适公疏至请暂休沐两月天使存问御医赍禁中良药驰驿往永裕归复命上慰问备至赐高丽人参一觔辽参二觔命永裕赍往视疾公方假归济宁力疾考阅将领二月归淮上病益剧二十三日呼永裕曰病入膏非药饵可愈两河重大断难卧理亟缮疏请告求别简贤能大臣勿误国事以重予罪明日趋具表谢顾永裕曰吾受恩深重今惟三事抱憾河工未成一也汝祖母年八十侍养不终二也祖墓未筑三也余无可言以二十七日终于淮署讣闻上轸悼奉有才品优长服官勤慎宣力有年历著成效之旨赐恤有加谥曰襄勤公刚方正直豁达无城府持躬廉慎非其义识□不为有德于己虽久远不忘报一揖之旧见其后人困穷必曰此吾故人子也周恤之过于所望公入为御史大夫余适为中丞每接公言论丰采以为蹇蹇匪躬有大臣之节而公与余亦有知己之言虽退无私交而以公义相取有古风焉故于永裕之请谨按状叙述梗概以告惇史元配李皇赠一品夫人继配周诰封一品夫人内治相望公为巡抚驭吏严正务在激扬夫人从容请间曰事苟不干国法宜以宽济也君昔为小吏今为大臣若激扬过严下将不堪尚其念之其贤明知大体多类此公生于崇德三年七月初五日卒于康熙三十九年二月二十七日年六十有三周夫人生于顺治三年七月二十七日后公月余以四月十三日得年五十有五其年八月二十四日合葬于西山杨家庄西赐阡子六人永祯早卒次永裕世袭三等阿达哈哈番军功加三级永世荫生永禧永禄永福女二长适长垣县县丞董廷佐次适荫生张瓒爰系之铭曰

卓荦于公　国之宝臣　天生伟人　媲周甫申　如彼乔岳　千仞嶙峋　如彼巨海　孰测其津　圭璋特达　庭列九宾　不介而孚　孚于帝宸　拔自群寮　为人司命　遂建节楼　抚我郊甸　鼎铸神奸　不若潜遁　魑魅腾逊　其走踆踆　枹鼓稀鸣　矫虔用悛　犬卧生氂　桑麻蓁蓁　爰简行河　沸郁孔殷　胼胝手足　□竹负薪　北鄙陆梁　以劳至尊　六师顺动　捷如鬼神　公实总统　以饷大军　万车沙碛　如雷隐辚　逾狼居胥　瀚海之滨　扫穴犁庭　克集大勋　庙略指授　秘不得闻　入赞帷幄　出属櫜鞬　关中萧

何 河内寇恂 饮至明光 宠赉便藩 细侯重来 甘棠之阴 猰貐磨牙 如犊服驯 再管河渠 赍志未信 公志伊何 唯君与亲 歿而犹视 丹心不泯 纶綍煌煌 易名襄勤 冢象祁运 大鸟墓门 我作铭诗 载之贞珉 大书深刻 垂千万春

88. 诰授光禄大夫銮仪卫銮仪使右都督世袭阿思哈尼哈番鲍敬及元配一品夫人金氏太君合葬墓志铭碑

皇清诰授光禄大夫銮仪卫銮仪使右都督加三级世袭阿思哈尼哈番鲍公暨原配诰赠一品夫人金氏太君合葬墓志铭

赐同进士出身光禄大夫太子太傅保和殿大学士兼礼部尚书年家眷弟王熙顿首拜撰文

赐进士出身资政大夫户部尚书文华殿大学士年家眷弟张玉书顿首拜篆盖

赐进士第翰林院编修年家眷晚生查升顿首拜书丹

公讳敬字简公号济宇姓鲍氏祖籍山西应州人大学士野庵公第四子也大学士公以从龙旧辅为柱石名臣太祖高皇帝予世职公年未弱冠授二等阿达哈哈番端庄慎重识者赏为国器时天下甫定门献乱巴蜀尚梗王化乙酉三月间世祖章皇帝敕大军往讨公在行中道闻秦寇遗氛甚炽请于主帅分兵独往先破贼贺玠解西安之围从云栈而南转斗而前无不披靡再与大军合功剑关拔之蹙逆献于成都继而逆献授首蜀地悉平戊子随摄政王征大同姜瓖还定山西庚寅授参领进世职一级辛卯为兵部理事官再论功授世职正二品乙巳升都督同知总兵官出镇河南北屹然为中州重镇康熙九年往秦豫官兵会剿湖广房县茅麓山贼郝摇旗身先士卒大呼逐北斩馘无遗类得首功甲寅三藩叛公以宿将重望升夸兰大出征襄阳俄以都督同知充河南援剿总兵官寻裁缺署帅真定陛见宴赐有差未赴任改授大同等处挂印总兵官复召见恩赉甚厚上云卿家世云中衣锦之荣今有之矣御马鞍辔赴镇后休养士卒训练行伍居饬守御出申步伐号令严而有恩驻云十五载刁斗不惊古称长城万里其公之谓乎庚午内升銮仪使右都督秩正一品进阶光禄大夫比受事噶尔丹扰边上以公熟于边计以原官领大同官兵出口公谓部下□吾世受国恩得效死疆场此愿有素遂部勒军马为进计（噶）尔丹闻之宵遁班师复供前职日侍天颜眷注之隆视昔有加继而林泉志切连疏求退奉旨慰留乙亥十月以老疾乞骸骨不允即又抱疴蒙医药视疾再乞休始蒙俞允着以原官致仕公即退居里第杜门养重无忝元老一生宦绩自参领后凡四任总兵官再任銮仪使右都督麾下将弁拔起建督者四人如国得人者矣若公之始终一节忠以报国廉以居官谦以处身事迹载之家乘光之史荣曷能殚述所得荫予两弟一侄不及其子公之子复显令始兴贻书诫之谓非公不足服众非惠不足感人后家孙铎令蒙阴训之如前故子若孙所在皆有善政则公之孝友之行义方之教不又可谓全尽者乎丁丑春二月疾作公手缮遗疏语不及私卒年七十二蒙恩予祭葬议谥子孙世袭阿思哈尼哈番公生于天命丙寅年闰六月十二日寅时卒于康熙丁丑年三月二十三日酉时始祖孟辉公明指挥使以官家应州曾祖讳士名诰赠光禄大夫曾祖妣卞氏诰赠一品夫人祖讳崇德明守备大同高山左卫右卫四城掌印行都司都指挥佥事祖妣牛氏张氏王氏诰赠如之考讳承光以功名著于辽东遂家奉天官秘书院大学士吏部尚书光禄大夫妣李氏张氏皆一品太夫人公张太夫人出公元配金氏礼部尚书讳□公女诰赠一品夫人继娶李氏讳□公女诰赠一品夫人继娶曹氏子一复显金夫人出官广东始兴令先公再娶刘氏浙闽总督兵部尚书讳清泰公女继娶张氏福建

总督兵部尚书讳长庚公女女五长适陕西甘山道刘德弘次适太学生胡□次适太学生张元贞次适候补知府苏处次适候选知县周全功孙二铎刘孺人出山东蒙阴令娶杨氏户部员外郎讳国瑞公女钟张孺人出候选知县未聘孙女一张孺人出适世袭侯伊尔拜鲁孙三之瀚之澍之润俱系业儒曾孙女二未字承重孙铎卜以康熙丁丑年十月二十七日寅时奉公殡安葬于房山县西山沙锅村祖茔之昭位祔以元配金夫人礼也其主穴承先公其主穴之昭兄□公其主穴之穆儿文公又昭即敬公又穆六弟孜公又昭七弟畋公又穆侄妇教氏又昭侄复祖公又昭侄复泰公又昭子复显公将葬请余为铭铭曰

奕奕鲍氏轩辕之臣东齐而后代有闻人历汉及唐洎宋明祀文章事业不显亦世于□云中四世从龙英勇忠孝笃生我公分兵秦蜀遂诛巨猾选锋冠军嫖姚十八再请萑苻肃清江汉洛师建牙雁门藩□□烽罢□寇盗无侵帝懋厥绩回翔羽林雍容陪扈疏附后先见几明哲悬车之年赤松高韬绿野遗容脱屡轩□蝉蜕簪缨仆车不戒遗表是求庙堂忠告老臣告猷天子哀伤公嗟悼恤典诔章三军素缟砺山带河子孙绳武归于其居曰时终古　　旌邑刘弘骥镌

89. 诰授奉政大夫湖广荆州府彝陵州知州赠中宪大夫鲍孜及封妻宜人赠恭人王氏太君合葬墓志铭碑

皇清诰授奉政大夫湖广荆州府彝陵州知州赠中宪大夫禹思鲍公暨配诰封宜人赠恭人王氏太君合葬墓志铭

赐同进士出身光禄大夫太子太傅保和殿大学士兼礼部尚书加五级前兵部尚书加四级工部尚书都察院掌院事左都御史加一级礼部尚书□事□□文□学士礼部右侍郎翰林院□□学士内□右春坊□允国国子监习业国史院检讨庶吉士家眷侍生王熙顿首撰文

赐进士出身资政大夫户部尚书文华殿大学士加一级总裁□□国史□讲官礼兵邢三部尚书礼部左右侍郎兼翰林院学士□□□□日讲官起居注□林院□□□□内□翰林院侍讲学士左右□□□子加詹士侍读侍讲司业编修庶吉士（年家眷弟）张玉书顿首拜篆盖

赐进士第翰林院庶吉士年家眷晚生查昇顿首书丹

从来□今而传后□□□□而志铭之作亦史乘之流也惟夫清德□节□□一时其人其事有命于□□□□□□□□□□□□□□□□□不然虽□□□□为郭有道作墓碑款为不愧诚重之也诚难□也今予于鲍君志铭云然□□□□孜字禹思□之后世有闻人明初讳恂者以耆儒起□礼部尚书其□子□散处自新安迁于浙之嘉兴石门县中□有讳孟辉者□山西应州卫□□始徙应州历五世入本朝再徙辽东遂为奉天人也□祖□□□弘治甲子举人灵□□县赠光禄大夫□夫人□□祖讳崇德山西都指挥□□□□□□配夫人□氏考讳承先□佐命功事太祖□皇帝于行□历任三朝官□书大学士吏部尚书配诰封一品太夫人李氏副室赠诰恭人李氏实生君相国第六子也□□□□见爱于嫡母□配诰封□□□□□□□□□□□□□克□之际人□□□□读书多与□士大夫□□论古今胜败出处□□可配□□□儒素不□国子也今上康熙□□□□□府补□□□彝陵州知州州当楚蜀之冲盗贼出没楚捕川遁人山川□□遁入□□□□□□以逸待劳为君忧之君慷□□□即至修城廓缮府修□□□法□□聚谋穷谷问计议未定而逻者已至踪迹无所容□□□□□□□□□□□□□□翰为茂□□□□伤之捐俸修与辛□□生会讲其中文教□□□□则彬彬兴行焉丙午岁□□□□□□□□□□

□农□□□粥其老弱者□无道仅全活不可胜计民感泣□谓古有召父杜母我公在其父母之间乎己酉妖人等□□□□□□西山为□公出□□□之村民走匿君抚其众曰诛正道耳汝辈无□也民乃大安曰我公生我藩皋臬咸伟厥上其事于督抚□而君□不□媚□官督□□□□□□以闻也又尝有所□欲以事罢□□知□能得民心弗果罢然亦终不荐也君在州首尾十年竟以积劳成疾卒□□□□□□□□□□□共尔位者钦殁之日贫无以殓州民□赙之以殓丧几不能归又争赙之以归呜呼视彼居民上不恤民死而民□□□者□□□□□□（生）于天聪乙亥年七月十八日子时卒于康熙癸丑年五月二十七日巳时年三十九岁配夫人王氏昭武将军讳民标之女也夫人能□思□□而性尚朴素温良淑慎能相其夫子待侍妾有恩螽斯樛木之德裕如也既称未亡人外持门门内操家政伺顾劳瘁□□□第教督诸□□□法度尝诫其子曰而父为廉吏尔辈当勉励学问勿坠家声为我旦夕□也□三孤咸自激励蔚为令黾而长君历任州县□以治行为□□□□擢而次君季君亦以需次选郎官夫人之教子可谓勤而有绩矣无父兼师不诚鲍氏贤母哉夫人以崇德戊寅年十二月初三日丑时生康熙甲戌年八月十五日巳时卒于□□□□之官舍年五十七岁先以覃恩诰封宜人今以长君贵复赠考为中宪大夫妣为恭人□□□□丙子年四月二十八日午时合葬于房山县西山沙锅村祖茔之次子三人长复相恭人出任两广都转运盐使司运同娶白氏总督□□□□讳色纯公女次复振侧室亢氏出任本旗粮库□品笔帖式次□□祖□四川按察使讳文明公女□复礼侧室刘氏出候□□□娶□氏□文林郎渭南知县□文炳公女女□一适河南□□县知县张□□□□人出□适候补知县吴震龙□□□□□□□□□□镏复□出□复□□□女二皆复相□□□□□□孤复相以书来请铭于余余闻君之为州也能□其民卒之日州民□□□□□□□□百遗惠□□□□□□□思之不忘□□□□至今尸祝之□今甲或门一十年□矣绅士耆老□士□□□□治状□□两□□□□□□□配□学宫而□判□□□飞复汇县君□□时□□□诗文以传何流风善政入人心之深至于如此耶□□□□□桐□自□□□□□□□□□□□□□□□□□□□□□□汉阳令□□□□□□□□而父老思之孙樵为纪其事以传君虽见雅□于时不天□□□□□□□久论定辉光俎豆于君复何憾哉余故援笔书之志□于不朽以□□□□□□

（铭略）

旌邑刘弘骥镌

90. 山东巡抚王国昌泰山题字碑

康熙己卯仲夏榖旦

雄峙天东

山东巡抚王国昌

91. 振武将军太子少保兼管陕西甘肃提督事务给与世袭一等阿思哈尼哈番又一拖沙喇哈番加赠太子太保孙思克墓碑

振武将军太子少保兼管陕西甘肃提督事务给与世袭一等阿思哈尼哈番又一拖沙喇哈番加六级加赠太子太保谥襄武孙思克碑文

在昔先后哲王抚有方夏永建乃家则亦有熊罴之士不二心之臣保乂疆圉以藩王室维时懋哉朕

丕承天祐统无疆大历服惟稽古崇德佑贤建侯树屏以保世于滋大尔有猷有为克勤于职旧有令闻式用懋简畀尔秉钺于凉州尔乃践修厥猷无替朕命俾西河黑水奠厥攸居无胥戕虐惟尔之能惟十有三祀蠢尔滇荆敢行构乱有大艰于西土西土人亦弗靖呜呼艰哉惟尔懋德克笃忠贞一乃心力服劳王家用底定我西夏追配于前人予嘉乃德曰笃不忘庸建尔于湟中董兹西土惟朕作民父母无有远迩胥我蒸民一夫不获朕心攸困弗敢康宁于时噶顽弗率昏迷不恭或胥诪张为幻反拂我中邦朕将天命明威不敢赦张皇六师用致天之罚于尔丹汝善敹乃甲胄峙乃糗粮于荒郊弗迓克奔罪人黜伏肆朕诞以尔多士殄歼乃雠尔克迪果毅以登乃绩惟良显哉用赉尔秬鬯弓矢俾往莅尔任尔身在外乃心罔不在王室胡天弗恤厥疾不瘳人之云淹朕心无以怿呜呼尔功加于时德垂后裔名之曰襄武以彰汝之绩礼亦宜之记功宗以勒贞石终有辞于永世则亦有无穷之闻厥惟休哉

康熙四十年三月二十日立

92. 奉天府府尹王国安等陪同致祭北镇医巫闾山之神碑

（碑阳）

维康熙四十二年岁次癸未五月乙巳朔越五日己酉

皇帝遣内阁侍读学士兼管参领佐领事加六级喇都浑致祭于北镇医巫闾山之神曰维神功障辽阳势连渤海灵威丕赫作镇北方朕祗承休命统驭寰区夙夜勤劳殚思上理历兹四十余载今者适届五旬海宇升平民生乐业见舆情之爱戴沛下土之恩膏特遣专官虔申秩祀尚凭灵贶益锡蕃禧佑我国家共登仁寿神其鉴焉尚馨又恭赍御书郁葱佳气四字钦遵恭悬匾额讫

康熙四十二年六月十二日立

（碑阴）

钦差内阁侍读学士兼管参领佐领事加六级喇都浑　赍香帛太常寺七品笔帖式刘子蕃　恭悬匾额敬立碑记奉天府府尹王国安　府承李先复　管理广宁等处防守尉加一级雅通阿　拜他喇布勒哈番敖拜　四品佐领齐留　锦州府知府加二级顾大位　拖沙喇哈番加一级存住　莽鼎　孙应登　治中张象文　通判常学良　龚眉望　骁骑校傅克朝　阿汲尔达　亨德　八品笔帖式申者立　常从保　承德县知县李尚隆　盖平县知县赵守易　锦县知县裘奏　辽阳州知州刘祯　开原县知县罗钟　广宁县知县王国柱　海城县知县胡从贤　铁岭县知县彭其儁　训导王子梃　典史朱嗣隆

奉天府岁贡壬午科副榜书丹胡天成　　石匠杜自美　王三元

93. 奉天府汉军副榜贡生胡天成书丹重修义州大奉国寺记碑

（碑阳）

大清国重修义州大奉国寺碑记

丙戌秋义州城守尉赵公命人造余署而请曰义州盖有大奉国寺高明钜丽闻于远迩尚矣始创于辽之开泰九年而其重修则元之大德七年也历有明三百年屡葺屡毁碑石累累至本朝康熙三年有山海关衲头僧募赀修葺至康熙十三年而告成至三十七年地震栋宇摧醿像饰漶剥风雨不蔽靡复旧观

城守尉赵公讳辛珠慨然谋兴复于众而或以时绌难之继而其弟城守尉讳巴里密承兄之志扬言于众曰修废导俗协和神人此守土之责也且境有故迹而听其砀乌乎可于是率先捐俸而为之倡乃未几而逝今城守尉讳伯而黑图克绍其父与叔未竟之志复为经营擘画而僚属无不羽翼鼓舞于其间又有浙僧智莹共襄厥事于是舆情允惬举境乐输凡素封之家以及田野妇孺咸破悭市义以乐观厥成不三年而摧者树醳者整湛者新剥者焕宝像华鬘丹楹绣拱悉复其旧佥谓宜有所纪述以永其事敢以为请余窃谓修葺古寺虽于政务无关第念辽之创寺于兹奚取历元明以迄本朝屡经修葺又奚取夫亦以修废导俗为守土之责而境有故迹诚不可听其砀而渐沦于湮没也且以为奉国寺之修一举而三善备焉城守公悯故迹之几废克绳先武身督鸠僝之役有志而事竟成是所谓善继善述者且见历城守尉三公仁心为质护煦抚摩与兵民休息使人有余力家有余财乃以其暇修举废坠壮钜镇观瞻而隐寓牖民设教之意是所谓先成民而后致力于神者至诸公之鼓舞赞襄见义能勇诸檀施好行其德赀力共效是又合于与人为善之旨是三者皆可纪乃即来意稍次其语而书之俾镌诸石若夫世俗沾沾布施祈福田利益此浮屠氏之言吾儒所弗道也

敕授承德郎锦州府通判毗陵龚眉望谨撰

奉天府汉军岁贡生壬午科副榜胡天成书丹

康熙四十五年岁次丙戌菊月吉旦立石

(碑阴题名略)

94. 奉天府汉军副榜贡生胡天成书万寿碑亭记碑

(碑阳)

万寿碑亭记

圣天子建中和之极五十有一年矣四海永清万方和会文德武功超迈千古仁恩义泽遍洽九州际此升平熙世普天率土梯山航海重译来朝莫不高呼万岁以庆圣寿无疆况臣工之躬沐皇恩天高地厚乎惟时城守尉臣常爱邑宰臣钱世勋生逢盛世叨膺简命自己丑春王正月不介而孚来莅兹土仰荷齐天福庇比年时和岁稔物阜民康兵民和辑山海清宁明廷锡以爵禄阳春假以良辰居有位之荣享无事之福协恭和衷之暇图报深恩于万一爰逢圣诞令旦敬阚北镇庙启建万寿圣会恭祝皇上万寿无疆群僚鼓舞万姓欢呼上告将军京兆佥曰善臣子敬君职分当然也届期诵经演剧四方观瞻效华封仰嵩祝者万计窃思有会不可无碑有碑不可无亭缘集众谋竖万寿碑建万寿亭以永垂不朽鸠工庀材黝垩丹雘不烦督率而碑亭落成诗云天子万年又曰天子万寿此之谓也谓是臣工效力庶民子来欤抑亦北镇正神之默佑福圣君以福臣民欤自今以始拜手稽首庆皇图之巩固卜圣寿之绵长臣知归诸宰尉宰尉不居归诸军民军民不受归诸将军京兆将军京兆不敢为功归诸北镇正神正神亦不以为德请仍以归诸圣天子焉是为记

时大清康熙伍十一年岁次壬辰八月榖旦

奉天锦州府广宁县知县臣钱世勋敬撰　　奉天汉军副榜胡天成敬书

(碑阴)

升任奉天将军镇守宁古塔将军孟俄洛　升任奉天将军文华殿大学士兼礼部尚书松柱　镇守

奉天都统将军唐保住　镇守奉天副都统巴勒　镇守奉天副都统托留　升任奉天府府尹户部右侍郎廖腾煃　署理奉天府府尹事府丞俞化鹏　奉天锦州府知府唐之夔　通判刘汝贞　广宁等处佐领齐柳　安图　林起鹏　郎文升　詹登魁　张凤翔　敖伯　擾卜海　偏图　马拉记　佛保　广宁拖沙拉哈番孙应登　卜勒哈　孟乌托　莽鼐　骁骑校富克超　柳天福　许聊登　谷凤翔　皮得贵　江讷　车赫　王廷先　胡俊臣　侯国琎　广宁县儒学训导曹源溥　广宁县典史署义州巡检司巡检朱嗣隆　广宁笔帖式孙珀　达蓝泰　驿丞董尔性　罗锦麟　崔自富　宋天玉　赵士英　李士威　监造马拉哈　赵洪儒

广宁城守尉常爱　广宁县知县钱世勋同立

95. 特授山东按察使司按察使蔡琦为通议大夫诰封碑

奉天承运皇帝制曰廉察一方饬纪纲而执法典司庶狱适轻重以详刑任寄外台职专秉宪尔山东按察使司按察使加四级蔡琦居官勤恪用法宽仁戢贪暴以六条风行郡县寓平反于三尺泽遍方州庆典式臻宠章宜赐兹以覃恩特授尔阶通议大夫赐之诰命於戏政和讼理克膺纶綍之褒吏畏民怀尚励冰霜之操益宣德意用副恩光初任户部福建司员外郎二任刑部陕西司郎中三任刑部旗缺郎中四任江南通省驿盐道按察使司副使五任四川分巡永宁道按察使司副使六任湖南按察使司按察使七任今职

康熙五十二年三月十八日

96. 诰封中宪大夫申朝信墓碑

皇清诰封中宪大夫申公讳朝信之墓

康熙伍拾伍年岁次丙申肆月榖旦立

97. 山东巡抚李树德泰山题额石坊

巡抚都察院李树德创

一天门

康熙五十六年仲春吉□

98. 广西巡抚宜思恭撰游禹王台记碑

游禹王台记

岁戊戌夏五月余奉天子命来旬兹土阅志乘凡境内山川名胜心窃慕之而以治事不暇登览任甫半载复蒙圣恩简抚粤西时疏请廷见尘鞅稍清偕二三友人率子侄辈出东郭门望禹王台而税驾焉夫禹王台者即古师旷吹台遗址后人思禹功德春秋报祀建庙于此台高数仞兀峙平野盖大梁一古迹也余拾级而等仰见崇楼巍焕荣光灿然者今我皇上御书之所供奉也入而殿宇深沉金容严肃者禹王神像也瞻拜而下巡视两庑见神牌林立姓氏昭然者皆汉唐宋元以来佐治水有功诸名臣也左有三贤祠祠有碑即载唐高适李白杜甫酒酣高歌韵事也出而循行廊外俛仰眺望村烟断续绣壤交错一目千里

者洵中原沃土也余徘徊久之不禁怆然有感人生天地间贵自树立以有功德及民使生荣死哀以垂不朽禹固圣人也其治水之功开天地之奇立生民之命至今庐居而粒食者皆禹之德也不然洪水为菑氾滥无统所谓微禹吾其鱼者邪千百世后食德报功崇而祀之固其宜也然桑田沧海变迁不一不有禹以开其前谁为之成天而平地不有诸名臣以继其后谁为之御漫而防河以视世之徒慕富贵窃禄养骄莫不以民生为念而与草木同腐者不大相径庭哉余登斯台也非仅恣游观之乐盖与古昔圣贤致君泽民之念有深契焉窃恐有至而未逮也时同游者孝廉吕子开藩茂才来子自西潘子允升余侄廷槐子廷枢也因各赋诗以咏其事爰为之记

三韩宜思恭撰（印章）

99. 广西巡抚宜思恭游禹王台诗碑

游禹王台诗

宜思恭　三韩

和风鼓荡振鸣珂殿宇高开烟树坡疏瀹八年勤水土神功千古奠山河春秋俎豆冠裳肃闾阖楼台瑞气多瞻仰天章奎壁灿生民长此戴恩波

吕樾　青浦

兀坐幽斋似开关朝来登眺一开颜春烟已逗沿蹊柳晴雪犹留背郭山李杜清吟传逸事平城峻烈振尘寰沧桑莫叹梁园杳胜地流连不忍还

来正风　暨余

出郭登临日行当杳霭天楼台开埜墅村落逗晴烟疏凿神功远春秋报祀虔凭阑怀往事李杜有诗篇

其二

循廊堪纵目千古动遐思带砺山河绕图书天地奇民醇安乐利土沃擅耕犁眺览中州胜留题漫有诗

潘登　会稽

圣德垂今古千秋重此台基纵梁氏筑楼傍汴城开野阔天无际亭高月易来登临怀圣迹长忆勒铭才

宜廷怀

崇台突兀俛城头云树苍蕊一目收气霭晴郊芳草细风和堤柳碧烟浮梁王遗迹豪华尽禹圣神功庙貌留此日登临怀李杜高吟谁得继清游

宜廷枢

登高台兮舒啸对烟景兮赋诗怀哲人兮既往问造化兮何知仰禹功兮犹在崇报赛兮奚辞庆安澜兮万古享乐利兮如斯

时康熙岁次己亥正月穀旦　来正风书丹

理问王家伟监刻　　石工孙成业

100. 诰赠资政大夫总督淮扬等处地方提督漕运海防军务兼理粮饷兵部尚书兼都察院左副都御史晋封光禄大夫蔡士英神位碑

诰赠资政大夫总督淮扬等处地方提督漕运海防军务兼理粮饷兵部尚书兼都察院左副都御史晋封光禄大夫谥襄敏蔡公讳士英神位

101. 巡抚山东等处地方督理营田兼理军务兵部右侍郎兼都察院右副都御史赵祥星题岱庙石坊坊阴楹联

（右联）为众岳之统宗万国是瞻巍巍乎德何可尚

（额板）巡抚山东等处地方督理营田兼理军务兵部右侍郎兼都察院右副都御史加六级赵祥星　提督山东等处地方军务阿思哈尼哈番柯永蓁　山东等处承宣布政使司布政使施天裔　山东等处提刑按察使司按察使何毓秀　督粮道管通省岁粮事物参议迟日巽　山东通省驿传道参议丹达礼　分守济东道参议常明扬　提督山东通省学政按察司佥事劳之辨　济南府知府王勤民　同知马遇伯　通判程可用　泰安州知州朱麟兆　泰安营守备李□□　泰安州儒学学政孔□瑄　州同金应彪　吏目陈五典　督工武举人张所存

（左联）掺群灵之总摄九州待命荡荡乎功孰与京　□□赵祥星敬题并书